주체의 나라 북한

북한의 국가 권력과
주민들의 삶

주체의 나라 북한

강진웅 지음

오월의봄

| 북한 사건 연표 |

1912.04.15	김일성 출생
1932.02.05	민생단 발족
1937.06.04	김일성 부대 보천보 습격
1945.08.15	민족해방
1945.09.19	김일성 원산항 도착
1946.03.05	토지개혁 법령 공포
1946.07.30	남녀평등권 법령 공포
1946.12.06	건국사상총동원운동 개시
1948.02.08	조선인민군 창건
1948.09.09	조선민주주의인민공화국 수립
1949.09.08	초등의무교육제 법령 공포
1950.06.25	한국전쟁 발발
1951.05.01	공화국영웅 안영애 전사
1952.11.13	무상치료제 내각 결정 발표
1953.07.27	정전협정 조인
1954.04.20	인민경제복구 3개년 계획 공포
1955.08.07	보천보 혁명박물관 개관
1955.12.15	박헌영 사형 선고
1955.12.28	김일성 주체 연설
1956.08.30	8월 종파사건
1956.12.28	김일성 강선제강소 현지지도 및 천리마운동 발기
1957.01.04	중앙당 집중지도사업 개시
1959.01.14	로농적위대 창설
1959.03.08	진응원 작업반 천리마작업반운동 발기
1959.12.16	첫 일본 북송선 청진항 도착

1960.02.08 청산리 정신, 청산리 방법 발기
1960.07.31 제1회 인민체육대회 개막
1960.08.15 고려연방제 제안
1961.11.15 전국어머니대회 개최
1961.12.16 대안의 사업 체계 발기
1962.12.10 4대 군사 노선 채택
1966.08.12 로동신문 〈자주성을 옹호하자〉 논설 게재
1967.05.04 갑산파 숙청
1968.01.21 북한 게릴라 청와대 습격
1968.01.23 푸에블로호 나포
1970.09.12 붉은청년근위대 창설
1971.08.20 남북적십자회담 시작
1972.07.04 7·4 남북공동성명
1973.02.10 3대혁명소조운동 개시
1974.02.13 김정일 후계자 내정
1974.02.19 온 사회의 김일성주의화 선포
1974.04.14 당의 유일사상 체계 확립의 10대 원칙 공포
1975.10.13 대성산 혁명열사릉 제막
1976.08.18 판문점 도끼 사건
1978.12.25 우리식대로 살아나가자 구호 제시
1980.10.10 김정일 후계자 공식화, 고려민주연방공화국 창립 방안 제시
1984.09.08 합영법 채택, 남한에 수해물자 제공 결정
1985.12.12 핵확산방지조약NPT 가입
1989.07.01 세계청년학생축전 평양 개최
1991.09.17 남북 유엔 동시 가입
1992.01.30 국제원자력기구IAEA 핵안전협정 체결
1993.03.12 NPT 탈퇴 선언
1993.04.09 김정일 국방위원장 선출
1994.06.13 IAEA 탈퇴
1994.07.08 김일성 사망
1994.10.11 단군릉 준공
1994.10.21 북미 제네바 기본합의문 채택
1997.02.12 황장엽 망명

1997.09.09	주체연호 실시
1998.06.16	정주영 방북, 소 500마리 북송
1998.08.22	로동신문 강성대국 건설 정론 게재
1998.11.18	금강산관광 유람선 현대 금강호 첫 출항
2000.06.15	1차 남북정상회담 및 6·15 남북공동선언
2002.04.29	아리랑 축제 개막
2002.06.29	연평해전
2002.07.01	7·1 경제개혁 조치
2002.11.13	개성공업지구 지정
2003.01.10	NPT 탈퇴
2006.10.09	1차 핵실험
2007.10.02	2차 남북정상회담
2009.05.25	2차 핵실험
2010.03.26	천안함 침몰 사건
2010.11.23	연평도 포격 사건
2011.12.17	김정일 사망
2012.04.11	김정은 당 제1비서 추대
2012.12.12	광명성 3호 2호기 발사 성공
2013.02.12	3차 핵실험
2016.01.06	4차 핵실험
2016.05.06	7차 당대회 개최, 김정은 조선로동당 위원장 추대
2016.09.09	5차 핵실험
2017.02.13	김정남 피살
2017.09.03	6차 핵실험
2017.11.29	대륙간탄도미사일ICBM 화성형 15형 발사 실험

| 차례 |

| 들어가는 말 |

필자가 대학에 입학한 1992년은 사회주의권이 붕괴한 직후 역사의 종말, 탈이념의 포스트 담론이 횡행하고 시민사회 및 신사회 운동론이 유행하던 때였다. 또한 1980년대와 달리 식량난으로 탈북자들이 급증하여 이른바 주사파 학생운동의 위기가 회자되기 시작한 때이기도 했다. 서구와 남한의 정치권과 언론매체들은 점증하는 북한의 경제난을 부각시키며 북한의 급변과 흡수통일을 논하는 것에 열을 올리기 시작했다. 반대급부로 전대협에 이은 한총련의 친북적 학생운동은 더욱 과격해져 대중들에게서 멀어져갔고, 탈정치화의 분위기에서 학생운동을 따갑게 바라보는 대중들의 시선은 북한을 좀 더 긍정적으로 바라보고자 했던 젊은 필자를 늘 주눅 들게 했다. 학생운동의 위기가 회자되던 이 시기 필자는 동기생들보다 조금 더 사회운동에 관심을 갖긴 했지만 그렇다고 해서 앞에 나서는 행동파는 아니었다. 수많은 플래카드와 구호의 물결이 펴져가는 동안 시장 바닥에서 음식 찌꺼기를 주워 먹는 꽃제비들, 앙상한 뼈만 남긴 채 굶어 죽어가는 북한 어린이들의 모습과 함께 자칭 지상낙원을 이탈하는 신민들을 공개처형하는 북한의 폭압적 권력을 보며 북한 연구에 대한 필자의 막연한 열정은 수시로 사그라지곤 했다.

국내에서 대학원을 마치고 박사학위를 위해 유학을 가고 교수 채용 면접을 보고 학생들 앞에서 강의할 때도 가장 많이 듣는 질문이 있었다. 왜 북한을 연구하게 되었느냐는 것이다. 이것은 일견 당연한 질문이지만, 동시에 항상 답변하기 어렵고 싫은 질문이기도 했다. 그래서인지 필자 역시 항상 자신 있게 답변하지는 못했던 것 같다. 학부 시절 필자의 마음속에는 북한을 향한 정치적 관심을 학문적으로 발전시켜보고자 했던 강한 욕망이 있었으나, 이러한 욕망을 쉽게 드러내 보이고 싶지는 않았던 것 같다. 필자의 이런 소극적 태도는 반드시 친북용공을 덧씌우는 주변의 색깔론을 의식했기 때문만은 아니었다. 어쩌면 좀 더 깊이 알아보고 '그래 내가 옳았다'는 것을 증명해 보이기 위해 마음 한편에 간직했던 얘기를 참은 것인지도 모르겠다. 그러나 이러한 사변들은 지금까지 항상 필자 곁을 따라다니는 유령과도 같은 것이 되었다. 유학을 거쳐 강단에 선 이후 많은 논문들을 써내며 학계의 울타리에서 학문적 수사를 가장한 채 많은 것을 했다고 자부한 뒤에도 이런 석연찮은 뒷맛은 늘 남아 있었다. 더욱이 교수로서 학생들 앞에 서 있는 지금 이 시점에도 청년 시절 가졌던 질문과 갈등은 그대로 남아 있다. 오히려 이른바 RO 사건과 통합진보당 해산, 핵실험과 개성공단 폐쇄 등 2000년, 2007년 남북정상회담의 데탕트 무드를 무색케 하는 남북 관계의 신냉전과 일반 대중들 사이에 급속히 퍼지고 있는 통일무용론의 현실은 이전부터 가져왔던 필자의 고민거리를 더욱 키우고 있다.

이 책은 이러한 필자의 개인적 여정과 학문적 이력을 반영한 산물이라고 할 수 있다. 처음에는 '나도 학자로서 그동안 발표한 것들을 묶어서 책 한 권쯤을 낼 때가 된 것 같다'는 진부한 생각이 맴돌았던 것도 사실이다. 그러나 책을 펴내게 된 결정적인 계기들은 모두 필자가 맡았던 북한 사회에 대한 강의들에서 비롯되었다. 적당한 교재 없이 파워포인트 슬라이드로만 수업을 한 탓에 많은 학생들로부터 필자가 쓴 교재가 필요하다는 제안을 받았다. 그러나 이러한 실용적인 이유 말고도 책을 써야겠다는 생각이 절실하게 들었던 것은 학생들뿐 아니라 필자 역시 북한 사회에 대한 개괄적이면서도 이론적인 성찰을 담은 학술서가 절대적으로 부족하다는 판단을 했기 때문이다. 이러한 배경에는 '북한에 변호사가 있나요?' '북한은 주 5일 근무를 하나요?' '여군은 몇 년까지 복무하나요?' 같은 질문들부터 '북한에 지하교회가 있나요?' '기쁨조는 사실인가요?' '김정일은 호색한인가요?'와 같이 필자가 세세히 알지 못하는 영역을 건드리는 학생들의 질문에 대해 필자 스스로가 느낀 부끄러움도 포함되어 있다.

무엇보다도 필자의 뇌리를 스치는 정(+)과 부(-)의 기억들이 이 책의 출판을 앞당기도록 했다. 우선 수업시간의 자원 그룹 발표에서 많은 학생들의 기발한 아이디어와 프리젠테이션을 보며 학생의 입장에서 즐기고 배울 수 있는 기회를 갖게 되어 뿌듯했다. 필자가 보지 못하는 영역을 건드리거나 잘못 보았던 부분을 다시 성찰하게 만든 계기들도 꽤 있었다. 적지 않은 부작용이 있었음에도 학생들 스스로 만든 수업은 지대한 효과를 낳았다고 할 수 있다. 이런 맥락에서 필자의 책 역시 대중과 소통하며 피드백을 받는 작업이 되었으면 하는 바람이다. 그러나 대중들뿐만 아니라 적지 않은 학생들에게도 뿌리 박혀 있는 반북 의식과 선입견은 필자를 수시로 당황하게 만들었고, 이러한 부정적 현상 역시 필자로 하여금 책을 집필하도록 만들어주었다.

수없이 반복되는 강의에서 흔히 강사들은 웬만한 것들은 학생들이 이미 알고 있다고 착각하거나 전제하는 경향이 있다. 필자 역시 미국에서는 1970년대에, 한국에서는 1980년대에 이미 밝혀져 이제는 명약관화한 사실이자 상식이 되어버린 '김일성 가짜설'의 진실에 의문을 제기하는 한 학생의 질문에 말문이 막혀 당황한 적이 있었다. 그 학생은 우리 학계에서 이미 1980년대에 사장되어버린 김일성 가짜설을 믿고 있었던 것이다. 더욱 당황스러운 사실은 그 학생이 다른 수업시간에 다른 강사에게서 그렇게 배웠다는 것이었다. 물론 이러한 일들을 무지한 대중들에게서 흔히 나타나는 것으로 치부할 수도 있겠지만, 남북정상회담을 성공리에 마치고 북한 연구 논문들이 쏟아져 나오는 현 시점에서도 북한에 관한 잘못된 인식과 편견이 과거 냉전시대의 잔영을 그리 극복하지 못하고 있다는 생각에 필자는 몹시 당황했고, 또 괴로웠다. 가끔씩 답안지나 쪽글을 채점할 때, 학생들의 반공주의나 극혐의 감정이 드러나는 것에 놀라면서도 기본적인 사실 정도는 잘 받아들여질 것이라고 생각한 것은 필자의 큰 착각이었던 것이다. 특히 현세대는 반공교육의 여파에서 다소 벗어나 있음에도 반공, 반북의 색깔론이 일베와 같은 경향으로 존재하는 것을 보며 필자는 매우 두려웠다. 이에 더해 한국은 물론 미국의 강연회나 발표회에서 북한에 대해 이야기하면 항상 흥미로운 가십거리로만 치부하는 풍토에 대해서도 늘 불만을 갖고 있었다. 평소에는 무관심했다가 '불바다'니 '핵실험'이니 하며 득달같이 달려드는 동료들의 치기 어린 질문들에 대해서도 우스갯소리로 답하며 얼버무렸지만 어쩐지 씁쓸한 감정을 지울 수 없었다.

책을 낸다고 해서 무엇이 크게 바뀐다거나, 이 책이 대단한 무엇이 될 것이라고는 생각하지 않는다. 그래도 말하는 것을 넘어서 책을 통해 더 많은 사람들로 하여금 무엇인가를 더 느끼게 할 필요가 있다고 판단했고, 대중적 학술서이자 교양강의 교재로 활용할 목적에서 이 책의 출판을 결정하게 되었다. 먼저 필자의 책은 열린 시각에서 이론과 자료를 겸비하며 북한 사회의 곳곳을 훑어보고 새로운 가설과 쟁점들을 제시하는 것을 목표로 한다. 따라서 선생이 학생에게, 학생이 선생에게 교훈을 줄 수 있듯 이 책 역시 학자인 필자와 대중인 독자가 만나 서로 성찰을 교감하는 장이 될 수 있기를 기대한다. 필자는 공감의 미소를 기대하며 대중들에게 새로운 시각과 지식을 선사하는 한편 그들의 날선 비판 또한 감수해야 할 것이다. 이와 함께 필자는 이 책을 통해 신냉전과 통일무용론이 확산되고 있는 현 상황에서 북한 사회에 대한 대중들의 무지와 편견을 극복하게 하는 데 기여하고자 한다. 많은 연구 결과에도 불구하고 북한에 대한 부정적 시선은 학문적 성과물에도 여전히 영향을 미치고 있다. 베버Max Weber가 말한 가치중립과 이념형ideal-type의 산출은 정답이 없는 신기루와 같은 것일 수 있다. 그러나 아무리 폭압적인 사회라 할지라도 그 사회의 내면은 밖에서 바라보는 사람들의 시선과는 매우 다른 다양한 동학을 내포한다는 점에 유의해야 한다.

따라서 감정적 편견을 최대한 배제하면서 한 현상 또는 관점의 이면을 찾아보고 다시 원점으로 돌아와 자신이 가졌던 원래의 시선과 관점을 되돌아볼 필요가 있다. 필자는 국가 권력과 주민들의 정체성이라는 틀에서 북한의 다양한 얼굴을 드러냄으로써 하나의 시각과 편견에만 치우쳐 있는 북한 연구의 고질적인 폐단을 극복하는 데 기여하고자 한다. 이러한 견지에서 주민들의 시선과 사고에서 북한의 국가와 사회를 성찰하는 것이 이 책의 주된 목표이자 기존 연구들과 차별화되는 지점이라고 말할 수 있을 것이다. 또한 학문적 열정으로 석박사 과정을 거쳐 지금껏 발로 뛰며 사료를 찾고 탈북자들을 만나 이루게 된 일련의 성과 역시 이 책의 중요한 기여라고 말하고 싶다. 이 책의 각 장들은 북한의 국가 권력과 주민들의 삶이라는 일관된 틀을 유지하고 있으며, 많은 탈북자들의 목소리를 통해 북한 사회의 현실과 다양한 권력의 양상을 드러내고 있다고 필자는 믿는다.

사실 북한 연구는 1970년대의 전체주의적 접근에 대한 비판으로부터 1980년대 후반 '북한 바로 알기 운동' 및 '내재적 접근' 논쟁을 거쳐 1990년대 중반 이후 탈북자 면접조사라는 방법론적 성과를 거두며 자료, 방법, 이론의 견지에서 많은 발전을 거듭해왔다. 또한 북한학을 다루는 학과, 프로그램 및 연구소 활동이 활발해졌고, 북한 관련 석박사 논문들도 기하급수적으로 늘어났다. 그러나 냉전적, 반공적 틀에서 벗어나고 연구 성과가 양적으로 증가했다고 할지라도 신냉전과 통일무용론이 확산되는 상황 속에서 자료 콤플렉스와 고질적인 이념적 경도의 문제는 여전히 북한 연구의 걸림돌이 되고 있다. 무엇보다도 새로운 시각과 열린 마음에서 북한을 바라보는 성찰이 그간의 노력과 성과에 비해 오히려 후퇴한 것은 아닌가 하는 의구심을 지울 수 없다. 사회주의가 붕괴된 후 새로운 대안을 찾아 헤맸던 많은 청년들처럼 필자 역시 신기루와 같은 북한 연구를 업그레이드하여 대중들에게 다가가고 싶은 마음뿐이다.

이 책의 본문에서 언급되듯 북한의 국가 권력은 만주 빨치산의 투쟁에서부터 민족해방과 한국전쟁을 거쳐 분단 반세기 이상 다양한 얼굴을 드러내며 발전해왔다. 우리에게 친숙한 '전체주의 국가totalitarian state'의 전일적 폭력의 이미지는 물론 만주 빨치산의 전통을 활용한 '유격대국가guerrilla band state'의 모습, '어버이 수령'의 사회적 담론을 확장시킨 '가족국가family state'의 모습 그리고 21세기 고난의 행군을 헤치며 장관의 파노라마를 보여준 '극장국가theater state'의 모습 등이 그것이다. 이러한 얼굴들 중 어느 하나가 돌출되어 두드러질 때도 있고, 여러 얼굴이 모순적으로 얽혀 나타날 때도 있다. 그러나 여기서 다양한 얼굴의 통합체라는 복합성을 여러 모순된 조합의 산물이라는 관점에서 바라보는 지혜가 필요하다. 때때로 한 측면들이 돌출되어 나타나는 북한 국가의 면모를 분석함에 있어서 북한의 사회주의 역시 세계가 공유하는 압축된 근대성을 반영한 결과라는 것을 인식하고, 국가와 사회의 역동적 관계에서 모순적으로 통합된 실체를 다면적으로 이해해나가야 한다.

이런 맥락에서 필자는 두 가지 논제를 강조하고자 한다. 하나는 북한의 국가 권력을 관통하는 핵심이 민족주의라는 맥락 속에서 이해되어야 한다는 것이며, 다른 하나는 이러한 권력 역시 주민들의 삶에 스며들어 형성된 산물이라는 점을 이해해야 한다는 것이다. 다양한 형상을 한 북한은 근대 사회주의의 국가 건설과 자립적 경제 발전을 추구하며 '미제 승냥이들'과 대립각을 세우는 반미주의로 철옹성을 쌓았고, 중·소의 외압과 내부 파벌을 견제하며 주체 사상을 '우리식 사회주의'와 '조선민족제일주의'로 발전시켜왔다. 21세기를 넘어선 현재 유격대국가의 자존심을 지키며 체제를 걸어 잠근 북한은 경제난으로 인해 수많은 체제 이탈자를 목격하고 있다. 이것은 김일성의 권력에서 형상화된 '불멸의 태양민족'과도, 김정일이 만들어낸 '강성대국'의 이미지와도 어울리지 않는 모습이다. 이러한 상황에서 북한은 1930년대 스탈린이 그러했듯 생산력 콤플렉스에 시달리며 '쌀이 곧 사회주의'라고까지 주장했고, 과학기술의 발전을 통한 '단번도약'을 내세우기도 했다. 이러한 노선은 3대 세습으로 권력을 잡은 김정은 정권에서도 변하지 않고 있다. 오히려 김정은은 할아버지와 아버지가 이루어놓은 항일유산의 전통을 더욱 강조하며 이상과 현실의 모순된 정치를 심화하는 중이다. 그럼에도 이러한 모순된 북한의 모습은 역사와 전통의 재창조라는 측면과 함께 북한 사회의 내면과 주체들의 관점에서 이해될 필요가 있고, 그때 그 심연의 의미를 해석할 수 있게 될 것이다.

따라서 외부의 시선에서는 비합리적으로 보이는 것이 내부의 주체들에게는 합리적인 것이 될 수 있는 북한만의 독특한 정치를 연구하기 위해서는 북한 주민들의 일상과 그 사회의 내면에 대한 탐색이 선행되어야 한다. 이러한 접근은 국가의 거시 정치와 주민들의 미시 정치를 연계하는 틀에서 평가되어야 하며, 이를 위해서는 '미시를 통해 거시를 들여다보는', 즉 '주체를 통해 국가를 분석하는' 전략이 필요하다. 사료조사와 탈북자 면접을 통해 필자의 책은 국가 권력과 주민들의 삶의 관계 속에서 다양한 얼굴을 한 북한의 모습을 살펴봄으로써 역사와 현실이 교차하며 얽혀 있는 국가 권력의 내적 동학과 주민들의 정체성을 탐색하고자 한다. 이를 통해 북한을 다시 읽는 작업은 과거와 현재의 북한을 이해하는 학문적 성찰이 될 뿐만 아니라 미래의 통합을 예비하는 사회적 요청에도 부응하게 될 것이다.

마지막으로 이 책의 많은 부분은 필자의 박사논문 및 국내외 학술지(*Journal of Korean Studies, Journal of Historical Sociology, Nations and Nationalism, Politics, North Korean Review,* 《한국사회학》《사회와 역사》《아세아연구》 등)에 필자가 게재한 논문들을 재구성한 것임을 밝혀둔다. 또한 이 책에 포함된 논문들과 관련된 리서치는 미국 국립과학재단National Science Foundation, 미네소타주립대 대학원, 예일대 동아시아연구소 박사후연구원 프로그램, 한국연구재단(NRF-2013S1A5A8020619, NRF-2007-361-AL0013)의 연구 지원을 통해 이루어졌다.

| 자료의 활용에 관하여 |

기존의 북한 연구는 사회주의 적성국가에 대해 악마화된 이미지를 주조하는 전체주의적 접근을 오랫동안 반영해왔다. 국내 학계에서는 1970년대 중반 '사회과학 방법론' 논쟁을 통해 북한 연구를 주도한 전체주의적 접근에 대해 비판이 제기되었고, 1980년대 후반 북한 바로 알기 운동과 내재적 접근 논쟁을 통해 방법론적, 인식론적 접근에서 냉전적 북한 연구가 일정 정도 극복되기도 했다. 그러나 많은 성과에도 불구하고 자료, 이론, 방법의 빈곤은 북한 연구의 고질적인 문제로 지적되어왔다. 이러한 가운데 1990년대 중반 이후 식량난으로 수많은 탈북자들이 한국 사회에 정착함으로써 탈북자를 통한 북한 연구가 가능해졌고, 이에 따라 탈북자 면접조사를 활용하는 질적 연구가 활성화될 수 있었다. 탈냉전이라는 시대적 모멘텀과 함께한 북한 연구에서 질적 방법론의 활용은 기존의 사료조사를 보완할 수 있는 대안이 되었고, 이러한 방법론적 전환은 북한의 실상은 물론 여성, 가족, 일상생활 등 이전에는 접근이 불가능한 것으로 여겨졌던 북한 사회의 내적 동학과 미시적 변화에 주목하는 계기가 되었다. 이 책 역시 그간의 성과를 바탕으로 사료조사와 탈북자 면접을 결합하여 다양한 얼굴의 국가 권력이 어떠한 동학을 그리며 주민들의 삶에 스며들어갔고 이러한 내적 동학이 북한의 역사와 현실에서 어떻게 변화해왔는가를 분석하고자 한다.

주체의 시각을 통해 북한의 국가 권력과 사회 변동을 분석하는 이 연구는 방법론의 측면에서 사료조사와 심층면접을 활용한다. 먼저 사료조사는 김일성, 김정일의 노작과 《조선중앙년감》《로동신문》《교원신문》《민주조선》《근로자》《천리마》《청년생활》《조선녀성》《문화유산》《과학원통보》《대학생》《경제건설》《인민교육》《조선》《새조선》 등 정기간행물을 중심으로 하며, 국내외에서 발행된 사료 문헌집, 정보 기록물, 탈북자 수기 및 인터뷰 출판물 등을 포괄한다.

사료조사와 함께 이 책에서 활용되는 주된 데이터는 총 83명의 탈북자들에 대한 심층면접 자료이다. 탈북자들에 대한 심층면접은 2000~2001년(10명) 및 2006~2012년(73명)에 걸쳐 개인적 연결망과 시민단체 및 교회 등의 도움을 받아 수행되었다. 심층면접 응답자들의 인구학적, 사회경제적 배경을 표로 정리해보면 다음과 같다.

성별

성별	남성	여성
응답자 수	38명	45명

연령 (2012년 기준)

연령대	10대	20대	30대	40대	50대	60대	70대	80대
응답자 수	1명	7명	5명	15명	17명	12명	22명	4명

탈북 시기

탈북 시기	1990년대 이전	1990년대 이후
응답자 수	2명	81명

탈북 사유

탈북 사유	정치적 사유	경제적 사유	무응답
응답자 수	35명	37명	11명

탈북 시 출신 성분

출신 성분	적대계층	비적대계층
응답자 수	40명	43명

탈북 시 거주지

거주지	함경도	평안도(평양 포함)	양강/자강/강원/황해도	무응답
응답자 수	30명	25명	13(6/5/1/1)명	15명

탈북 시 직업

직업	학생	주부	군인, 경찰	하위관료	고위관료	농민, 노동자	전문직	무응답
응답자 수	9명	24명	9명	7명	3명	20명	10명	1명

탈북자들의 성별 분포에서는 여성이 남성보다 좀 더 많은 비율을 차지하며, 연령 분포는 10대에서 80대에 걸쳐 다양하다. 응답자의 연령은 2012년 기준 연령이며 본문에서는 인터뷰 당시의 연령을 표기했다. 탈북 시기의 경우, 1990년대 이후에 탈북한 응답자들이 절대 다수를 이루고, 탈북 시 거주지는 함경도가 다수를 차지한다. 직업 분포에서는 주부인 여성과 농민, 노동자가 대부분이고, 이외에는 전문직, 관료, 학생, 군인, 경찰 순이다. 탈북자들의 인구학적, 사회경제적 배경에서 탈북 시 출신 성분과 탈북 사유는 상호 연관성이 높은 것으로 나타났는데, 적대계층과 비적대계층의 비율이 반반을 차지하고 탈북 사유 역시 이와 연동되어 정치적 이유와 경제적 이유로 구분된다. 적대계층의 출신 성분은 부모 또는 가

족 중 일부가 친일파, 지주, 기독교적 배경과 연관되어 있거나 해방과 한국전쟁을 거치며 월남한 경력이 있는 경우, 한국전쟁 당시 유엔군과 남한군을 도운 경력이 있거나 아니면 1960년대 이후 중국과 일본 등지에서 이주한 북송교포 출신 또는 가족이나 본인이 정치적으로 숙청당한 경우, 즉 '반혁명 가족'의 일원이었던 경우이다. 이들의 탈북 사유는 대부분 반정권적인 정치적 이유에서 비롯된 것이지만, 나머지 응답자들은 식량난과 함께 순수하게 경제적인 이유로 탈북한 사례들이다.

이러한 사료와 면접 자료를 분석하는 과정에서 필자는 '정치적 편향bias'의 문제를 심도 있게 고려했다. 사료와 면접 자료 모두 사회주의 정권의 이데올로기적 선전을 반영하는 것으로서 질적 방법론의 한계인 '신뢰성'의 문제를 안고 있기 때문이다. 이러한 한계를 극복하기 위해 필자는 표면적인 사실을 실증적으로 분석하면서 표면적인 사실에 가려진 맥락적인 사실을 찾는 '이해의 사회학'을 추구했다. 단순한 실증주의적 방식에서 벗어나 사료와 면접 자료에 감추어진 사실을 드러내는 '이해의 방법론'을 통해 본 연구는 정치적 편향과 신뢰성의 문제를 해결하고 분석의 지평을 확장할 수 있었다.[1] 실제 면접 자료에서도 정치적인 이유로 탈북한 응답자들 중 일부는 북한 정권과 현실에 대해 극단적인 비판을 가하거나 한국사회에 대해 편협한 관점을 드러내는 등 적지 않은 정치적 편향을 드러냈다. 그러나 사회주의 난민에 대한 면접은 접근 불가능한 사회를 인식하는 중요한 분석의 토대를 제공해준다.[2] 무엇보다도 정치적 편향의 문제가 연구 전체의 신뢰성을 심각하게 훼손하지는 않으며, 오히려 다수 사례의 면접을 통해 신뢰성의 문제를 해결하면서 다양한 내적 동학을 살필 수 있는 계기를 마련해준다.[3] 탈북자들의 삶을 이해하고 공유하는 과정에서 획득한 자료는 양화된 분석에서는 얻을 수 없는 인간의 삶과 사회의 내면을 들여다보는 질적 분석을 가능하게 한다.

따라서 이 연구는 기존 연구들에서 간과된 국가와 사회의 내재적 관계와 국가 권력의 내적 동학에 주목하고 거시와 미시를 연계하는 분석적 전략을 모색할 것이다.[4] 이러한 작업은 국가 권력 혹은 지배 이념이 주민들의 신념, 가치 체계 및 일상의 삶에 침투, 용해되어 주민들의 정체성을 변화시킨 측면을 부각한다. 이러한 분석적, 방법론적 전략은 개인들의 삶의 경험과 이야기를 집합적인 정체성에 연계시켜 이해하는 것이며,[5] 탈북자 면접을 통해 거시와 미시를 연계하고 주체를 통해 국가를 분석하는 연구에 기여할 것이다.[6]

1장

주체의 나라

1장은 북한에서 다양한 얼굴의 원초적 배경이 되는 주체사상이 역사적으로 발전해온 과정을 탐색한다. 구체적으로 주체사상이 항일무장투쟁에서 시작되어 사회주의적 애국주의와 주체 노선을 거쳐 우리식 사회주의와 조선민족제일주의라는 민족주의의 얼굴로 변화된 과정을 분석한다. 그동안 북한은 전체주의, 봉건왕정, 세습국가, 깡패국가, 범죄국가, 불가능한 국가 등 다양한 부정적 수식어로 회자되어왔다. 그도 그럴 것이 경제난으로 공장의 국가 재산을 빼돌려 인민재판을 받거나 목숨을 걸고 탈북한 후 중국에서 체포, 송환되어 강제노역에 처해지고 성경책을 소지했다는 이유로 공개처형을 당한 북한 주민들의 비참한 실상은 이제 그리 낯선 모습만은 아니다. 여기에 더해 연이은 핵실험과 김일성, 김정일, 김정은으로 이어진 3대 세습은 서구와 한국 언론의 비난과 조롱의 표적이 되어왔다. 그러나 수많은 아사자를 낳고 부시가 붙여준 '악의 축'이라는 불명예를 안으면서도 북한 정권은 전근대적인 공포정치를 감행하며 미국과의 대결 속에서 선군정치를 강행하고 있다.• 여전히 많은 이들이 고모부를 하루아침에 숙청하고 이복형마저도 외국 공항에서 암살하는 등 벼랑 끝 외교로 위태로운 정권을 이어가는 북한의 모습을 쉽게 이해하지 못한다. 이것은 북한의 폭력성과 이에 대한 서구와 남한의 오랜 반감을 반영하는 것이기도 하지만, 다른 한편으로는 닫힌 사회의 내면에 대해 우리가 아는 것이 거의 없다는 현실을 보여주는 것이기도 하다. 따라서 접근 불가능한 사회를 그들의 입장에서 바라보는 노력과 함께 좀 더 큰 틀에서 그 사회를 다면적으로 이해하려는 노력이 필요하다. 체제와 이념의 정당성 문제와는 별개로 우리가 과거로부터 현재에 이르는 북한의 통치와 정권의 안팎을 동시에 이해하고자 노력한다면, 비상식적으로 보이는 북한의 행위와 체제가 그들 나름의 상식과 논리에서 관철되고 있다는 것을 깨닫게 될 것이다. 보천보전투, 토지개혁, 한국전쟁, 주체사상, 우리식 사회주의, 강성대국 건설로 이어지는 북한의 역사적 경로와 정치적 논리를 따라가다보면, 내외의 비판을 무릅쓴 북한의 처절한 몸부림이 그들 나름의 내적 논리와 정당성에 기인하고 있음을 알 수 있다.

• 선군정치란 군대가 곧 수령-당-대중의 혈연적 공동체와 같은 것으로서 군대의 힘을 통해 주체의 혁명을 완수해야 한다는 정치적 주장이다(김철우, 《김일성 장군의 선군정치》, 평양출판사, 2000). '총대철학'으로까지 불린 선군사상은 2009년 헌법 개정에서 주체사상과 동격의 반열에 올랐다.

1

민족주의의 야누스

김일성은 그가 죽기 직전 남긴《세기와 더불어》7권 계승본에서 "우리는 쏘련에서 사회주의가 붕괴된 것을 일시적인 현상으로 보고 있습니다. 사회주의가 인류의 리상이고 력사 발전의 응당한 로정인 것만큼 그 재생이 불가피하다는 것은 너무나도 명백한 것입니다. 사회주의는 부정의가 아니라 정의입니다"라고 기술했다.[1] 1990년대 초 소련과 동구 사회주의권이 몰락함에 따라 북한은 우리식 사회주의를 주창하며 독자 노선을 모색했고, 이러한 기조에서 사회주의는 오로지 주체 사회주의뿐이며 이것이 곧 진리이자 정의라고 주장했다. 수많은 인명의 살상과 민족상잔을 초래한 한국전쟁을 '정의의 전쟁'으로 칭했듯, 북한은 주체사상에 입각한 사회주의만이 '진리의 사회주의'라고 주장한 것이다.[2] 이로써 북한은 1992년 헌법 개정을 통해 마르크스-레닌주의를 공식적으로 폐기하고 주체사상으로 지도 이념을 일원화하여 온전한 민족주의 국가를 정립하기에 이르렀다.[3]

민족의 얼굴을 한 주체 사회주의가 정립되는 과정은 주체사상이 공식적인 지배 이데올로기이자 주민들의 일상이 되는 과정이었고, 이것은 김일성이 30대 청년 시절에 경험했던 항일무장투쟁의 역사를 현실의 정치로 옮기는 과정이었다. 일제강점기 만주 항일무장투쟁 기간에 북한의 정치 엘리트들은 중국공산당의 동북항일연군에 소속되어 반일 반제국주의를 내세우며 조선의 독립을 위해 투쟁했다. 생쌀과 언 감자로 끼니를 때우고 손으로 녹인 눈을 먹어가며 고난의 행군을 벌였던 김일성과 만주파 동료들은 토벌, 회유, 협박, 체포, 고문, 간첩 침투, 보복 학살 등을 경험하며 일제의 탄압에 저항했다. 그러나 일제의 간악한 탄압에 몸서리쳤던 그들에게 더욱 쓰라린 상처로 남은 것은 일제의 계략에 휘말려 같은 공산당 내에서 겪어야만 했던 종족적 마녀사냥인 '민생단民生團 사건'이었다.•

유격대의 식사를 보장해주는 작식대원이 밥을 설군 것도 민생단으로 몰릴 수 있는 리유가 되였다. 밥에 돌이 섞이거나 물에 밥을 말아 먹어도 그것은 곧 유격구의 인민들을 병들게 한 증거로 되고

• 일제가 만주를 강점한 지 얼마 되지 않은 1932년 2월 조선총독부와 간도 일본영사관은 '간도 자치'를 미끼로 간도 내 친일파들뿐만 아니라 일제에 반대했던 많은 민족주의자들을 민생단이라는 조직으로 유인했다. 만주의 동북항일연군에 한인 첩자들을 침투시켜 공산주의 연합전선을 분열시키고자 일제가 도모한 계략이었던 것이다. 이 사건으로 인해 일제의 협력자로 오인, 낙인되어 숙청된 한인 혁명가들의 수는 적어도 1,000명이 넘는 것으로 추산되었다(Hongkoo Han, "Wounded Nationalism: The Minsaengdan Incident and Kim Il Sung in Eastern Manchuria", Ph.D. Dissertation, University of Washington, 1999, p.347). 김일성과 그의 동료들은 간교한 일제 통치, 중국공산당의 인종 차별과 잘못된 숙청으로 인한 수많은 동료 대원들의 죽음에 분노했다. 게다가 김일성 자신도 민생단으로 몰려 체포, 신문을 받았기에 민생단 사건은 북한의 정치 지도자들에게는 하나의 역사적 트라우마로 남아 있다.

민생단의 작용이라는 어마어마한 감투를 쓰는 조건으로 되였다. 설사를 하면 전투력을 약화시킨다고 민생단, 한숨을 쉬면 혁명의식을 마비시킨다고 민생단, 오발을 하면 적들에게 유격대의 위치를 알려주는 신호라고 민생단, 고향이 그립다는 말을 하면 민족주의를 고취한다고 민생단, 일을 잘하면 정체를 숨기려는 수작이라고 민생단. …… 그야말로 코에 걸면 코걸이, 귀에 걸면 귀걸이식이였다. 이런 기준에서 보면 민생단으로 걸려들지 않을 사람이 한 명도 없었다.[4]

《세기와 더불어》 4권 〈사나운 회오리〉라는 글에서 김일성은 1930년대 중반 자신의 목숨까지 위협했던 민생단 사건의 비극을 이와 같이 술회했다. 일제가 아니라 혁명 동지였던 중국공산당에게 희생된 한인 유격대원과 그 가족의 수는 약 2,000명으로까지 추산되기도 했다.[5] 민생단 사건을 극복하면서 김일성은 "개별적인 인간들의 생활에 있어서나 민족을 이루는 대집단의 생활에 있어서나 그 운명을 좌우하는 기본적인 생존 조건은 자주성이라고 말할 수 있다"고 주장하며 민족의 생존을 담보하는 이념적 원천으로 '자주성'을 부각시켰다.[6] 이러한 자주성의 개념을 통해 "사람들의 정치적 운명을 보호해주는 것은 정권을 잡은 나라의 공산주의자들이 자기의 활동에서 한시도 놓치지 말고 틀어쥐고 나가야 할 영원한 주체이다"라며 주체사상의 원초적 원리를 제시했던 것이다.[7] 이 사건은 훗날 유격대국가의 사상적 기초인 주체사상이 형성되는 중요한 역사적 배경이 되었다.[8]

일제강점기 항일무장투쟁을 거쳐 제2차 세계대전의 종료와 함

김일성의 회고록에 등장하는 '조선인민혁명군' 대원들의 모습. 그러나 실제로 조선인민혁명군은 중국공산당 산하 동북항일연구에 소속된 조선인 부대를 지칭한다. 김일성, 《세기와 더불어》 4권, 1993.

께 북한의 정치 엘리트들은 분단된 북쪽에서 소련의 후원하에 정권을 잡을 수 있었고, 남한을 점령한 미국과 대결하며 전후 초기까지 소비에트 사회주의를 모형화해나갔다. 한국전쟁에서 미국과 국제전을 치르고 중·소의 외압에서 독립한 북한은 일제에 이어 미제를 증오의 대상으로 삼아 적대적인 분단정치를 지속해갔다. 따라서 근현대 북한의 체제에서 주체 사회주의를 이루는 핵심은 민족주의로 설명될 수 있으며, 이것은 반일, 반미라는 반제국주의와 사회주의 강대국에 대한 견제 심리가 결합한 결과라고 할 수 있다. 이러한 북한의 역사와 현실을 고려하면, 20세기 말 우리식 사회주의의 독자 노선과 21세기 초 미국과의 핵 겨루기는 북한에게 피할 수 없는 숙명이었다.

북한이 밟아온 역사적 경로에서도 알 수 있듯이, 마르크스가 '부르주아 이데올로기'로 경멸했던 민족주의는 제3세계 독립국가의 사회주의 체제와 빈번히 결합했다. 레닌은 제국주의에 대항하는 제3세계의 대항 담론으로 민족주의를 옹호했고, 스탈린은 일국사회주의를 기치로 하여 러시아의 영향력을 확대하기 위한 수단으

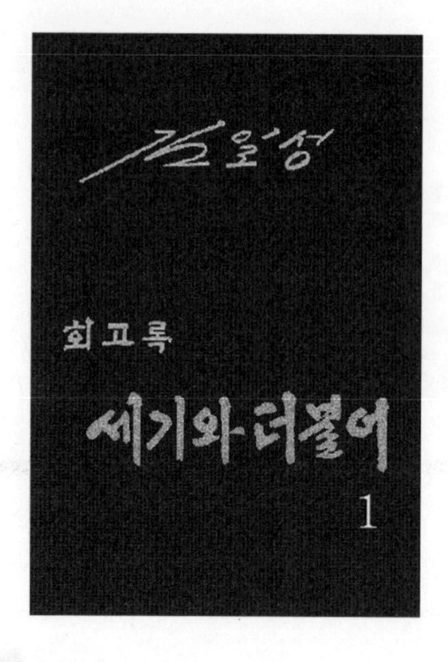

김일성은 죽기 직전인 1990년대 초부터 회고록 저술에 관한 구상을 시작했고, 1992년에 《세기와 더불어》 1권을 출간했다. 회고록은 김일성의 어린 시절은 물론 조선민주주의인민공화국이 건국되기까지 김일성과 동료 빨치산 대원들의 일화를 중심으로 항일독립운동과 사회주의 혁명에 대해 비교적 사실적으로 기술하고 있다. 《세기와 더불어》는 김일성 생전에 발간된 항일혁명 편 6권과 사후 조선로동당이 편집하여 펴낸 계승본 2권으로 구성되어 있다. 현재까지 영어, 일본어, 중국어, 러시아어, 스페인어 등으로 번역되어 소개되었다.

로 민족주의를 활용했다. 김일성 역시 반제투쟁의 정당성을 위해서뿐만 아니라 전후 중·소분쟁의 와중에서 주체사상을 제기하고 외세의 강압에서 벗어나 독립적인 노선을 구축하기 위해 민족주의를 적극 도모했다.

이런 맥락에서 김일성은 그의 회고록《세기와 더불어》4권에서 “나는 한평생 민족의 존엄을 위하여 싸워왔다. 나의 일생은 민족의 존엄과 자주성을 지키기 위한 투쟁 력사였다고 말할 수 있다”며 자신의 일생을 민족을 위한 삶으로 규정했다.[9] 그리고 그는 다시 “진정한 공산주의자도 참다운 애국자이며 또 진정한 민족주의자도 참다운 애국자라고 보는 것은 나의 변함없는 신조이다. 그러므로 나는 우리 자신을 공산주의자인 동시에 민족주의자이며 민족주의자인 동시에 공산주의자라고 서슴없이 말하는 것이다”라고 주장했던 것이다.[10] 항일무장투쟁에서 21세기 고난의 행군에 이르는 현재까지 북한 사회의 권력과 담론은 이처럼 김일성이 상상하고 실현했던 민족주의의 역사와 맥을 같이한다.

여기서 민족주의자로서 김일성이 한 회고는 제3세계 한반도의 작은 사회주의 국가 북한이 직면하고 감수해야 했던 모순된 진보의 길을 암시한다. 사회주의를 민족주의로 옹호하고자 했던 북한은 분단 반세기 이상을 외세에 저항하며 주민들을 통제해야 했던 딜레마에서 벗어나지 못했다. 네언Tom Nairn이 주장했듯이, 민족주의의 야누스는 외적에 저항하는 정당성을 갖는 '진보'의 얼굴을 하기도 했지만, 다른 한편 내적 이단자를 배제하는 '억압'의 얼굴을 하기도 했던 것이다.[11]

서구 자본주의 국가의 지배 이데올로기이면서 동시에 제3세계 식민국가의 대항 헤게모니로도 기능했던 민족주의의 양면성은 다시 그 식민국가가 독립 이후 식민주의의 지배 이데올로기를 독재 권력으로 변질시킨 과정을 보여주기도 했다.[12] 이것은 식민주의가 제3세계 사회주의 혁명 발전에 양가적인 영향을 끼칠 수 있다고 한 마르크스의 논리를 뛰어넘어 민족주의가 제3세계의 탈식민주의적 국가 형성에 핵심적인 역할을 담당했던 역사적 과정을 보여준 것이다.[13]

한국전쟁 이후 북한 정권은 전후복구사업과 천리마운동 등 각종 군중 운동을 전개하며 자립적 정치 노선과 양적 경제 성장을 주체 사회주의가 지향하는 역사적 진보로 규정하고 이에 모든 것을 걸고 전진해왔다. 일제강점기 조선의 엘리트들이 식민지 근대화와 혁명적 민족주의 사이에서 이합집산하며 갈등했듯이 근대성, 식민주의, 민족주의가 얽혀 있는 식민지 근대성의 유산은 어떤 식으로든 한반도의 분단정치에 영향을 주었다. 남한 정권이 친일 잔재와 군부독재라는 정통성의 굴레에서 경제 성장을 이룬 반면, 북한 정권은 혁명적 민족주의로 정치적 정당성을 얻었으나 1970년대 이후 경제 성장에서 남한에 뒤지고 급기야는 21세기를 목전에 둔 시점에서 식량난으로 수많은 아사자들을 보게 되었다. 현재 남한은 21세기를 거치며 경제적 부와 함께 젊은이들의 희생을 거쳐 제한되지만 값진 민주주의를 성취한 반면, 북한은 항일유산의 자랑스러운 혁명 전통에도 불구하고 아사, 이탈하는 신민들의 반란이라는 굴욕을 감수해야 했다. 식민 경험, 민족해방과 한국전쟁, 근대화와 분단정치 및 탈냉전과 세계화의 시대로 이어진 근현대의 역사에서 북한은 민족적 사회주의를 표방하며 자신만의 길을 모색해왔다. 따라서 사회주의와 민족주의를 가로지르며 분단정치에서 정치적 자주와 독재, 경제적 자립과 고립이라는 양가적 진화를 보여준 현대 북한의 자화상에서 주체의 의미를 민족주의와 관련지어 논의해볼 필요가 있다.

2

사회주의적 애국주의

민족주의를 바탕으로 한 북한의 주체사상은 항일무장투쟁의 역사적 경험에서 비롯되었고, 전후 중·소분쟁과 국내 파벌에 대한 정치적 숙청작업을 거치며 확립되었다. 항일유산에서 비롯된 북한의 독자 노선은 무엇보다도 제국주의와 강대국의 지배에서 벗어나고자 한 북한식 민족주의를 반영한 것이었다. 주체사상의 민족주의적 요소는 민생단 사건 등 항일무장투쟁의 역사적 경험에서 그 단초가 이미 발견되었고, 스탈린 사회주의의 영향력이 팽배했던 해방 정국에서도 그 실마리를 찾을 수 있다. 1948년 11월 13일 〈청년들에 대한 사상교양사업은 민청단체들의 기본 임무〉라는 연설에서 김일성은 다음과 같이 주장했다.

> 진정한 애국주의 사상은 국제주의 정신과 분리될 수 없습니다. 우리는 청년들을 자기 조국을 사랑하며 자기 조국의 혁명 전통을 소중히 여기며 침략자들과 착취자들로부터 조국과 인민을 해방

> 하기 위하여 헌신적으로 투쟁하는 정신으로 교양하는 동시에 다른 민족들의 자유와 평등을 존중히 여기며 타국 인민들을 억압하며 착취하는 국제 반동세력을 반대하는 투쟁에서 전 세계 자유애호 인민들과의 친선, 단결을 강화하는 정신으로 교양하여야 하겠습니다.[14]

이 연설에서 김일성의 정치 이념은 '진정한 애국주의'로 표출되었고, 이러한 이념은 프롤레타리아 국제주의의 기치 아래 발전해야 하는 것이었다. 스탈린의 영향력하에서 김일성은 '자기 조국의 혁명 전통', 즉 빨치산의 항일유격대 전통을 강조하며 민족주의적 색채를 유감없이 드러냈다. 김일성은 1948년 5월 방북한 김구와의 회동에서도 "진정한 공산주의자들은 자기 조국과 민족을 열렬히 사랑하는 진정한 애국자"라고 말하면서 "나라와 민족의 리익을 첫 자리에 놓고 모든 것을 여기에 복종시키는 원칙"을 가져야 한다고 이야기했다.[15] '민족산업' '민족경제' '민족군대' '민족문화' '민족간부' 등 민족이라는 수식어가 들어간 김일성의 언설은 이 시기 그의 노작들에서 쉽게 찾아볼 수 있다. 소련의 영향력하에서도 김일성은 '조국' '민족' '조국애' '민족애' '애국심' 등 민족주의적 색채가 가미된 용어들을 즐겨 사용했던 것이다. 한국전쟁이 일어나기 전인 1949년에 출간된《새조선》에서도 다음과 같이 조국애와 애국주의를 강조했다.

> 일제 통치하에 있어서의 조선 인민들의 조국애와 애국주의 사상이 일본 제국주의의 노예적 기반을 단절하기 위해 반제반봉건투

쟁 과정에서 구현되었다면 오늘 인민민주주의적 조국을 창건하는 마당에 있어서의 조선 인민들의 조국애는 현실적인 인민주권의 공고화, 국토의 완정, 조국의 평화적 통일독립을 위한 투쟁에서의 인민들의 애국적 헌신성으로써 특징된다.[16]

이와 같은 글에서 북한 정권은 조국애와 애국심을 강조하며 곧 다가올 전쟁을 정당화하려고 했다. 이러한 조국애와 애국심은 '정의'와 '부정의'의 이분법을 통해 전쟁 준비와 국민 동원을 정당화했고, 이에 따라 한국전쟁은 조국과 인민을 위한 정의로운 해방전쟁으로 불릴 수 있었다. 이처럼 사회주의의 슬로건 아래 민족의 가치를 활용하며 주민들을 동원한 김일성은 사회주의와 민족주의의 가치를 융합시킨 '혁명적 민족주의자'라고도 불릴 수 있을 것이다.[17]

이러한 김일성의 리더십에 대해 일반 대중들 역시 정의의 전쟁을 위해 민족주의로 무장하며 적극적으로 호응했다. 한국전쟁 발발 직후인 1950년 7월 22일 소련 드네프로페트롭스크 철도대학에서 유학 중이던 김영렬은 김일성종합대학에 다니던 그의 누이에게 다음과 같은 편지를 보냈다.

사랑하는 어머님, 누님 보십시오. 어머님, 누님. 정의의 전쟁, 조국통일전쟁이 시작한 지 벌써 20여 일이 지났습니다. …… 어머님 그 놈들은 마귀의 손을 벌려 조선을 먹으려고 합니다. 조선 인민을 또 다시 노예화시키려고 합니다. …… 그러나 그들은 운명은 몇 날 없습니다. 정의는 이깁니다. 반드시 승리합니다. 어머님, 조선 인민은 정의의 전쟁을 하고 있습니다.[18]

김영렬은 한국전쟁을 '정의'의 전쟁으로, 미국을 '사악한 제국주의'로 묘사했다. 전쟁의 정당성에 대한 주민들의 신념과 확신은 거의 정권의 선전 논리를 반영하고도 남았다. 김영렬의 결의에 찬 편지는 북한이 미제국주의와 맞서 정의의 전쟁을 벌이고 있음을 개인 주체의 시선에서 반영한 것이었다.

이처럼 한국전쟁을 거치며 강화된 민족주의에서 북한의 사회주의적 애국주의는 더욱 강화되었고, 이러한 이념과 함께 '주체'의 개념이 등장할 수 있었다. 김일성은 1955년 12월 28일 〈사상사업에서 교조주의와 형식주의를 퇴치하고 주체를 확립할 데 대하여〉라는 연설에서 처음으로 '주체' 개념을 사용했다.[19] 이 연설에서 김일성은 "조선 혁명을 하기 위해서는 조선 력사를 알아야 하며 조선의 지리를 알아야 하며 조선 인민의 풍속을 알아야 합니다"라고 말하면서 당내 소련파를 겨냥하며 당 사업에서 친소적 교조주의를 정면으로 비판했다. 김일성이 외세와 라이벌 파벌을 당당하게 비판할 수 있었던 것은 자신의 주체 혁명이 항일무장투쟁에서 정당성을 얻고 있었기 때문이다. 김일성은 민생단 사건을 언급하면서 "빨치산들이 옳은 군중 관점에 서 있었고 그들이 군중의 지지를 받았기 때문에" 혁명이 성공할 수 있었다고 주장했던 것이다.[20]

이러한 주체 개념은 1953년 스탈린 사후 불거진 중·소분쟁이라는 국제정세와 연안파와 소련파가 김일성의 일인독재를 비판하며 도전한 1956년 '8월 종파사건'이라는 국내정세에서 발전한 것이었다.• 이에 8월 종파사건에서 외세를 견제하고 양대 파벌을 숙청하며 김일성은 자신의 민족주의 담론으로 사회주의적 애국주의를 적극적으로 내세우기 시작했다. 1957년 12월 5일 당 중앙위원회 확대 전원회의에서 김일성은 〈쏘련을 선두로 하는 사회주의 진영의 위대한 통일과 국제공산주의 운동의 새로운 단계〉라는 연설을 통해 다음과 같이 사회주의적 애국주의를 공식적으로 강조했다.[21]

> 우리의 애국주의는 사회주의적 애국주의입니다. 우리는 온갖 부르죠아 민족주의와 배타주의를 배격합니다. 민족주의는 인민들 간의 친선 관계를 파괴할 뿐만 아니라 우선 자기 나라 자체의 민족적 리익과 근로 대중의 계급적 리익에 배치됩니다. 부르죠아 민족주의와 배타주의는 프로레타리아 국제주의 및 사회주의적 애국주의와 적대되며 대중 속에서 진정한 애국주의의 건전한 발전을 방해합니다.[22]

이 연설에서 김일성은 부르주아 민족주의와 비교하며 프롤레타리아 국제주의하에서 사회주의적 애국주의를 강조했다.[•] 사회

• 8월 종파사건은 1956년 8월 조선로동당 중앙위원회 전원회의에서 연안파와 소련파가 김일성과 만주파를 제거하려 시도했다가 실패한 사건을 일컫는 것이다. 이 사건은 스탈린이 사망한 후인 1956년 2월 소련공산당 제20차 대회에서 흐루쇼프가 반스탈린 노선을 표명한 것을 계기로 하여 연안파와 소련파가 김일성의 일인독재를 비판하면서 시작되었다. 김일성이 소련을 비롯한 동유럽 사회주의 국가들을 방문한 1956년 6월 1일부터 7월 19일 사이 연안파의 핵심 최창익과 소련파 출신 부수상 박창옥 등은 집체영도를 강조하고 개인숭배를 반대하며 반김일성 노선을 본격화했다. 이 사건은 1956년 8월 30일 평양예술극장에서 열린 전원회의에서 상업상인 연안파 윤공흠의 공격으로 시작되었지만 만주파가 장악한 중앙위원들의 반대로 무산되었다. 이후 만주파는 연안파와 소련파의 움직임을 반당종파행위로 규정하여 윤공흠, 서휘, 리필규를 출당시키고 최창익, 박창옥의 당직과 직위를 박탈했고, 이것은 곧 소련과 중국의 내정 간섭을 초래했다. 김일성은 중·소의 압력에 굴복하여 1956년 9월 23일 전원회의를 열어 8월 전원회의의 결정을 번복하고 숙청한 인사들을 복권시키기도 했다. 그러나 김일성과 만주파는 1957년부터 '중앙당 집중지도사업'을 벌여 반종파투쟁을 전개하면서 8월 종파사건과 관련된 인사들을 모두 숙청해나갔다. 이 사건은 민생단 사건 이후 북한이 다시 소련과 중국이라는 외세의 영향력하에 놓이게 된 계기이자 동시에 반종파투쟁과 함께 김일성과 만주파가 권력의 기반을 다진 전환점이 된 계기이기도 했다.

주의적 애국주의에 대한 언설은 이후《로동신문》의 기사들과《근로자》《천리마》《청년생활》 등의 수많은 에세이와 논문들에서 발견된다. 중·소 갈등과 8월 종파사건의 위기에서 김일성은 표면적으로는 흐루쇼프의 수정주의를 비판하고 전통적인 스탈린의 노선을 옹호했지만, 실질적으로는 반스탈린 노선과 중·소분쟁의 복잡한 정세 속에서 자신의 주체 노선을 적극적으로 부각시키고자 했다.[23]

1955년 주체 연설과 1956년 8월 종파사건 이후 김일성은 소련을 '수정주의'로, 중국을 '교조주의'로 비판하며 독자 노선을 모색해갔고, 1965년 〈조선민주주의인민공화국에서의 사회주의 건설과 남조선 혁명에 대하여〉라는 연설에서 '사상에서의 주체' '정치에서의 자주' '경제에서의 자립' '국방에서의 자위'라는 주체사상의 4대 기본 원리를 제시하기에 이르렀다.[24] 1966년 8월 12일 북한 정권은 〈자주성을 옹호하자〉라는《로동신문》의 유명한 사설을 통해 애국적 혁명 전통과 사회주의적 애국주의를 강조하고 '주체' '자주' '자립' '자위'라는 주체사상의 핵심 테제를 다시 천명했다. 더욱이 1960년대 후반 중국에서 문화대혁명이 일어나 홍위병들이 김일성을 '봉건 독재자'로 비난하고 박금철과 이효순이 함경도를 거점으

•

1989년 베를린 장벽이 무너지고 1991년 소련이 해체될 즈음인 1991년 8월 5일《로동신문》에서 김일성은 "단일민족국가인 우리나라에 있어서 진정한 민족주의는 곧 애국주의로 됩니다"라며 처음으로 민족주의 개념을 긍정적으로 사용했고, 스스로를 "공산주의자인 동시에 민족주의자이고 국제주의자"라고 선언했다(《로동신문》, 1991.8.5). 그러나 여기서 '민족주의자'라는 용어는 1996년《김일성 저작집》43권에서 '애국자'라는 말로 수정되었다(김일성, 〈우리 민족의 대단결을 이룩하자, 조국평화통일위원회 책임일꾼들, 조국통일범민족련합 북측본부 성원들과 한 담화 1991년 8월 1일〉,《김일성 저작집》43권, 조선로동당출판사, 1996, 170쪽). 이것은 '민족주의' 개념을 '부르주아 민족주의'와 동일시하는 북한식 정치 담론의 결과에 따른 것이었으나, 김일성이 사용하는 개념과 논리는 사실상 민족주의와 다르지 않았다.

로 지역주의를 모색하며 김일성의 권위에 도전하자 김일성과 만주파는 1967년 갑산파를 숙청하여 유일지도 체제를 확립하고 중·소를 견제하며 사회주의적 애국주의를 확고한 사상으로 부각시켜나갔다. 이로써 1967년 이후 북한의 체제에서 외세와 파벌의 영향력이 소멸되고 주체 사회주의의 정치적, 사상적 기반이 형성될 수 있었다. 결국, 사회주의 강대국의 틈바구니에서 북한이 추구한 주체 노선은 "형식으로는 사회주의이지만 실질적인 내용에서는 민족주의"로 평가할 수 있다.[25]

이처럼 우리는 주체사상의 형성 과정에서 민족 담론이 수시로 정치적 수사로 활용된 측면을 관찰할 수 있다. 1973년에 발행된 《정치사전》에서 민족주의는 여전히 부르주아적 성격을 갖는 것으로 비판되었지만, 민족은 "언어, 지역, 경제생활, 혈통과 문화, 심리 등에서 공통성을 가진 력사적으로 형성된 사람들의 공고한 집단"으로 정의되며 그 가치가 인정되었다.[26] 이는 언어, 지역, 경제생활, 문화, 심리의 요인들을 강조한 스탈린의 민족 개념에 '혈통' 개념을 추가한 것이었다. 그러나 1985년에 출간된 《철학사전》에서는 이러한 민족 개념이 다시 "피줄과 언어, 령토와 문화의 공통성에 기초하여 력사적으로 형성된 사회생활 단위이며 사람들의 공고한 집단"으로 바뀌면서 스탈린주의적 민족 개념에서 완전히 벗어난다.[27] 이러한 정치 담론의 변화에서 역설적인 것은 북한 스스로가 비난하고 경계했던 부르주아 민족주의가 실질적으로 자신의 통치 이념인 주체사상으로 변화했다는 사실이다.[28] 결국, 1972년 사회주의헌법 4조에서 "마르크스-레닌주의를 우리나라의 현실에 창조적으로 적용한 조선로동당의 주체사상"이 부각되었고, 이러한 주체사상은 1992년 개정 헌법 3조에서 "사람 중심의 세계관이며 인민대중의 자주성을 실현하기 위한 혁명사상"으로 일원화되었다.

3

주체사상의 규율화

기존의 다양한 접근들은 복합적인 북한 체제에 대해 상이하고 때로는 대조적인 접근 방식을 드러냈지만, 그럼에도 공통적으로 북한 체제의 내구성과 이에서 비롯된 독특한 특성을 보여주었다. 외적 강압에 대항하는 민족주의를 통해 사회주의를 유지했던 북한의 근현대 체제에서 항일유산과 유격대국가 및 주체사상이 사회화되는 과정에 주목해야 하는 것은 바로 이 때문이다.

1945년 8월 15일 일제로부터 해방된 한반도는 미·소의 냉전구도 속에서 남과 북으로 분단되었고, 이에 따라 소련의 지원을 받은 김일성 그룹이 민족주의 및 토착 공산주의 그룹, 소련, 중국에서 활동했던 공산주의 그룹과 연합하여 1948년 조선민주주의인민공화국을 수립했다. 해방 정국에서도 스탈린의 이념과 정책이 북한 전역과 인쇄매체를 뒤덮는 동안 김일성의 민족주의적 리더십 역시 적지 않게 발휘되었다.[29] 또한 한국전쟁을 거치며 박헌영의 국내파를 숙청한 만주파는 1956년 8월 종파사건에서 소련파와 연안파를 척결하고 1967년에는 갑산파마저 숙청함으로써 김일성의 유일지도 체제를 확립했다. 이런 과정에서 김일성은 중·소의 외압을 견제하며 자신의 주체적인 항일 노선을 견지하고자 했고, 이를 대중들과 교감하며 전파하고자 했다.

이러한 배경에서 북한은 1956년 천리마운동, 1959년 천리마작업반운동, 1960년 청산리 정신/청산리 방법, 1961년 대안의 사업체계라는 군중 노선/군중 운동을 전개했다.• 이러한 군중 노선/군중 운동은 김일성이 현지지도를 통해 주민들과 접촉을 강화하고 지도자와 대중의 단결을 모색함으로써 위로부터의 국가 권력이 아래로부터 대중의 자발성·창의성과 연계되는 과정에서 발전한 것이었다.[30] 아래로부터 주체사상을 확산시키는 데 기여한 군중 운동은 중·소의 외압과 파벌 대립의 정치적 위기와 함께 원조 감소라는 경제적 축적의 위기에서 비롯된 것이기도 했다. 따라서 정치적

• 1972년 신헌법 제13조에서 '사회주의 건설의 총노선'으로 명문화된 천리마운동은 중국의 대약진운동을 본떠 사회주의 건설을 촉진하기 위해 1957년부터 시작된 북한의 군중 운동이다. 1956년 12월 조선로동당 전원회의에서 김일성이 '천리마를 탄 기세로 달리자'는 구호를 제시하며 제기한 사상 동원 및 경제 성장을 위한 군중 운동이었다. 다른 군중 운동과 함께 천리마운동은 인민대중에 의거한, 실정에 맞는 방법을 추구하면서 사상 개조와 정치 사업 선행을 내세우는 주체사상의 지도원칙을 구현했다. 초기에 노동자, 사무원을 중심으로 시작한 천리마운동은 후기에 들어 농민과 학생들의 참여가 두드러져 직장, 공장, 학교, 사회단체 등 각계각층을 망라했다. 1966년 기준으로 천리마작업반 수는 3만 1,704개, 총 참가인원은 121만 489명이었고 이 중 노동자, 사무원은 40만 8,473명, 협창농장원 45만 2,163명, 학생은 34만 9,853명에 달했다(《조선중앙년감》 1966-1967년, 조선중앙통신사, 1967, 174쪽). 또한 천리마운동과 통칭해 부르기도 하는 '천리마작업반운동'은 1959년 3월 남포시 강서구역 소재 강선제강소에서 김일성의 현지지도와 함께 진응원 작업반에서 시작되었다. 2년 5개월 만에 200만 명 이상의 근로자들이 참여했고, 4,958개의 작업반 및 직장이 '천리마' 칭호를 수여했다. 북한은 1960년 8월과 1968년 5월 두 차례에 걸쳐 전국 규모의 '천리마작업반운동 선구자 대회'를 개최했고, 1957년부터 1960년까지 공업 총생산액 연평균 36퍼센트 성장 속도를 창조하기도 했다. 천리마(작업반)운동은 천리마, 이중 천리마 칭호 등 비물질적 인센티브를 부여하여 주민들의 참여를 유도한 헤게모니적 특성을 띠었고, 당시 주민들로 하여금 '우리도 한번 해보자!'는 분위기를 창출하기도 했다. 이러한 군중 운동은 주민들을 동원하는 사회적 연결망을 구성하는 데 핵심적인 역할을 담당했다.

김정일은 '온 세상의 김일성주의화'를 주창하며 주민들의 일상생활에서 주체사상을 규율하는 데 성공했다. 《천리마》, 1970년 10호(141호).

사상 동원 및 경제적 생산 증진을 목표로 한 군중 운동은 모두 사상을 중심으로 비물질적인 인센티브를 부여하며 당적 지도와 대중의 자발성을 유기적으로 결합하여 집단적 관리 체제를 유지하고자 했다. 대표적으로 천리마운동은 주체 노선을 구현하는 정치사상적 동원 운동이자 생산력을 증진시키고자 한 증산 운동이었다. 김일성은 중·소의 외압과 원조 중단의 위협에 대중들과 교감하는 군중 운동으로 맞섰던 것이다. 이러한 천리마운동은 공업, 농업, 건설, 보건, 과학, 교육 등 모든 영역을 포괄했고, 천리마작업반운동, 천리마학교운동, 천리마속도 등 다양한 형태로 전개되었다.

이러한 군중 동원 과정에서 1960년대 말, 1970년대 초에 성립한 김일성의 유일지도 체제 혹은 수령제 체제는 와다 하루키가 주장했듯 스탈린의 국가사회주의 체제 위에 이차적으로 형성된 김일성의 유격대국가 체제를 의미하는 것이었다. 김일성 총사령관을 중심으로 전 인민의 유격대원이 하나의 군사정치 체제를 형성하고 이러한 유격대의 권력구조가 정치, 군사, 사회문화의 영역에서 수직적으로 확대되어 나타난 것이다.[31] 이러한 체제는 북한 정권이 1972년 사회주의 신헌법에서 주석제를 신설하고 1974년 김정일을 후계자로 추대하는 등 주체사상을 정립해가는 과정에서 형성되었다. 김일성이 유격대국가의 정당성을 마련하고 주체사상의 기초를 제시했다면, 김정일은 유격대국가를 제도적으로 확립하고 주체사상을 체계화했다.[32] 1974년 김일성의 후계자로 등장한 김정일은 '온 사회의 김일성주의화'를 선언하며 유격대국가의 지도 이념인 주체사상을 하나의 반半종교화된 신념 체계로 확장시켰고 〈당의 유일사상 체계 확립의 10대 원칙〉을 제정하여 주민들의 삶에 침투시켰다.

무엇보다도 1970년대부터 황장엽과 함께 주체사상의 이론적 체계화에 공을 들인 김정일은 주체사상을 신념화하면서 주민들의 일상으로 파고드는 데 주력했다. 1974년 4월 김정일에 의해 공포된 〈당의 유일사상 체계 확립의 10대 원칙〉은 북한 주민들이 절대 무오류의 최고 지도자에게 충성해야 한다는 내용을 담았고, "모든 당원과 근로자들은 경애하는 수령님을 영원히 높이 모시고 수령님께 끝까지 충성을 다하며 전 당과 온 사회를 위대한 김일성 동지의 혁명사상으로 일색화하는 역사적 위업을 빛나게 수행해나가기 위하여 다음과 같은 당의 유일사상 체계 확립의 10대 원칙을 철저히 지켜야 한다"는 서문을 함께 실었다.

1조 위대한 수령 김일성 동지의 혁명사상으로 온 사회를 일색화하기 위하여 몸 바쳐 투쟁하여야 한다.
2조 위대한 수령 김일성 동지를 충심으로 높이 우러러 모셔야 한다.
3조 위대한 수령 김일성 동지의 권위를 절대화하여야 한다.
4조 위대한 수령 김일성 동지의 혁명사상을 신념으로 삼고 수령님의 교시를 신조화하여야 한다.
5조 위대한 수령 김일성 동지의 교시 집행에서 무조건성의 원칙을 철저히 지켜야 한다.
6조 위대한 수령 김일성 동지를 중심으로 하는 전 당의 사상 의지적 통일과 혁명적 단결을 강화하여야 한다.
7조 위대한 수령 김일성 동지를 따라 배워 공산주의적 풍모와 혁명적 사업 방법, 인민적 사업 작풍을 소유하여야 한다.
8조 위대한 수령 김일성 동지께서 안겨주신 정치적 생명을 귀중히 간직하며 수령님의 크나큰 정치적 신임과 배려에 높은 정치적 자각과 기술로써 충성으로 보답하여야 한다.
9조 위대한 수령 김일성 동지의 유일적 령도 밑에 전 당, 전 국, 전군이 한결같이 움직이는 강한 조직 규율을 세워야 한다.
10조 위대한 수령 김일성 동지께서 개척하신 혁명 위업을 대를 이어 끝까지 계승하며 완성하여 나가야 한다.

탈북자들에 따르면, 2013년에 10조 60항으로 개정된 10대 원칙은 헌법과 형법 이상의 가치와 구속력을 갖는다고 한다. 실제 내용을 보더라도 1조의 김일성주의로부터 2조 충성심, 3조 절대화, 4조 신조화, 5조 무조건성, 6조 통일과 단결, 7조 풍모와 사업 작풍, 8조정치적 생명, 9조 조직 규율 및 10조 계승의 원칙을 담고 있다. 헌법이 주체사상을 포함하는 국가 체제와 제도의 총체적 규정을 담고 있다면, 10대 원칙은 주체사상, 즉 김일성주의의 신념 체계와 규율화를 강조하는 것이다. 이 원칙들은 남녀노소 주민들 모두가 숙지해야 하는 삶의 지표이자 일상에서 항시 점검받는 규율의 방식이다. 실제로 10대 원칙의 세부 내용은 주민들의 일상에서 실천되는 주체사상의 사회적 규율을 반영하고 있다. 구체적으로 3조의 하위 내용에서 "경애하는 수령 김일성 동지의 초상화, 석고상, 동상, 초상 휘장, 수령님의 초상화를 모신 출판물, 수령님을 형상한 미술작품, 수령님의 현지 교시판, 당의 기본 구호들을 정중히 모시고 다루며 철저히 보위하여야 한다"고 명시한 것은 김일성을 절대적인 지도자로 옹립하면서 그의 권력을 일상에서 신성화하는 기제를 보여준다.

이렇게 신성화된 권력은 주민들의 일상과 그들의 정신과 육체로 침투할 수 있었다. 1960년대 육상영웅 신금단은 주체 이념을 자신의 정신과 육체에 체화한 대표적인 사례로 평가할 수 있다. 탈북자들에 따르면, 세계신기록을 세우며 세계육상선수권 대회 금메달을 휩쓴 신금단은 자신을 '수령님의 딸'로 묘사하며 감격의 눈물을 흘렸고 자신의 금메달이 김일성의 주체사상을 체화한 결과라고 주장했다. 수령과 민족이 하나가 되고 그러한 민족의 세포로서 자신을 자리매김하는 북한 주민들의 정체성에서 주체의 이념은 개인의 정신과 육체로 전이되어 한 몸을 이루는 것이다. 이렇듯 주체사상은 정치적인 경계를 넘어 개인 주체의 정체성에 개입하는 규율적 기제로 작동한다.[33] 이러한 관점에서 1970~1980년대 북한의 주체

김일성종합대학에 대리석으로 세워진 선전비. 북한은 1970년대부터 '우리식대로 살아나가자!'라는 구호를 내세우며 당대에 직면한 정치경제적 위기를 극복하고자 했다.

사상은 항일유산의 전통 속에서 주민들의 신념 체계이자 삶의 방식으로 재구성될 수 있었다. 하나의 반半종교화된 신념 및 가치 체계로서 주체사상은 주체교육, 주체음악, 주체건축, 주체문학, 주체스포츠, 주체의학 등 사회의 전 영역과 주민들의 삶 곳곳으로 침투할 수 있었던 것이다.•

이러한 주체사상을 체계화하며 김정일은 1982년 4월 김일성 탄생 70주년을 기념한 논문 〈주체사상에 대하여〉에서 주체사상의 철학적, 사회역사적 원리와 지도적 원칙을 구체화했다.[34] 구체적으

• 박한식의 신념 체계(belief system) 접근은 국가의 정책과 정치 뒤에 가려진 주민들의 인식과 동인의 측면을 부각했고, 주체사상으로 다져진 대중의 신념 체계에 주목하여 북한 체제의 내구성과 국가 권력의 안정성을 분석했다. 모든 것이 '주체'로 통하는 북한의 현실에서 주체사상은 정치 체계라기보다는 사회의 신념 체계이자 주민들의 삶의 방식이라는 것이다(Han Sik Park, *North Korea: The Politics of Unconventional Wisdom*, Lynne Rienner Publishers, 2002, pp.75-84).

로 '사람이 모든 것의 주인이며 모든 것을 결정한다'와 '사람은 가장 발전된 물질적 존재이며 자주성, 창조성, 의식성을 가진 사회적 존재이다'라는 철학적 원리를 바탕으로 '인민대중은 사회력사의 주체이다' '인류 력사는 인민대중의 자주성을 위한 투쟁의 력사이다' '사회력사적 운동은 인민대중의 창조적 운동이다' '혁명투쟁에서 결정적 역할을 하는 것은 인민대중의 자주적인 사상의식이다'라는 사회역사적 원리를 제시했고, '자주적 립장을 견지해야 한다'(사상에서 주체, 정치에서 자주, 경제에서 자립, 국방에서 자위), '창조적 방법을 구현해야 한다'(인민대중에 의거하는 방법, 실정에 맞게 하는 방법), '사상을 기본으로 틀어쥐어야 한다'(사상 개조 선행, 정치 사업 선행)라는 지도원칙을 내세웠다. 김일성의 사상을 이론적으로 체계화한 김정일은 한 걸음 더 나아가 1986년 7월 〈주체사상에서 제기되는 몇 가지 문제에 대하여〉라는 연설에서는 "수령은 사회정치적 생명체의 최고뇌수로서 집단의 생명을 대표하고 있기 때문에 수령에 대한 충실성과 동지애는 절대적이고 무조건적인 것으로 됩니다"라며 '사회정치적 생명체론'을 주장했고, "영생하는 사회정치적 생명은 수령, 당, 대중의 통일체인 사회정치적 집단을 떠나서는 생각할 수 없습니다"라며 국가-당-대중의 혈연적 단결을 역설했다.[35] 여기서 김정일의 주체 담론은 김일성의 사상을 이론적으로 계승하여 유격대국가를 정당화한 것이었지만, 한편으로는 아버지의 리더십에 기대 유격대국가의 위기를 모면하려는 전략이기도 했다. 가족국가의 어버이에 대한 충효와 사회정치적 생명과의 연계는 1980년대 후반 이후 북한이 직면했던 정치경제적 위기를 반영하는 것이었다.

4

우리식 사회주의와 조선민족제일주의

1989년 베를린 장벽의 붕괴와 1991년 소련의 해체로 사회주의권이 무너지면서 북한은 대외적으로 정치적 위기를 맞았고, 대내적으로는 1980년대부터 가속화되어 1990년대 중반 식량난으로 이어진 경제적 위기에 봉착했다. 이러한 위기에 대응하여 김정일은 이미 1978년부터 '우리식대로 살아나가자!'는 구호를 제시했고, 이어서 1986년 7월 '우리식 사회주의'와 함께 '조선민족제일주의'를 주창했다. 1989년 12월 28일 김정일은 〈조선민족제일주의 정신을 높이 발양시키자〉라는 주제의 연설에서 "조선민족제일주의 정신은 한마디로 말하여 조선 민족의 위대성에 대한 긍지와 자부심, 조선 민족의 위대성을 더욱 빛내여 나가려는 높은 자각과 의지로 발현되는 숭고한 사상 감정"이라고 정의하며 다음과 같이 주장했다.[36]

> 조선민족제일주의 정신을 높이 발양시키는 데서 혁명 전통을 빛나게 계승하고 민족적 전통을 잘 살려나가는 것이 중요합니다. 민

족성은 민족이 계승하는 전통에 체현되며 그에 기초하여 높이 발양됩니다. 따라서 전통을 무시하는 것은 결국 민족성을 무시하는 것이 됩니다.[37]

김정일은 조선민족제일주의 정신에서 민족의 긍지, 자부심, 위대성을 부각했고, 혁명 전통과 함께 '민족적 전통' '민족성'과 같이 민족주의를 직접적으로 지시하는 언설을 사용했다. 독자 노선을 걸어온 북한은 사회주의 붕괴와 함께 주체사상으로 지도 이념을 일원화하며 민족주의를 노골화하는 조선민족제일주의를 내세운 것이다. 특히 이 연설에서 김정일은 "우리식의 사회주의는 우리 인민이 민족제일주의 정신을 가지게 하는 사회적 기초이며 그것을 더욱 빛내여 나가자는 것이 바로 민족제일주의 정신을 발양시키는 목적입니다"라며 우리식 사회주의를 공식화했다.

이처럼 사회주의의 위기를 맞아 북한은 주체사상을 강화하고 사회정치적 생명체론, 조선민족제일주의, 우리식 사회주의 등의 형태로 주체사상의 정치적 담론을 확장해갔다. 민족주의가 심화되어가는 배경에서 북한 정권은 1992년 헌법 개정에서 주체사상을 유일한 지도 이념으로 승격했고, 김정일은 주체사상이 "우리 혁명의 유일한 지도사상이며 우리 민족의 생명"이 된다며 한껏 치켜세웠다.[38] 더욱이 1994년 김일성이 사망한 직후 민족주의 담론은 그 정점에 오르게 된다. 김정일은 1994년 10월 16일 김일성 100일 추모회를 마친 뒤 당 중앙위원회 책임일꾼들과 한 담화에서 '김일성 민족'의 개념을 사용하며 민족주의 담론을 한층 교조화했다.

우리는 백년이고 천년이고 대대손손 위대한 수령님을 영원히 높

> 이 모셔야 하며 모든 사업을 수령님식대로 해나가야 합니다. 우리 민족의 건국 시조는 단군이지만 사회주의 조선의 시조는 위대한 수령 김일성 동지이십니다. 수령님을 떠나서 세계에 빛을 뿌리는 오늘의 조선에 대하여 말할 수 없으며 수령님을 떠나서 우리 민족의 높은 존엄과 영예, 긍지에 대하여 생각할 수 없습니다. 수령님이시야말로 우리 민족을 세상에서 가장 존엄 있고 행복한 인민으로 되게 하여 주신 민족의 위대한 어버이이십니다. 지금 해외동포들은 조선 민족을 김일성민족이라고 하고 있습니다.[39]

이 연설에서 단군은 민족의 시조로, 김일성은 사회주의의 시조로 평가되었고 북한 민족은 김일성민족이 되었다. 같은 연설에서 김정일은 "수령님께서는 수령, 당, 대중의 혼연일체의 최고뇌수로서, 민족의 태양으로서 영생하고 계십니다"라고 '김일성 영생론'을 주장하며 김일성민족의 개념을 반半종교적인 차원으로 끌어올렸다.[40] 이처럼 김일성민족의 극단화된 개념은 홉스봄Eric Hobsbawm이 말한 '전통의 창조'의 극단적인 예라고 할 수 있을 것이다.[41]

요컨대 20세기 말 김정일이 주창한 조선민족제일주의와 우리식 사회주의는 사회주의적 애국주의에서 발전한 주체사상을 체계화하여 체제의 위기에 대응하고자 한 결과였고, 이것은 스스로 사회주의 이념을 부정하며 '사회주의 없는 사회주의 국가'로 변신한 현대 북한의 자화상을 반영하는 것이었다. 1998년 수정, 보충된 〈김일성헌법〉 서문에서 "위대한 수령 김일성 동지는 민족의 태양이시며 조국통일의 구성이시다. 김일성 동지께서는 나라의 통일을 민족지상의 과업으로 내세우시고 그 실현을 위하여 온갖 로고와 심혈을 다 바치시였다"고 명문화되었듯이 북한의 주체사상은 '민족지상주의'로 극단화되었다. 이 서문에서 표현된 '영생불멸의 주체사상'은 곧 '민족지상'의 이데올로기를 뜻하는 것이었다.

2장

항일무장투쟁의 전통과 유격대국가

2장은 주체의 나라 북한이 유격대국가guerrilla band state를 발전시키면서 항일무장투쟁의 전통을 사회적으로 재구성한 측면을 분석한다. 항일 빨치산의 혁명 전통은 권력의 신성화 작업을 통해 지배의 정당성을 확보하는 중요한 수단이었고, 북한 정권은 정치, 경제, 군사, 출판, 문예, 교육, 일상생활 등 사회의 전 분야에서 항일유격대의 전통을 계승하며 현재화하고자 노력했다. 1974년 김정일에 의해 제기된 '생산도 학습도 생활도 항일유격대식으로'라는 국가적 구호는 국가와 사회, 전 인민의 삶을 좌우하는 사상적 슬로건이었던 것이다. 항일무장투쟁의 전통은 국가의 지도 이념이자 규율의 수단이었고, 주민들의 가치관과 생활방식에까지 영향을 미친 사회문화적 현상이었다.

1

항일무장투쟁의 역사적 전통

정치적인 과장과 왜곡을 낳았던 김일성의 항일무장투쟁의 신화화는 익히 알려진 사실이다. 그러나 암스트롱Charles Armstrong이 강조했듯이, '주변을 중심부로 끌어올린' 북한의 혁명 전통 만들기는 반드시 자의적인 왜곡의 산물만은 아니었다.[1] 만주라는 주변부의 역사가 북한 역사와 정치의 중심에 자리를 잡게 된 것은 김일성의 항일신화가 일제강점기 한인들에게 한 가닥 희망을 안겨준 '반半종교적인 서사'로 기능했기 때문이다.[2] 만주는 주권 강탈 이후 많은 한인들이 이주했던 곳이자 농민운동이 가장 활발했던 함경도와 인접하여 항일무장투쟁을 적극적으로 벌인 곳이었다. 또한 물리적 투쟁이 현실적으로 불가능한 국내와 달리 만주는 여러 항일운동 세력이 상대적으로 자유롭게 활동할 수 있는 곳이었다. 따라서 만주의 한인들은 일제의 핍박과 중국의 차별에 고통을 당하면서도 민족해방과 새로운 미래를 염원하고 있었다. 이러한 배경에서 악랄한 일제의 탄압과 토벌에도 불구하고 항일무장투쟁에서 소기의 성과를 거두며 항복하지 않고 끝까지 살아남은 유력한 한인 유격대 지도자로서 김일성의 이야기는 신화와 전설이 되어 민중들의 입에 회자되었던 것이다.[3]

오늘날 북한 정권이 대대적으로 선전하고 있는 '보천보전투'는 1937년 6월 4일 만주에서 활약했던 동북항일연군 소속의 김일성 부대가 조선으로 진공하여 함경남도 보천보를 일시적으로 점령하고 퇴각한 사건을 말한다. 보천보전투를 통해 김일성이 전국적인 인물로 떠오른 것에는 당시 언론의 공이 컸다. 보천보전투가 일어나기 사흘 전인 1937년 6월 1일 복간된《동아일보》는 보천보전투가 일어나자 두 차례나 호외를 발행해가며 전투를 대서특필했다.《동아일보》의 혜산진 주재 기자로 보천보전투를 보도한 양일천 기자는 김일성의 '조국광복회' 조직과 직접적으로 선이 닿아 있던 인물이었다.[4] 주지했듯이 북한에서 보천보전투는 김일성의 항일무장투쟁의 핵심적 성과로 학습되었고 북한 정권의 역사적 정통성의 기반이 되어왔다. 김일성은 1958년 5월 11일 양강도 당, 정권기관, 사회단체 일꾼들 앞에서 한 연설에서 빨치산의 혁명 전통을 강조하며 보천보전투의 의의를 다음과 같이 설명했다.

> 그 의의는 일본 놈을 몇 명 죽인 데 있는 것이 아니라 조선 사람이 죽지 않고 살아 있으며 일본제국주의와 싸우면 승리할 수 있다는 신념을 북돋아주는 혁명의 서광을 비쳐준 데 있습니다.[5]

김일성 자신도 인정했듯이 명백히 보천보전투는 소수의 일본 경찰들을 살해한 것에 불과한 소규모 전투였지만 이 전투의 사회적 파급력은 대단한 것이었다. 제1로군 6사장으로서 김일성은 100여 명의 유격대원들을 이끌고 보천보 경찰 주재소와 우편국 등을 급습하고 일제 경찰 7명을 사살한 것으로 알려져 있다.[6] 그러나 중요한 것은 전투의 규모가 아니라 조선인 무장단체가 조선 땅으로 진공했다는 것에 있었다. 오백룡은 그의 회상기에서 보천보전투 직후 〈조국광복회 10대 강령〉 〈포고문〉 〈조선 인민에 격함〉 등의 삐라와 격문이 거리 도처에 나붙었다고 회고했다.[7] 실제로 일제 산림보호구 주임의 영전 축하연에서 김일성 부대에 의해 급습당해 혼비백산한 한 일제 경관이 돼지우리에 숨어 벌벌 떨고 있었다고 한 일화는 이후 갑산 지방에서 〈순사돼지 꿀꿀〉이란 노래로 풍자되어 불려졌다.[8] 이 사건은 나라를 빼앗긴 한인들에게 한 가닥 희망을 안겨주었고, 김일성을 전설적인 영웅으로 급상승시킨 배경이 되었다. 일제 역시 김일성을 마적단 혹은 공비의 두목으로 묘사하며 당시 악명 높았던 마에다를 중심으로 대대적인 토벌작전에 돌입했고, 이로 인해 김일성 부대는 혹한, 굶주림과 필사의 전쟁을 벌이며 1938년 말부터 1939년 초까지 약 100일간 이른바 고난의 행군을 벌이며 소련으로 피신했다.

여기서 주목해야 할 것은 북한 정권이 과장하는 역사적 사건에 대한 담론이 국내 언론에서 시작되어 아래로부터 확산되고 신화화되었다는 점이다. 김일성에 관한 신화 자체는 역사적 사실이 아니지만, 대중들에 의한 신화 탄생 과정은 중요한 역사적 사실이었다는 것이다.[9] 항일유격대 전통의 신화화와 김일성 권력의 신성화는 대중들의 영웅 창조에 부합한 결과였고, 그것을 극단화시킨 결과였다. 1987년 북한의 문예출판사가 오래된 민담, 설화, 전설 등을

1945년 9월 원산항을 통해 입국하여 조만식의 소개로 처음 평양에 등장한 30대 청년의 김일성의 모습은 모래알로 총알을 만들고 가랑잎으로 압록강을 건너며 축지법을 쓰는 백발 노장군의 모습과는 달랐다. 월남민들의 입을 통해 '가짜 김일성설'이 유포되었을 정도로 만주 항일무장투쟁을 벌인 김일성은 북한 정권이 가공하기 이전부터 민중들에게 전설적인 존재로 인식되고 있었다. 여운형의 건국준비위원회 개각 명단에 김일성이 국방부 장관으로 거명된 것 역시 이러한 상황과 무관하지 않았다. 그림은 《세기와 더불어》 7권 계승본에 게재된 것으로 김일성이 빨치산 동료들과 함께한 고난의 행군을 묘사하고 있다. 《세기와 더불어》 7권.

묶어 어느 정도 각색을 거쳐 펴낸 《백두산 전설집》에는 다음과 같은 김일성의 전설이 등장한다.

> 바로 그분이 김일성 장군님이신데 그이께서는 돌로 굳어버린 왜놈들을 내려다보고 통쾌하게 웃으시었다. 백마를 타신 장군님과 가랑잎을 타고 가는 군사들은 뭉게구름이 떠 있는 맑고 푸른 하늘가로 훨훨 날아갔다.[10]

이러한 전설과 신화 창조는 김정일의 권력 승계와 1980년대 후반부터 진행된 전통 복원 작업과 밀접한 관련이 있다. 그러나 이런 방식의 신화화는 그 이전부터 진행되었다는 것이 탈북자들의 공통된 지적이다. 백마와 가랑잎을 타고 다니는 백발 노장군으로 영웅화된 '김일성 장군'의 신화는 해방 직후 소련군의 비호 아래 평양에 등장한 젊은 김일성을 가짜로 몰게 한 역설적인 계기가 되기도 했다. 김일성은 이미 1930년대 후반부터 만주와 국내의 민중들에게 전설적인 항일영웅으로 인식되었고, 그를 통한 민족해방의 염원이 자연스럽게 전설, 설화, 민담 등으로 발전했다.[11] 김일성은 그야말로 광복과 새로운 미래를 염원하는 민중들의 메시아로서 다가온 것이다.[12]

그렇다면 항일무장투쟁의 역사적 전통은 무엇인가? 김일성이 언급했던 것은 크게 두 가지로, 하나는 '사상 체계'이고, 다른 하나는 '사업 방식과 작풍'이다. 1956년 8월 종파사건에서 소련파와 연안파라는 양대 라이벌을 척결한 김일성은 1958년 2월 8일 조선인민군 324 군부대 관하 장병들 앞에서 〈조선인민군은 항일무장투쟁의 계승자이다〉라는 연설을 통해 항일유격대의 전통을 상세히 설명했다. 이 연설에서 김일성은 항일유격대의 혁명 전통을 계승하는 것은 "항일유격대의 사상 체계를 계승하며 그 우수한 사업 방법과 사업 작풍을 계승한다는 것"을 의미한다고 말했다.[13] 여기서 사상 체계란 "인민의 리익을 위해서 싸우며 언제든지 인민과 같이 살고 인민과 같이 싸우는 그러한 투쟁 정신의 전통"이며, "곤난을 극복하는 투쟁 정신"이자 "간고한 투쟁"을 말하는 것이었다.[14] 이러한 사상적 전통은《세기와 더불어》3권 〈밀림 속의 병기창〉이라는 일화에서 '간고분투'와 '자력갱생'이라는 구체적인 개념으로 드러난다.

자력갱생, 간고분투는 비단 병기 생산과 수리 분야뿐만 아니라 항

유격대장 김일성, 항일여전사 김정숙은 물론 최용건, 김책, 최현 등으로 구성된 항일 빨치산은 훗날 유격대국가의 정치 엘리트로 자리매김한다. 김일성의 회고록이나 빨치산 대원들의 회상기에는 유격대 간부와 병사, 유격대와 대중의 유대 관계를 강조하고 '누룩 한 덩이'와 '언 감자 하나'라도 나눠 먹으며 고난의 행군을 헤쳐나가는 경험들이 생생하게 묘사되어 있다. 《조선》 1967년 7호(132호).

일혁명의 모든 분야를 관통하는 기본 정신으로 되었으며 혁명에 대한 충실성을 가늠하는 기준으로 되었다.[15]

자력갱생과 간고분투를 중심으로 한 유격대 정신은 빨치산 투쟁의 방식과 작풍으로 이어질 수 있었다. 빨치산 대원들의 1960~1970년대 회상기와 수기 및 김일성의 회고록에는 이러한 유격대의 투쟁 방법과 사업 작풍에 관한 많은 실례들이 등장한다. 적에게서 무기를 강탈하거나 대중들에게서 식량을 보급받는 자력갱생의 원리, 적에 대한 증오를 정당화하고 무기를 중요시하는 군사주의적 문화, 유격대 간부와 병사 및 대중 간의 끈끈한 유대 관계, 고난과 역경 속에서도 규율과 규범을 준수하고 학습, 문화, 여가도 혁명투쟁과 병행하며 게을리하지 않는 정신과 자세, 혹한과 배고픔을 견디며 누룩 한 덩이와 언 감자 하나라도 대원들과 나눠 먹고 고난의 행군을 헤쳐나가는 경험 등이 그것이다. 여기서 김일성 등 빨치산 대원들에게서 자주 회자되는 인물은 오중흡 7연대장이다. 《세기와 더불어》 7권과 《항일 빨찌산 참가자들의 회상기》 3권을 보면, 오중흡은 김일성에게 충직했고 부하를 자기 몸처럼 아꼈다. 이뿐만 아니라 항상 낙관적이었으며 규율과 학습에도 정진했고, 이마에 총알이 스쳐 지나가도 끝까지 전투 지휘를 했다. 그는 아군 진영에 떨어진 수류탄을 낚아채 다시 적진에 던져 부하들을 살린 모범적인 연대장이었던 것이다. 이에 항일유격대 전통을 확산시키며 김정일은 1960년대 초부터 '오중흡 따라 배우기 운동'을 벌였고, 이는 현재 '오중흡 7련대 칭호 쟁취 운동'으로 계승되고 있다.

이러한 항일무장투쟁의 역사적 경험은 현재에 되살아난 전통으로서 탈식민 국가 건설의 과정을 이뤘고, 주체사상의 민족주의와 결합해 21세기 고난의 행군과 강성대국의 꿈으로 이어지고 있다. 북한의 항일무장투쟁과 탈식민주의는 국가통치에 활용되며 권력화된 것이다.[16]

2

생산도 학습도 생활도 항일유격대식으로!

해방 정국과 전후 초기까지 북한에서는 소련의 국가사회주의 시스템 위에서 만주파의 헤게모니가 관철되어갔고 이러한 과정에서 유격대국가 체제가 형성될 수 있었다. 1958년 2월 8일 김일성은 조선인민군이 항일 빨치산의 혁명 전통을 계승한 것임을 역설하며 유격대국가의 자부심을 드러내려 했다.

> 우리 인민 군대는 바로 이 항일무장투쟁의 애국투사들을 골간으로 하고 그 혁명적 애국 전통과 고귀한 경험을 토대로 하여 창건되었습니다. 그렇기 때문에 조선인민군은 항일유격투쟁의 계승자입니다.[17]

이 연설은 유격대국가의 골격인 조선인민군을 빨치산의 정통 계승자로 확인하고 '혁명적 애국 전통'이라는 개념을 통해 항일유격대의 전통을 계승하고자 했다. 북한은 1956년 8월 종파사건에서 소련파와 연안파를 척결한 뒤 유격대의 당군 일체화를 확장하며 만주파의 헤게모니를 수립할 수 있었고, 1967년 갑산파 숙청, 1970년대 초 영도예술, 1972년 사회주의 헌법 제정을 거쳐 유격대국가 체제를 완성했다.• 해방 이후부터 김일성을 위시하여 최용건, 김책, 최현, 김일, 임춘추, 오진우, 오백룡 등 만주 빨치산파가 정권의 요직을 차지했고, 김정일 시대에도 빨치산 2세들이 실권을 장악했다. 최룡해, 오일정 등 빨치산 2세들이 김정일에 이어 김정은의 옹립에도 크게 기여한 사실은 유격대국가의 장기 지속성을 설명해 준다.

무엇보다도 김일성에게서 김정일로 권력이 승계되면서 항일무장투쟁의 전통은 유격대국가의 이름으로 전 사회로 확대되었고, 주체사상을 규율하며 주민들의 삶을 지배해갔다. 갑산파가 숙청된 1967년에 만주파 중심의 유격대국가 체제가 성립되고 항일무장투쟁의 전통이 확산되기 시작했으며, 1974년 김정일이 후계자로 전면에 등장하면서 유격대 전통이 전 사회로 확대되었다. 1974년 당 중앙위원회 제5기 제8차 전원회의에서 김정일은 당 중앙위원회

• 와다 하루키, 《북조선: 유격대국가에서 정규군국가로》, 131쪽. 박헌영계의 국내파 숙청과 연안파, 소련파를 제거한 8월 종파사건 이후 벌어진 1967년 갑산파 숙청은 김일성의 일인통치 시스템을 확립한 배경이 된 사건이다. 박금철, 리효순, 김도만 등의 갑산파는 일제강점기 '조국광복회'라는 이름으로 김일성 부대의 국내 연계 조직으로 활동했다. 그러나 갑산파는 건국 이후 함경도라는 지역적 배경을 바탕으로 실학과 같은 민족 전통에 관심을 표명하며 김일성의 주체사상과 만주파의 헤게모니에 도전하는 양상을 나타냈다. 이들은 1967년 조선로동당 제4기 제15차 전원회의에서 당 간부들에게 《목민심서》를 읽게 하고 실학에 대해 높이 평가하는 등 부르주아 사상과 봉건유교 사상을 유포한 죄목으로 숙청되었다. 실제로 당시 후계자로 발돋움하고 있던 김정일이 숙청 과정에 깊이 관여한 것으로 알려졌고, 이 사건을 계기로 김일성은 라이벌 파벌들을 모두 숙청하고 일인통치 시스템의 발판을 마련했다(중앙일보사 특별취재반, 《한반도 절반의 상속인 김정일》, 중앙일보사, 1994, 75쪽; Sung Chull Kim, *North Korea under Kim Jong Il: From Consolidation to Systemic Dissonance*, p.42).

1974년 후계자로 등장한 김정일은 '생산도 학습도 생활도 항일유격대식으로'라는 국가적 담론을 주창하며 항일무장투쟁의 전통을 당대 정치적 리더십의 전면에 내세웠다. 《朝鮮》, 1975년 10期(229期).

정치국 위원이자 김일성의 유일한 계승자로 추대되었고, '당 중앙'으로 불리며 실질적인 후계자로 활동한 김정일은 '생산도 학습도 생활도 항일유격대식으로!'라는 국가적 담론을 주창하며 항일무장투쟁의 전통을 당대 정치적 리더십의 전면에 내세웠다.[18]

이러한 배경에서 김일성 역시 갑산파를 숙청한 직후인 1967년 10월 11일 창립 스무 돌을 맞는 만경대 혁명학원 교직원, 학생 및 졸업생들 앞에서 한 연설에서 혁명가 유자녀들에게 유일사상을 강조하며 항일유격대 전통의 구체적인 사업 방법과 작풍을 배우고 실천할 것을 역설했다.

> 혁명가 유자녀들 가운데 이러한 혁명적 시련을 겪은 사람들은 얼마 되지 않습니다. 대부분의 동무들은 나이가 어리기 때문에 혁명적 시련을 겪어보지 못하였습니다. 혁명투쟁에 참가하지 못하고 혁명적 시련을 겪어보지 못한 동무들에게 있어서 혁명 전통을 학습하는 것은 매우 절실한 문제입니다. 지금 일부 인테리들 가운데는《항일 빨찌산 참가자들의 회상기》를 소설 보듯 한번 훌 읽으면 다 알 수 있는데 무엇을 자꾸 연구하라는지 모르겠다고 하는 사람들이 있다고 하는데 이것은 옳지 않습니다. 우리가 회상기를 학습하라는 것은 그 속에 담겨져 있는 진리, 혁명가들의 풍모, 그들의 사업 방법과 사업 작풍, 혁명가들의 불요불굴의 투쟁 정신을 배워 그것을 자기의 뼈와 살로 만들며 자신을 혁명화, 로동계급화하라는 것입니다.[19]

혁명가 유자녀들에게 빨치산의 투쟁 정신과 사업 작풍을 배울 것을 강조한 김일성은 회상기 학습과 실천을 독려하며 항일유격대의 전통을 현재에 되살리고 새로운 전통을 만드는 것에 몰입했다. 더 나아가 김일성은 '혁명적 질서, 규율, 생활규범의 준수' '정치, 경제, 문화, 군사의 각 방면에 대한 지식 습득' '군중과의 사업 중시' 등의 사업 방법과 작풍을 폭넓게 강조했다.[20]

김일성의 연설에서도 확인할 수 있듯이 항일 혁명 전통의 확산을 위해 북한 정권은《항일 빨찌산 참가자들의 회상기》 등 인쇄물을 전파했고, 이에 대한 주민들의 규율적 학습을 강조했다. 앤더슨Benedict Anderson이 주장했듯이 출판 인쇄술의 발전과 이를 통한 대중적 전파는 근대 민족을 상상하고 구성하는 필수적인 요건 중의 하나이다.[21] 소련의 영향력하에서 북한 정권은 1948년 집권 초기부터 빨치산투쟁 업적을 조사했고, 이러한 작업은 출판 인쇄물로 연이어 등장했다. 1949년에 발간된《조선민족해방투쟁사》는 김일성과 항일 빨치산투쟁을 대중들에게 소개했고, 한국전쟁 중에《로동신문》에 게재된〈김일성 장군의 략전〉은 전후 복구 기간에 애국주의 교양의 일환으로 학교 교재로 활용되었다.[22] 이후 1958년 간행된《조선민족해방투쟁사》는 김일성의 항일무장투쟁의 역사를 본격적으로 다루기 시작했다. 이렇게 혁명 전통 교양이 전 인민적으로 확산됨에 따라 1958년 말부터 1959년 상반기까지 전국의 모든 공장 기업소, 협동농장, 학교에 '조선로동당 역사연구실'이 설치되었고, 혁명 전통과 관련된 당의 문헌과 김일성의 노작에 대한 학습도 광범히 진행되었다.[23] 무엇보다도 1959년부터 간행되기 시작한《항일 빨찌산 참가자들의 회상기》는 1960년대 후반 들어 학생들과 주민들의 필독서가 되었다. 또한 혁명 전통 교양 사업이 학교 교육에서 더욱 강조되었고, 회상기 등의 독서와 강연회 및 토론회가 학교 하부 단위로 확대되어갔다.[24] 탈북자들에 따르면, 북한 주민들은 회상기를 성경처럼 읽으며 항일유격대의 신화 속에서 살아야 했다고 한다. 이러한 상황에서 북한 정권은 김일성의 권력을 신성화하며 〈위대한 수령을 따라 배우자〉 〈항일혁명투사들은 가정의 혁명화를 어떻게 하였는가〉 등의 제호 아래 강반석과 김형직 등 김일성 가계의 위업을 미화했고, '항일여전사 김정숙'을 항일유격대의 기풍을 체화한 여성의 모범으로 추앙했다.

항일무장투쟁 전통의 현대적 재생산은 역사적 상징 구축과 철저한 교육, 학습과 병행되었다. 혁명 전통 교양이 강조되기 시작한 1950년대 말부터 각급 하부 단위 학교에서는 만경대 등 혁명유적지 견학 및 행군 사업이 아래로부터 조직되었다. 북한의 한 일간지에 따르면, 해주 유자녀학원은 평양까지의 행군 사업을 조직하고, 행군 전에 회상기를 읽고 강연회와 토론회를 벌였는데, 이를 통해 대원들은 고난의 행군의 교훈을 마음에 새기며 행군을 성공리에 완료했다고 한다.[25] 또한 주민들의 항일무장투쟁 전통의 체험 학습을 위해 북한은 1960년대 말부터 보천보, 백두산 밀영 등 혁명전적지 조성 사업은 물론 당원, 근로자, 학생들을 대상으로 혁명전적지 답사 행군대를 조직하는 행사를 벌여왔다. 특히 '배움의 천리길'은 김일성이 '조국을 알아야 한다'는 아버지 김형직의 뜻에 따라 12세의 나이로 조국을 배우기 위해 만주의 팔도구에서 고향인 평양 만경대까지 14일 동안 걸어왔다는 도보 행로로 알려져 있다. 이에 북한 정권은 1974년부터 각급 학교 및 조직별로 청소년, 학생 행군대를 조직하여 '배움의 천리길 답사 행군'을 실시해왔다. 답사 행군

전에는 필요한 자료에 대한 학습이 수행되었고, 행군 중에는 감상문, 참관기, 기행문 쓰기와 사진 촬영 등의 활동이, 행군 후에는 감상문 발표 및 귀환보고회 등이 이루어져 개별 체험을 하지 못한 학생과 주민들 역시 간접 경험을 할 수 있도록 유도했던 것이다.[26]

항일유격대의 전통이 활자화되며 대중들에게 보급되고 학생, 주민들의 교육적 사업으로 확장되기 시작했던 시점은 또한 사회주의 건설의 총노선으로서 1956년에 제기된 천리마운동이 한창 전개되던 시기였다. 김일성의 일대기를 쓴 백봉은 다음과 같이 말했다.

> 항일무장투쟁 시기 조선인민혁명군이 맨손으로 폭탄을 만들고 적의 총을 빼앗아 자체 무장을 갖추고 풍찬노숙하면서 15성상 일본 관동군 정예부대와 맞서 싸워 승리한 힘의 원천도 자력갱생의 혁명 정신이었다. …… 조선 인민의 혁명적 지향과 영웅성의 상징으로 된 천리마를 타고 달린 것도 자력갱생의 혁명 정신이 있었기 때문이지 어느 누가 천리마를 태워준 것이 아니었다.[27]

백봉의 주장대로 사상 동원이자 경제 증산 운동인 천리마운동 역시 '자력갱생'의 혁명 전통을 계승한 것으로서 개인주의, 이기주의를 배격하고 생산과 생활에서 상호 동지적 협조와 단결에 기초한 집단주의를 추구한 군중 운동이었다. 이러한 맥락에서 천리마작업반운동은 항일 빨치산의 혁명 전통을 계승하는 것을 중요한 과업으로 삼았던 '항일 빨치산 노선의 재발견' 작업이었다.[28] 유격대의 군중 노선에 의거한 사업 방법과 모범적인 실례를 통해 군중을 감화시키는 방법은 천리마기수 선발 및 (이중)천리마작업반 칭호 등의 방식으로 전수된 것이다.[29] 이러한 유격대 전통은 농업 부문에서는 '청산리 정신' 또는 '청산리 방법', 공업 부문에서는 '대안의 사업 체계'로 구체화되었고, 특히 대안의 사업 체계는 생산자 대중을 기업 관리에 직접 참여시키는 새로운 경제관리 체계로 자리매김했다.

3

혁명 전통의 인간 만들기

정치경제적 동원과 함께 제도적으로 외연을 확장해간 항일유격대의 혁명 전통은 인쇄 출판물의 확산에 이어 문예작품의 영역에서 그 직접적인 형상화 작업이 수행되었다. 북한 사회에서 항일무장투쟁의 전통을 되살리고 새로운 사회주의 민족을 상상하는 데 기여했던 분야는 문예작품, 그중에서도 혁명가극 분야였다. 1971년 〈피바다〉, 1972년 〈꽃 파는 처녀〉 등 빨치산의 항일투쟁을 다룬 혁명가극이 김정일의 주도하에 만들어졌고, 이러한 작품들은 김정일이 원로 빨치산 대원들에게 인정을 받는 계기가 되었을 뿐만 아니라 항일유격대의 혁명 전통이 정치적인 정당성을 획득하고 일반 대중들의 삶에 침투한 계기가 되었다.[30] 이러한 피바다식 혁명가극은 '감정훈련'을 통해 '집단의 감정'을 만들어냈으며, 신화와 서사를 오가며 대중들로 하여금 항일무장투쟁을 다시 체험하도록 만든 중요한 수단이었다.[31] 이것은 물론 국가가 전 주민을 대상으로 단일한 공연을 향유할 수 있게 하는 구조를 유지했기에 가능한 것이었지만, 이러한 공연을 실제로 향유한 주민들 덕분에 그 권력이 확산될 수 있었다.

이러한 문예작업에서 항일유산의 권력은 '숭고한 민족'으로 형상화되었다. 한 탈북자(여, 64세)에 따르면, 빨치산 혁명가극 관람은 북한 주민들이 즐기는 여가의 중요한 한 부분이었고, 이러한 문예작품들은 조국애와 민족애를 앙양하는 '감성의 정치'의 기제로 활용되었다고 한다. 〈꽃 파는 처녀〉를 관람한 후 그녀는 억압받은 '민족의 고통'에 눈물을 주체할 수 없었고 항일유격대의 전통이 '조국과 민족의 삶'이자 '자신의 신념'이 될 수 있었다고 주장했다. 1970년대에 활성화되기 시작한 혁명가극 등의 문예작품들은 김일성을 이른바 '민족의 태양'으로 묘사했고, 이러한 정치적 리더십이 저변의 문화로 확대되면서 북한 사회는 순수한 혁명 전통을 자랑하는 '숭고한 민족'으로 상상되었던 것이다.[32] 이에 대해 한 탈북자(남, 71세)는 다음과 같이 진술했다.

> 민족은 가장 중요한 가치이죠. 민족 없이는 나라도 없고 개인도 없는 것이죠. …… 북한 예술에서 우리 민족은 항상 순수하면서 열정적인 것으로 그려져요. 그러한 순수하면서 적을 증오하며 열렬히 싸우는 것이 빨치산의 전통이자 민족의 가치이며 김일성은 그러한 민족의 태양인 것이었죠.

이 응답자의 말처럼 '순수하면서 열정적인 것'으로서 민족은 곧 항일 빨치산의 전통을 이어받은 집단으로 상상되었다. 더욱 중요한 것은 항일유격대 전통이 창조되는 과정에서 형상화된 민족에 대한 관념이 각종 사상 선전, 문예 활동 및 생활 운동을 통해 주민 개인들의 의식에 스며들어갔다는 점이다.

이러한 배경에서 탈북자들에 따르면 김일성이 지나가는 현지 지도의 현장마다 사회주의의 열정이 솟아오르고 '천리마를 탄 기수들'이 자발적으로 생겨났다고 한다. 한 탈북자는 인민학교 우등생으로 방과 후 뒤처지는 학생들을 도우며 같이 밤을 새우고 그 다음 날 아침 부모님이 가져다준 아침을 먹어가며 공부했던 '천리마 시대의 열정'을 회고했다. 위가 아래를 도와주고 협력하며 아래로부터 자발적인 참여를 이끌어낸 항일유격대의 정신은 이 응답자 자신의 삶에서 구현된 것이었다. 또한 이 탈북자는 천리마운동의 시기가 가장 행복한 시기였다고도 했다. 천리마 시대에는 북한 정권의 구호대로 공장에서의 생산도, 학교에서의 학습도, 일상에서의 생활도 모두 '항일유격대식'으로 관철되었던 것이다.

북한의 공식 문헌과 언론매체에서 선전하고 있는 '노력영웅들' 역시 항일유격대원이었거나 항일유격대의 유산을 계승했던 인물들이다. 김일성의 충직한 부하이자 유격대 간부였던 오중흡 7연대장으로부터 에너지난에 대한 타개책으로 항일유격 경험을 교훈 삼아 채탄 공격대 운동을 발기한 김일회, 항일투쟁 시 폭탄을 제조하고《연길폭탄》이란 책을 출판한 박영순, 한국전쟁 시 간호병으로 활약하고 혁명가극 〈당의 참된 딸〉의 소재가 된 안영애, 맨몸으로 적의 화구를 막고 1211 고지를 사수한 전쟁영웅 리수복, 강선제강소에서 작업반 단위의 생산성을 고도로 증가시킨 천리마영웅 진응원, 평범한 여성 신분으로 23세에 노력영웅이 되고 40대에 2중 노력영웅 및 최고인민회의 대의원이 된 정춘실 등 북한의 영웅들은 언론매체와 교과서에서 항일유산을 계승한 충실한 모범으로 전파되어왔다. 학생과 주민들은 이 같은 영웅들의 생생한 삶을 간접적으로 체험하고 그것을 모범으로 따라 배우면서 강렬한 열정을 발산할 수 있었다.

이렇듯 항일무장투쟁의 전통을 재구성하는 유격대국가의 동원은 주민들 개인의 육체와 의식을 지배하며 내재화된 통제를 가능하게 하는 규율 권력으로 발전했다. '주석의 딸'로 불린 탈북자 김정해의 수기를 보면, 대학교 역시 중대, 소대 등 군대식으로 조직을 편제했고 여학생들도 남학생들과 마찬가지로 군사훈련을 받으며 '알았습니다' '그렇습니다' 같은 군대식 어투를 사용했음을 알 수 있다.[33] 이러한 군사문화에서 대학생들은 '생산도 학습도 생활도 항일유격대식으로'라는 규율적 구호를 생활화하며 항일유격대의 삶과 정신을 따라 배웠다고 할 수 있다.[34] 또한 항일무장투쟁을 소재로 한 북한의 영화, 가극뿐만 아니라《조선녀성》《조선예술》등 정기간행물들은 김정숙을 항일여전사의 아이콘으로 부각하며 항일투쟁의 전통을 군사적 규율문화로 용해하고자 했다.[35]

무엇보다도 항일무장투쟁의 전통은 경제적 동원의 전략으로 확대되고 주민들의 신념 체계이자 삶의 방식으로 구현되어갔다. 수많은 '숨은 영웅들'은 모두 '간고분투의 혁명 정신'을 계승하며 이를 몸소 실천한 것으로 높게 평가되었다.[36] 긍정적 모범에 의한 감화의 방법을 몸소 실천한 길확실, 리신자 등의 숨은 영웅들이 등장했고 이러한 영웅들은 일상에서 더욱 큰 영향력을 발휘해갔다.[37] 이를테면, 한 공장의 작업반장 현애란은 강냉이 모를 옮겨 심는 기계의 원료가 부족할 때를 예로 들며 "언제나 조건을 탓할 것이 아니라 자력갱생, 간고분투의 혁명 정신으로 불리한 조건을 유리하게 만들어가면서 일함으로써 위대한 수령님의 교시와 그 구현인 당 정책을 무조건 철저히 관철할 것"을 강조했다.[38] 구성방직공장 기술과 실험공 최옥선이 합성유제 첨유제를 개발하고 생필공장 도금공 김선비가 돌림식 도금기를 개발한 것 역시 모두 자력갱생과 간고분투의 빨치산 혁명 정신을 실천한 것으로 평가되었다.[39] 이와 연장선상에서 1950~1960년대의 인민반 활동에서도 자력갱생, 항일유격대의 간고분투 정신 본받기 운동이 대대적으로 벌어졌고, 주민들 역시 근검절약, 폐품 모으기, 폐자재 활용하기 등의 활동에 적극 참여했다고 한다. 이처럼 아무 의미도 없어 보이는 작은 일상에서조차 항일유격대의 정신과 전통이 되살아날 수 있었고, 주민들 역시 이에 적극적으로 참여했던 것이다.

4

선군정치와 21세기 고난의 행군

한홍구가 지적했듯이, 북한의 정치는 매우 예측 가능하다.[40] 항일 무장투쟁 전통을 활용한 것에서도 알 수 있듯이 북한 사회 내부를 관통하는 내적 동학이 존재하기 때문이다. 북한 정권이 20세기 말 사회주의 붕괴와 식량난의 위기에 맞서 군대가 당을 선도하며 정치의 전면에 나서는 선군정치를 표방하고, 당면한 정치경제적 위기를 빨치산의 고난의 행군을 호명하며 극복하고자 한 것은 바로 이러한 배경에서다. 최첨단을 향해 달리는 21세기에도 북한은 여전히 과거의 혁명 전통을 고수하며 현재화된 과거를 통해 미래로 향하고 있다.

유격대국가의 유산을 계승한 선군정치는 1990년대 말부터 북한 정권이 정치사회적 위기를 돌파하기 위해 내세운 슬로건이다. 김일성이 사망한 후 김정일 국방위원장이 주창한 선군정치는 군대가 당의 지휘에서 벗어나 당과 같은 반열에 오르면서 군대가 주축이 된 혁명이 곧 지도자, 당, 대중의 혁명과 같다는 논리에 기반

《로동신문》에 나타난 '백두산 밀영'과 '정일봉'의 모습. 김일성 신화화와 함께 1980년대 들어 '구호나무' 발견 등 백두산과 관련하여 김정일의 탄생 신화 만들기 작업이 본격화되었다. 1987년 2월 김정일의 출생지로 선전된 백두산 밀영이 일반에 공개되었고, 1988년 11월 백두산 밀영을 바라보는 봉우리가 '정일봉'으로 명명되었다. 《로동신문》, 1992.2.16.

을 두고 있다.[41] 이러한 선군정치는 항일혁명을 상징하는 김일성의 '한 자루의 총'을 상기시키는 것이었고, 따라서 김정일은 주체사상과 선군사상을 '총대철학'으로 부르기도 했다.[42] 와다가 '정규군국가'로 부른 것도 바로 선군정치의 군사통치 체제를 의미한다.[43] 같은 맥락에서 한 중앙 일간지는 결혼식을 올린 커플을 '총대가정'으로 묘사했다.[44] 실제로 이러한 총대사상은 정치군사적인 차원을 넘어 주민들의 생활 전반을 아우르는 일상의 문화로 확장될 수 있었다.[45] 인터넷 매체 '우리민족끼리'는 〈총대가정의 대는 이렇게 이어진다〉라는 제목의 3부작 단편소설을 게재하기도 했는데, 이 소설에서는 6남매를 군인으로 키운 가정과 수백 켤레의 장갑을 만들어 군인들에게 보낸 가정이 모범적인 총대가정으로 소개되었다.[46]

이러한 선군정치와 함께 20세기 말 북한의 정치적 전통 창조는 더욱 극단화되어갔다. 1980년대부터 등장했던 김정일의 '백두산 밀영 탄생' 신화는 아버지 김일성 권력의 신성화를 그대로 답습하는 예측 가능한 북한식 역사 만들기였다. 1970년대부터 진행된 김일성 항일투쟁 전설 출판 작업에서 김일성은 '백두산의 장군별'로 묘사되었고,[47] 1980년대 후반부터 '구호나무' 발견 등 백두산과 관련하여 김정일의 탄생에 관한 신화 창조가 시작되었다.[48] 북한 정권은 1987년 2월 김정일의 출생지로 선전된 백두산 밀영을 일반에 공개했고, 1988년 11월 백두산 밀영을 바라보는 봉우리를 '정일봉'으로 명명했다. 1992년 2월 16일 김정일의 50세 생일을 맞아 김일성이 보낸 송시는 북한의 극단적인 상징 창조를 극명하게 보여준다.

백두산 마루에 정일봉 솟아 있고
소백수 푸른 물은 굽이쳐 흐르누나
광명성 탄생하여 어느덧 쉰 돌인가
문무충효 겸비하니 모두가 우러르네
만민이 칭송하는 그 마음 한결같아
우렁찬 환호소리 하늘 땅을 뒤흔든다[49]

김일성이 리틀 수령인 자신의 아들에게 보낸 이 송시는 기울어가는 유격대국가의 희극적 단면을 보여준다. 대중에게서 회자되어 상승한 김일성 권력의 신성화가 이제 김정일 권력을 극단적으로 신화화하는 형태로 변화한 것이다. 이러한 극단적인 신화 창조와 함께 식량난을 맞아 김정일은 고난의 행군 정신을 강조하며 당면한 경제난을 돌파하고자 했다.[50] 2007년 9월 19일《로동신문》은 '백두의 혁명 전통'을 강조하며 다음과 같이 고난의 행군을 정당화했다.

> 선군의 기치 밑에 위대한 승리를 이룩한 지난 고난의 행군은 항일의 혁명 전통의 불패의 생활력에 대한 일대 과시였다. 지난 90년대의 엄혹한 시련과 난관을 항일의 나날 백두밀림에 차 넘치던 고난의 행군 정신으로 맞받아 뚫고 나가도록 현명하게 이끌어오신 경애하는 장군님의 령도는 우리 군대와 인민이 항일혁명 선렬들이 발휘하였던 수령결사옹위 정신, 자력갱생의 정신, 난관극복 정신, 혁명적 락관주의 정신을 가지고 우리식 사회주의 위력을 높이 떨칠 수 있게 한 근본 원천이였다.[51]

이 논설은 수령결사옹위 정신, 자력갱생의 정신, 난관극복 정신, 혁명적 낙관주의로 항일유격대의 전통을 정교화하면서 고난의 행군 정신이 1990년대 중반에 있었던 식량난을 극복하는 중요한 사상적 배경이 되었다고 주장했다. 이로써 20세기에서 21세기로 이어져 재창조되는 고난의 행군에서 선군정치는 방어적인 민족주의의 수단으로 기능했고, 백두산 밀영 탄생설이 창조되며 김정일의 권력이 더욱 신성화될 것이 요청되었다.

이렇듯 항일 빨치산의 유격대 전통이 북한으로 하여금 지배의 정당성을 확립하게 한 역사적 배경을 제공하면서 김일성의 권력은 아래로부터 상승되어 위로부터 신성화되고 미화되었다. 한국전쟁 이후 북한은 내외적인 위기를 돌파하며 주체사상을 확립하며 항일

혁명 전통을 전 사회로 확대하고 주민들의 삶에 투영시키려 노력했다. 김정일이 주도한 '생산도 학습도 생활도 항일유격대식으로'란 국가적 구호는 정치적 선전을 넘어 전 인민의 삶을 좌우하는 사상적 모토이자 가치관이 되었던 것이다. 이러한 전통의 창조에서 북한은 혁명 전통을 계승하는 숭고한 민족으로 상상되었고 이러한 상상의 과정에서 새로운 혁명 전통의 인간들이 만들어졌던 것이다.

3장

가족국가의 통합과 해체

3장에서는 유격대국가의 또 다른 얼굴로서 발전한 가족국가family-state의 모습을 탐색한다. 국가와 사회의 내재적 순응과 통합을 이룬 가족국가의 모습은 유교문화적 접근의 논자들이 주로 분석한 탐색 대상이었다. 전통적인 유교문화가 사회주의의 근대성에 발현된 것으로 평가한 유교문화적 접근은 전통적인 효孝가 근대적인 충忠으로 확대되어 국가가 하나의 '사회주의 대가정'을 형성한 것으로 보았고, 이러한 국가-사회의 통합은 정치 권력과 유교문화가 공명共鳴한 결과로 해석되었다.[1] 커밍스Bruce Cumings와 이문웅 역시 가족국가의 문화적 권력이 사회로 침투하여 국가와 사회, 국가와 개인의 내재적 순응 관계를 형성하고 이를 통해 아래로부터 국가 권력이 정당화된 것으로 보았다.[2] 그러나 국가와 사회의 내재적 통합을 이룬 가족국가 체제는 경제난의 시련을 겪으며 세포가족이 이탈하는 현상을 낳게 되었다.

1

근대 속의 전통

해방 직후 북한은 토지개혁과 함께 봉건적인 가족 제도를 개혁하며 사회를 동원해나갔다. 1946년 토지개혁을 통해 북한 정권은 친일파, 지주 및 친족 공동체의 토지를 몰수했고, 전통적인 부계혈연 친족 조직의 경제적 기반을 와해시켰다. 문중, 종친 행사와 족보, 호적 제도를 철폐하여 봉건적인 친족 제도를 타파한 북한 정권은 '가정의 혁명화' 정책을 통해 전통적인 질서와 긴장 관계를 형성하며 가정 안팎에서 개혁의 과제를 수행하고자 했다.

포괄적인 수사를 통해 여러 영역에서 진행된 가정의 혁명화 정책은 해방 직후 북한 정권이 '남녀평등권'을 공포하면서 시작되었다. 1946년 7월 30일 제정된 남녀평등권은 해방 직후 북한 사회의 혁신적인 변화 중 하나였다.[3] 여성의 평등권(1조), 선거권과 피선거권(2조), 노동권(3조), 자유결혼(4조), 자유이혼(5조), 결혼 연령 규정 및 조혼 금지(6조), 봉건적 혼인 및 가족 제도 철폐(7조), 상속 및 재산권 보장(8조)의 내용을 담은 남녀평등권은 조선시대와 일제강점

봉건적 친족 제도를 혁파한 북한은 사회주의적 개조를 단행하면서도 '사회주의적 도덕'을 강조하며 전통적 가치와 문화를 체제 내로 흡수하려고 노력했다. '반혁명분자'라면 부모까지도 고발할 것을 강조했던 북한 사회에서 가정의 혁명화, 여성해방, 봉건주의 타파 등의 개혁 담론은 남녀 차별과 성별 분업 등 아래로부터의 사회문화와 적지 않은 긴장 관계를 유지했다. 그림은 사회주의적 도덕을 강조하는 한 정기간행물의 기사 표지 그림이다. 《청년생활》, 1965년 7~8월호.

기에는 상상도 할 수 없었던 혁신 그 자체였다고 할 수 있다. 한 미국 여기자의 북한 방문기에 따르면, 당시의 남녀평등권은 법적, 제도적 차원에서 가시적인 성과를 거두었던 것으로 보인다.[4] 실제로 봉건적인 가부장권의 행사나 여성의 착취는 '국가의 적'으로까지 비판되었기 때문이다.[5] 이러한 맥락에서 김일성은 여성의 노력 동원과 사회 참여를 강조하며 "녀성들을 혁명화, 로동계급화하는 것은 가정을 혁명화하며 온 사회의 혁명화, 로동계급화를 실현하는 데서 이처럼 중요한 의의를 가지는 것"이라며 온 사회의 혁명화를 위해 남녀평등의 중요성을 역설했던 것이다.[6]

1972년 신헌법 3조에서도 "결혼 및 가정은 국가의 보호를 받는다. 국가는 사회의 세포인 가정을 공고히 하는 데 깊은 배려를 돌린다"며 국가 중심적 가족 이데올로기를 명문화했듯이 가정의 혁명화는 국가의 집단주의적 개혁 작업의 일환으로 진행되었다. 《현대조선말사전》에서 가정의 혁명화는 "온 가족들을 당과 수령에 대한 끝없는 충실성으로 교양하며 그들의 머릿속에 남아 있는 낡은 사상 잔재를 철저히 뿌리 빼고 언제나 혁명적으로 일하고 배우며 생활하도록 함으로써 온 가족이 당과 수령을 위하여, 조국과 인민을 위하여 한 몸 바쳐 싸우는 혁명가, 공산주의자로 되게 하는 것"으로 정의되었다.[7] 이렇듯 국가적 지배 담론에서 포괄적인 은유의 방식으로 강조된 가정의 혁명화는 우상화 교육은 물론 부모의 잘못된 행실을 당에 고발하는 것, 가족 연좌제에 의한 처벌 및 부화방탕죄에 대한 엄격한 처벌 등 주로 사상 통제의 방식으로 발전해 갔다.

그러나 가정의 혁명화를 기치로 한 사회주의 개혁은 전통적 문화관습과 긴장 관계를 형성하며 변화했다. 앞서 지적했듯이 봉건적인 친족 질서는 토지개혁과 농업협동화로 인해 붕괴되었고, 이에 따라 전통적인 가족문화 역시 적지 않은 영향을 받았다.• 북한의 민속학자 황철산은 농업협동화 이후 사회문화적 변동에 대해 다음과 같이 설명했다.

• 북한은 중·소 및 동구 사회주의권의 원조에 힘입어 전후복구사업을 성공리에 마치고 1954년부터 1958년까지 농업협동화를 마무리했다. 토지개혁과는 달리 4년에 걸쳐 진행된 농업협동화는 노동상조대를 기초로 하여 농사만 집단적으로 하고 수확물은 개별 농가가 차지하는 제1형태, 토지 통합과 공동농장 관리하에 노동량과 투자된 토지량에 따라 수확물을 분배하는 반(半)사회주의적 제2형태, 토지, 농기구, 역축 등 기본적인 생산수단을 모두 통합, 경영하고 노동량에 따라 분배하는 완전한 사회주의 형태인 제3형태를 단계적으로 실시하여 완료했다. 북한 정권은 자금, 비료, 농기구, 식량, 종곡의 대여 등에서 차별을 두어 적극적으로 협동화에 참여하도록 유도했고, 3,843개의 협동조합을 조직했다. 실제로 협동화를 거부하며 소를 도살시키는 등 사회주의 정권에 반기를 들었던 황해도 '배천바람(1956년 결산 분배가 끝나자 협동조합에 가입했던 농민들 다수가 조합을 탈퇴한 사건)'과 같은 저항의 움직임도 있었지만, 전반적인 개혁은 국가의 강압과 다수 빈농 및 소규모 자영농들의 지지에 의해 마무리될 수 있었다(김남식, 〈북한의 공산화 과정과 계급 노선〉, 양호민 외,《북한 공산화 과정 연구》, 고려대 아세아문제연구소, 1972, 173쪽).

> 사회주의적 가족 관계의 특징은 모든 가족 성원들의 원칙적인 평등권, 호상존경, 호상방조에 있다. …… 과거 우리나라 농촌에 잔존하던 혈연에 기초하여 동성동종끼리 단합하고 타성을 배제하던 낡은 관념이 근본적으로 변화하여지고 그 대신 협동 경리의 대가정에 망라된 전 부락, 전 조합 성원 간의 동지적 련대성이 비상히 강화되였다.[8]

황철산의 민족지적 연구는 국가주의적 개혁으로 인해 전근대적인 친족 질서가 붕괴하고 핵가족화된 개인이 농업협동화에 통합되는 과정을 기술했다. 1959년 평안남도 상양의 조중친선 농업협동조합에서도 한국전쟁과 사회주의 개혁의 여파로 인해 가문과 친족 등의 봉건적 질서가 크게 와해되었다.[9] 친족과 가문의 배경이 소멸된 가운데 세대주의 구성에서 아들이 없는 경우 어머니가 세대주를 대신하는 경우가 많았고, 남녀 차별과 장자 우선의 질서 역시 완화될 수 있었다. 또한 전통사회에서 매파가 담당했던 역할을 협동조합의 책임일꾼이 담당했고, 약혼식과 결혼식의 의례는 가까운 친척들과 농장 또는 직장의 동료들이 모여 간소하게 치르는 것으로 변화했다. 가족 관계에서도 함경북도 대유동 광산 지역의 사례를 보면 남편과 아내, 시어머니와 며느리 사이의 전통적인 위계적 관계가 평등한 관계로 조금씩 바뀌는 양상이 나타났다.[10] 이러한 변화 양상은 부자 관계에서도 부모의 권위를 크게 위축시켰다.[11] 가정의 혁명화가 주장하는 바대로 실제 부모를 당에 고발하는 사례는 거의 없었지만 충을 넘어서는 효를 강조할 수 없는 분위기였다는 것이다. 부부의 결합에서도 남녀 간 애정보다는 조국과

인민을 위해 복무하는 사상적 결합이 더욱 중요한 의미를 갖게 되었다.[12]

그러나 전통적인 친족 공동체가 붕괴되고 남녀평등에 관한 국가의 정치적 담론이 강화되었을지라도 기본적인 가부장적 사회질서와 가족문화는 쉽게 변화하지 않았다. 가정의 혁명화와 여성해방 담론을 통해 북한 정권이 노린 것은 전통적인 확대가족적 질서를 개혁하고 핵가족화된 개인들을 국가주의적으로 재편하는 것이었지 중국의 문화대혁명에서처럼 유교적 질서의 근본을 뒤흔드는 것은 아니었다.[13] 따라서 전통적인 가족문화와 관습의 근본 뿌리는 바뀌지 않았고, 가정의 혁명화는 정권의 정치적 책략에 따라 정치적 수사에 그칠 개연성이 많았던 것이다. 실제로 국가 가부장에 대한 충성과는 다른 맥락에서 부모에 대한 가족 구성원들의 효는 당연히 존중되었고, 남녀평등의 문제 역시 제도적인 개혁과 달리 문화적 관습 차원에서는 크게 개혁되지 못했다.《청년생활》의 한 에세이는 사회 전반과 가정 내 관습에 잔존했던 남존여비의 시대상을 다음과 같이 표현하고 있다.

> 남편은 우선 안해를 다정한 벗으로, 진정한 동지로 대하여야 한다. …… 남편을 존경하며 그의 모든 요구와 지향에 성의 있고 세심하게 대하는 것 ……[14]

이 에세이에서 남편은 아내를 다정한 벗으로 대하는 반면, 아내는 남편의 모든 요구를 들어주어야 하는 대상으로 묘사된다. 사회주의 개혁을 통해 여성의 사회적 권리는 크게 신장되었지만 남녀평등을 향한 근본적인 개혁으로 발전하지는 못했으며, 여권 신장의 의미 또한 인권 신장 그 자체라기보다는 사회 참여를 위한 노동권의 신장을 의미하는 것이었다. 한 탈북자(여, 73세)는 다음과 같이 진술했다.

> 1950~60년대 북한 여성들은 외형적으로는 상당한 권위 신장을 이루었어요. 해방 이후 국가의 정책상 여성 차별을 없애려는 분위기가 강했고, 전쟁 이후 천리마운동을 할 때까지도 여성들의 사회 활동과 사회적인 권위는 국가와 당의 정책적 배려 속에서 보장되었지요. 그리고 시골 같은 협동농장에서도 가족 단위로 노동하고 가족 단위로 분배받는 체계였기 때문에 여성의 노동력은 남성의 노동력만큼 중요한 의미를 가졌습니다. 그러나 이러한 여권 신장의 의미는 인권 그 자체의 신장이라기보다는 노동권의 보장이라는 측면에서 이해되어야 합니다.

이렇듯 북한의 여성해방 담론은 여성의 직업 활동 및 사회 참여를 촉진하기 위한 것이었을 뿐 가정과 사회에서 성별 분업과 위계적 문화를 바꾸기 위한 것은 아니었다. 따라서 근본적 혁신을 지향하는 남녀평등권과 가정의 혁명화라는 구호에도 불구하고 실제의 문화적 관습은 전통적 질서를 답습하거나 현대화된 형태로 변용된 채 지속되었다. 북한 정권 역시 국가적 질서를 해치지 않는 한 전통적 관습과 문화를 근본적으로 개혁하려 하지 않았다. 오히려 북한 정권은 '사회주의적 도덕'을 강조하며 전통적 가치와 문화를 합리적으로 수용하고자 노력했다.* 사회주의 도덕에 대한 국가의 공식 지침서인 《공산주의 례의도덕 교양》은 "우리나라에서도 지난날의 도덕 가운데서 아름다운 인민적인 도덕은 우리들에게 계승되여 새로운 공산주의 도덕의 요소로서 더욱 찬란히 꽃피고 있다"며 "부모는 언제나 자식을 걱정하고 자식을 위하여서라면 어떠한 고통도 참으로 자기의 모든 것을 바치는 것이다. 이러한 부모의 보살핌 속에서 자라난 자식들이 어찌 한시인들 부모 공대를 소홀히 할 수 있겠는가!"라고 주장하며 기본적인 효의 가치를 강조했다.[15] 봉건 질서에 대한 철저한 탄압에도 불구하고 사회주의 체제에서도 효를 중심으로 한 미풍양속과 전통적 가치가 중요한 것으로 인정되었던 것이다.

이렇듯 국가는 사회주의 개혁과 전통적 가치의 긴장 관계에서 정치적 전략에 따라 전통적 문화와 질서를 선택적으로 활용해왔다. 예를 들어, 전후 미풍양속 계승과 사회주의 도덕을 강조한 북한 정권은 1967년 지역 당 일꾼들에게 《목민심서》를 읽히며 민족문화를 강조한 박금철과 이효순을 봉건 유교를 전파했다는 이유로 숙청했고, 이후 유교와 실학을 비판하며 《력사과학》《고고민속》 등 전통문화 및 역사 연구를 주도했던 학술지들을 정간했다. 이 사건은 '민족'과 '전통'의 논리를 적절히 흡수하고자 한 국가의 정치적 담론과 상충하는 측면이 있었다. 그러나 1970년 2월 17일 〈민족문화 유산 계승에서 나서는 몇 가지 문제에 대하여〉라는 연설에서 김일성은 유교나 민족문화에 대한 무조건적인 배척을 다시 경계하

북한 정권은 '사회주의적 미풍양속' '사회주의적 도덕' '사회주의적 공중도덕'을 주장하며 전통적 가치와 문화를 지배 체제 내에 흡수하려고 노력했다(《로동신문》, 1958.5.31, 2쪽; 《로동신문》, 1958.6.4., 1쪽).

고 나섰다.

> 우리가 이런 것을 고려하지 않고 지난날의 예술작품들에 불교적 색채가 있고 봉건 유교사상이 있다고 하여 그것을 덮어놓고 반대하여서는 안 됩니다. 또 그렇게 하는 것은 우리 인민이 허용하지 않을 것입니다. …… 우리는 민족문화 유산에 대하여 허무주의적으로 대할 것이 아니라 자라나는 새 세대들에게 그것을 계급적 립장에서 똑바로 알려주어야 하며 민족문화 유산 가운데에서 진보적이며 인민적인 것을 비판적으로 계승 발전시켜 나가야 합니다.[16]

여기서 김일성이 언급한 '봉건 유교사상'은 민간에 잔존하고 있던 전통적인 가치 체계 및 문화와 무관한 것이 아니었다. 민족문화 유산에서 진보적이며 인민적인 것은 적극적으로 수용해야 한다는 것이 김일성의 입장이었다. 이러한 배경에서 유교문화를 포함하여 민족문화 유산을 적절히 활용하려 한 김일성은 1974년 '사회주의적 제사'를 제시하며 과거 부정했던 일부 전통의례를 체제 내에 흡수하려고 시도했다.[17] 이처럼 전통적 가치와 문화는 정세의 변화와 정권의 책략에 따라 활용되었다고 볼 수 있다. 여성의 종속된 지위나 보수화된 가족국가의 발전상 역시 이러한 맥락에서 이해될 수 있는 것이다.

2

가족국가의 발전

1950~1960년대에 국가주의적 개혁과 경제 발전을 거친 북한은 1970년대 들어 국가와 가족이 유기적으로 결합되는 안정적인 통합 체제를 형성할 수 있었다. 1950년대 후반 및 1960년대에 전성기를 이룬 천리마운동 등 군중 운동은 국가와 당을 중심으로 사회단체, 직장, 학교, 인민반 등 다층화된 사회 연결망을 구축하며 주민들을 동원했다.[18] 이러한 군중 운동과 함께 국가와 대중을 연결하는 인전대引傳帶로 구축된 조선직업총동맹, 조선농업근로자동맹, 조선사회주의로동청년동맹, 조선민주녀성동맹 등의 대중정치 조직은 1970년 북한 인구 약 1,400만을 기준으로 전체의 약 90퍼센트를 차지할 정도로 대규모의 사회 연결망을 형성했다.[19]

이러한 동원 과정에서 북한 주민들은 개인이나 가정보다는 국가를 우위에 놓는 가치 지향을 형성했다. 탈북자들에 대한 한 설문조사에 따르면, 북한 주민들은 국가, 가정, 개인, 직장, 사회단체 순으로 자신의 가치 지향을 드러냈다.[20] 남한 사회의 개인주의와 비교되는 북한 사회의 특성은 한 탈북자(남, 75)의 진술에서도 확인할 수 있다.

> 전쟁의 참화와 잿더미 속에서 가족 집단 속의 개인들은 국가에 의지하며 살아야 한다는 신념이 팽배했었죠. 김일성의 엄청난 우상화를 동반했던 강력한 국가에 대해 어느 누구도 이의를 제기하지 못했습니다. 이것은 국가의 통제와 강권력이 두려워서라기보다는 가족보다 사회 전체, 국가가 더 소중하고 국가가 잘되어야 가족과 개인도 잘살 수 있다는 당시의 분위기 때문이었습니다.

이처럼 북한 주민들은 전쟁의 잿더미에서 국가를 의지하고 국가적 정체성에 자신의 정체성을 일치시키며 전후 복구와 개혁 작업에 참여했다. 전후 초기 북한의 국가주의적 개혁은 일방적인 강압이 아니라 구성원들의 자발적인 참여에 의해 관철되었다고 할 수 있다. 이처럼 위로부터의 동원과 아래로부터의 참여가 유기적으로 결합한 안정된 체제에서 가족국가가 발전할 수 있었다.

이러한 가족국가 체제는 이데올로기적 통제와 주민들의 규율적 실천의 측면에서 이해할 수 있다. 먼저 북한 정권은 1970년대까지 반대파 숙청과 적대계급에 대한 사상 통제에 많은 노력을 기울였고, 같은 맥락에서 가족 단위를 중심으로 한 성분조사사업이 이루어졌다.• 해방 직후부터 북한 정권은 친일파, 지주, 기독교인과 국내 민족주의자와 공산주의자들에 대한 감시와 통제를 강화했고, 한국전쟁 이후에는 남로당계의 국내파와 연안파/소련파 등을 숙청하면서 가족 단위의 처벌과 통제를 이어갔다. 인민군 후방가족,

애국열사 가족 등 핵심계층의 가족을 동심원으로 하여 주변부에 위치하는 적대계층의 가족들을 연좌제의 원리로 엄격히 차별, 통제하는 정책을 펼친 것이다.[21]

여기서 계급적 출신 성분은 가족 집단의 정치적 운명과 경제적 생존 및 사회적 출세를 보장할 수 있는 중요한 기반이 되었다. 북한의 농촌사회가 문화적으로 어떻게 변화했는가를 분석한 한 인류학적 연구는 출신 성분에 따라 가족의 운명이 결정되는 과정을 보여주었다.[22] 농촌 출신의 박영호(가명) 씨는 형의 중매로 형과 같이 근무하는 중학교 여교사와 결혼하려 했지만 알 수 없는 이유로 거절당했다. 이유인즉, 그 여교사의 오빠가 뒷조사를 통해 박영호 씨 형수의 아버지에게 친일 전력이 있던 사실이 신부 측 집안에 알려진 것이었다. 그때까지 아버지의 친일 경력으로 인해 박영호 형수

북한 정권은 8월 종파사건 이후 연안파, 소련파의 관료들과 가족들을 처벌하면서 1957년부터 1960년까지 '중앙당 집중지도사업'을 벌이며 광범위한 성분조사사업을 수행했다. 각 도 단위 당 국가 관료들이 참가한 가운데 진행된 이 사업에서 북한 정권은 전 주민의 성분을 '혁명적 요소' '중간계층' '반혁명적 요소'로 분류했고, 결과적으로 약 8,000여 세대의 적대계층 가족을 타 지역으로 이주시켰다(Robert A. Scalapino and Chong-Sik Lee, *Communism in Korea*, pp.833-834). 이후 북한 정권은 1966년부터 1970년까지 '주민재등록사업'을 통해 얻어낸 결과를 바탕으로 전 주민의 성분을 '핵심계층' '기본계층' '복잡한 군중'으로 구분하고 이를 다시 51계층으로 세분했다. 3계급 51계층으로 분류한 성분조사는 핵심계층에 노동자, 머슴, 빈농, 사무원, 광복 이후 양성된 인텔리, 혁명유가족, 애국열사유가족, 노동당원을 포함했고, 기본계층에는 피살자 가족, 전사자 가족, 후방 가족, 영예군인을 포함했다. 또한 복잡한 군중에는 전락한 노동자, 부농, 민족자본가, 친일/친미주의자, 월남자 가족, 출당자, 철직자, 적기관 복무자, 체포/투옥자 가족, 간첩 관계자, 반당반혁명 종파분자, 처단자 가족, 출소자 정치범, 안일/부화방탕한 자, 접대부 및 미신 숭배자, 경제사범, 민주당원, 천도교 청우당원, 중공 귀환민, 일본 귀환민, 입북자, 광복 이전 양성된 인텔리, 기독교인, 불교 신자, 천주교 신자, 유학자 및 지방 유지, 중농, 소상인, 중상인, 수공업인, 소공장주, 하층 접객업자, 중산층 접객업자, 무소속, 자본가를 포함했다. '복잡한 군중'이란 중앙당 집중지도사업에서 분류된 "반혁명적 요소'와 같은 것으로 이러한 적대계층은 친일파, 지주, 자본가, 종교인, 월남자, 간첩, 종파사건 관련자, 반혁명분자 등을 포함한다(북한연구소, 《북한총감》, 북한연구소, 1983, 878~880쪽). 성분조사사업의 결과로 적대계층(즉 반혁명적 요소, 복잡한 군중)의 가족은 끊임없는 감시와 통제의 대상이 되었고, 핵심계층과 중간계층(또는 기본계층)에서 떨어져 나간 적대계층의 가족 역시 중요한 감시와 통제의 대상이 되었다.

의 가족은 철저하게 차별받았는데, 그것이 결국 박영호의 혼사 문제에도 영향을 미쳤던 것이다. 그의 형은 그에게 지인인 중학교 부교장의 딸을 다시 소개했고 간신히 양가의 허락을 받았지만, 같은 이유로 군당위원회가 양측의 결혼을 반대하는 시련을 다시 겪어야 했다. 그러자 그의 형은 평소 친분이 있던 군 교육기관의 수장에게 이 문제를 호소했고, 그 수장이 '먼 친척의 과거 때문에 멀쩡한 당원까지 피해를 당해야 하느냐'며 군당위원회를 설득한 끝에 어렵게 결혼 허가를 받을 수 있었다고 한다. 이러한 실례는 북한 정권이 출신 성분을 기준으로 가족을 어떻게 치밀하게 동원하고 통제했는가를 보여주는 것이다.

그러나 북한이 이러한 이데올로기적인 강압과 통제 전략만으로 사회 통합을 이룬 것은 아니다. 한국전쟁의 폐허에서 무너진 사회를 복구하고 사회를 단결시키기 위해 주민들의 열정을 밑으로부터 끌어낸 국가의 노력과 거기에 적극적으로 대응한 주민들이 있었기에 가능한 것이었다. 1960~1970년대 김일성 정권 치하에 살았던 거의 모든 탈북자들 역시 이러한 국가주의적 개혁과 사회 통합에 관해서는 이의를 달지 않았다. '하나는 전체를 위하여, 전체는 하나를 위하여'라는 천리마운동의 구호가 실질적으로 주민들의 삶에 깊이 침투했다는 점을 알 수 있는 대목이다. 군인 출신이었던 한 탈북자(남, 56세)는 "당시 사회는 정말로 열정적인 분위기"였다고 주장했다. "모든 주민들이 모두 다 같이 잘살자는 자세에서 수령님을 중심으로 똘똘 뭉쳐 우리도 한번 해보자는 강한 희망을 가졌던 시기"였다는 것이다. 또 다른 탈북자 역시 다음과 같이 진술했다.

> 나는 그곳에서 처음으로 김일성이 현지 시찰하는 것을 보았어요. …… 너무나도 박식하고 인자한 그 모습에 반해, 나는 당시 일생 수령을 위하여 모든 것을 다 바치리라 결심했어요. 김일성은 현지에서 우리들한테 밥도 더 주고 부식물도 더 잘해주라고 지시했어요. 비록 잡곡밥이라도 배불리 먹게 된 우리는 세상에서 우리 수령처럼 인민을 위해 헌신하고 사랑하는 분은 없을 것이라고 생각하면서 고마움에 목이 메었어요. 그 후 나는 그 일을 일생의 큰 자랑거리로 생각하였어요.[23]

'어버이다운 리더십'에 감격했던 이 탈북자의 진술은 적대계층을 포함한 당대 주민들의 일반적인 인식을 반영하는 것이다. 1980년대 이후 김정일 정권에 대한 부정적 평가가 1960~1970년대를 주도했던 김일성 정권에 대한 긍정적 평가와 확연히 대조되는 것도 바로 이러한 맥락에 있다. 많은 탈북자들은 항일무장투쟁의 신화와 전후 복구에서 나타난 김일성의 노력을 높이 평가했고, 지역 곳곳을 누비며 인민의 삶을 살폈던 그의 어버이다운 리더십을 칭송했다. 한 탈북자(남, 79세)는 김일성의 리더십에 대해 이렇게 주장했다.

> 학교 교육에서 김일성은 어버이와 같은 존재였죠. 육친적인 부모보다도 더 위에 있는 그런 부모로서 숭배되었습니다. 어버이란 말 자체는 실제 부모와는 다른 것인데 존경심의 차원이 다른 것이지요. 가정의 부모는 효도로서 보답해야 하는 것이고 수령은 이를 뛰어넘어 충성으로 존경해야 한다는 겁니다. 이런 논리에 거부감을

갖거나 반대를 하는 사람은 없었습니다. 국가와 사회가 하나로 되어 있는 분위기에서 주민들은 당과 국가를 소중한 존재로 인식했습니다.

김일성의 리더십을 통해 국가 우위의 노선이 국가, 가족, 개인의 내재적 순응 관계에서 자연스럽게 관철되었다는 것을 이 증언을 통해 알 수 있다. 국가가 있기에 가족이 존재할 수 있었고, 개인들 역시 국가의 한 세포인 가족의 성원으로서 성장할 수 있었던 것이다. 이렇듯 북한의 가족국가는 가정의 효가 국가의 충으로 확대되고, 효가 확대된 충이 다시 효를 포괄하는 사회적 과정에서 발전한 것이었다.

이러한 가족국가의 상에서 세포 없는 국가는 존재할 수 없는 것이었다. 따라서 세포인 가족 집단에서 가부장인 '세대주'의 지위와 역할은 매우 중요했다. 개혁의 여파로 북한 사회에서 전통적인 가부장적 권한은 축소되었지만 세대주라 불리는 사회주의 가부장의 권한은 여전히 막강했다. 남한과 달리 형식적으로 호주제는 철폐되었지만 세대주가 호주의 위치를 대신함에 따라 전통적인 가부장제가 현대화된 형태로 변용될 수 있었다. 한 탈북자(여, 61세)는 남편 세대주를 '주인'으로 부르기도 했다. 모든 가정일의 결정권은 남편인 세대주에게 있었고, 배급, 직장, 교육 등 모든 면에서 세대주가 잘되어야 가족이 잘된다는 강한 신념이 퍼져 있었다. 그녀에 따르면 이러한 가부장적 분위기는 일반적인 것이었으며, 사회적 분위기나 국가의 정치문화와도 전혀 동떨어져 있지 않았다. 이를 반영하듯 《천리마》는 세대주의 임무에 대해 다음과 같이 설명했다.

> 가정을 혁명화하는 데서 세대주의 역할이 중요하다는 것을 보게 된다. 세대주가 혁명적 가풍을 세우기 위하여 노력하면 가정도 화목하며 나아가서는 인민반 사업도 직장에서 맡은 혁명 사업도 다 잘할 수 있다.[24]

이처럼 남성 가부장인 세대주의 의의는 북한 사회에서 국가와 가족이 하나로 통합되는 순기능에서 남성 중심의 권력구조를 반영하는 것이었다. 이러한 젠더 관계에서 여성이 종속화, 주변화되는 역기능은 피할 수 없는 것이다. 이런 의미에서 '온 사회의 혁명화'로 상승될 '여성의 혁명화'를 주장한 김일성의 선언은 여성의 실질적인 평등을 위한 것이라기보다는 여성의 노동력을 동원하기 위한 정치적인 책략으로 평가할 수 있다.[25] 가정의 혁명화는 남녀평등 등의 제도적 개혁에서 일부 성과를 거두었지만 근본적으로는 정치권력에 의한 담론적 수사로 활용되면서 가부장적 권력과 사회의 보수화에 기여했다. 가정의 가부장을 휘하에 둔 국가 가부장의 절대 권력은 가정, 사회, 국가로 이어지는 유기적인 통합 관계 속에서 발전해갔고, 가정과 국가의 가부장적 조응 관계에서 국가 가부장의 권력은 '어버이'로 윤리화될 수 있었다.

3

절대 권력의 윤리화

가족국가의 발전과 함께 1960년대에 본격화되어 1970년대에 두드러진 권력의 윤리화는 유교문화를 정치적으로 호명한 결과였고, 이러한 사회적 담론은 개인, 가족, 국가의 내재적 순응 관계에서 비롯된 세포가족과 가족국가의 통합을 반영하는 것이었다. 이는 수령 중심의 권력에 대한 언술 체계에서도 발견된다. 다음은 북한의 《조선단편집》에서 표현되는 김일성에 대한 호칭의 변화이다.[26]

> 우리들 농민들에게 토지를 주신 김일성 장군 만세! (리기영, 〈개벽〉, 1946)
>
> 경애하는 수령 김일성 동지께서는 전후 복구 건설에서도 조선 사람의 본때를 보여주어야 한다고 하시였소. (유항림, 〈직맹반장〉, 1954)
>
> 어버이 장군님의 크나큰 은덕에 목이 메인 은보는 제 이름 석 자가 씌여진 패말을 안고 흐느꼈으며 …… (박효준, 〈소〉, 1955)

'영원한 수령'으로 불리는 김일성은 1960년대 후반부터 유일 권력 체제를 구축하며 가족국가의 '어버이'로서 스스로를 자리매김했다. 위. 《천리마》, 1970년 10호(141호). 아래. 송가 〈아버지 김일성 원수님께 영광드려요〉의 한 장면. 《조선》, 1974년 3호(209호).

어버이 수령님께서는 구두와 바지 아래도리를 진흙 속에 잠그고 …… (김병훈, 〈해주-하성에서 온 편지〉, 1960)

김일성은 해방 직후에는 '장군'으로 불리다가 한국전쟁 전후에는 '수령' 또는 '수상' 등의 호칭으로 불렸고, 때로는 '어버이'라는 호칭도 쓰였다. 그러나 1950년대와 1960년대 초반에 쓰인 어버이 호칭은 한시적으로 문학작품 등에서 수사적으로 쓰였을 뿐 국가의 공식 기관지에는 활발히 쓰이지 않았다. 그러나 1960년대 후반에 들어서자 상황은 달라지기 시작한다.

한 목숨 바쳐도 못다 갚을 은혜로운 당이여! 어버이 사랑이여![27]
우리의 아버지 김일성 원수님과 우리의 집인 당의 품속에서 티 없이 자라나는 우리들이라고 서슴없이 대답하겠습니다.[28]
그이께서 재일동포들에게 들려주시는 어버이 사랑과 육친적 배려가 있었기 때문이라고 힘주어 말하고 ……[29]
나는 우리 집 애들이 우리 김일성 수상님을 '아버지 원수님'이라고 부르는 것을 들을 때마다 참으로 많은 것을 생각하곤 합니다. …… 너희는 수상님의 이 태산 같은 은혜를 언제나 잊지 말고 열심히 배워서 꼭 그이의 충직한 아들딸이 되어라.[30]

이 당시 《로동신문》은 '어버이 사랑' '육친적 배려' '충직한 아들딸' 등의 수사와 함께 '어버이' 담론을 중심으로 김일성의 리더십을 적극적으로 윤리화했다. 이러한 윤리화는 '민족의 태양'이라는 절대 권력과 연계되었다. 〈민족의 태양을 우러러〉라는 박산운의 노래에는 다음과 같은 구절이 있다.

> 민족의 태양 김일성 원수님의 위대한 해발이여 …… 어버이 수령이신 김일성 원수님이시여 ……[31]

김일성의 리더십을 숭앙하는 노래에서 김일성 원수는 어버이 수령이자 민족의 태양으로 떠받들어진다. 가정과 국가의 가부장인 김일성이 민족의 태양으로 각색되는 것이다. 한 정기간행물에서도 〈조선의 태양 김일성 장군님〉과 〈어버이 수령님을 노래합니다〉라는 노래가 나란히 소개되기도 했다.[32] 1970년대 들어 '김일성=어버이 수령=민족의 태양'이라는 담론이 정립된 것이다.

이처럼 북한 정권은 유교적 언술구조로 가족국가 체제를 적극적으로 미화하고 정당화했다. 이러한 권력 미화는 실질적인 사회적 관계를 반영하는 상상적인 기제로서 이데올로기가 개인들을 주체로 호명하는 과정에서 가능했다.[33] 이를 반영하듯이 가정에서 부모에 대한 육친적인 효는 어버이에 대한 국가의 절대적인 효로 확장될 수 있었다. 일례로 이 당시 어린이들은 식사 예절에서 '어버이 수령'에 대한 감사 표시를 생활화하고 있었다.

> 나는 김일성 주석의 성을 따서 김가로 자라났어요. 아버지의 성은 문건이 있어 알았지만, 태아 때부터 고아원에 온 아이들은 모두 김씨 성을 가졌어요. 그래서 우리 반 아이들은 모두 김씨였지요. …… 다섯 살 때 고아원으로 가서 일곱 살까지 있었어요. 거기는 군대보다 진짜 더 각이 나게 규율이 엄격했어요. 아침 6, 7시면 기

상해서 세면하고 인민보건체조를 해요. 식사시간에는 항상 두 손을 받들어 '아버지 수령님, 고맙습니다' 하고 인사를 하고 나서 밥을 먹죠.[34]

북한 사회에서 고아들은 사회주의 혁명의 일꾼으로 개조되어 새로운 인생을 출발한다. 가정과 국가에서 이들의 어버이는 김일성 수령이며, 이들은 성까지 김일성의 성을 따랐다. 육친적인 부모보다 더 위대한 국가적인 어버이로서 김일성을 따르며 일반 가정의 어린이들도 식사 예절과 같은 작은 일상에서 어버이 수령에 대한 감사 표시를 생활화했다. 일상화되고 미시적으로 확산된 어버이 담론은 한 문학작품에서 다음과 같이 표현된다.

우리의 아버지 김일성 원수님
우리의 집은 당의 품
우리는 모두 다 친형제
세상에 부럼 없어라[35]

이러한 시의 내용은 실제 주민들의 생활과 의식을 반영한 결과라고 할 수 있다. 아버지 김일성, 어머니 당, 형제자매의 주민들로 연결된 가족국가의 관계망은 효가 충으로 확대되어 권력이 윤리화되는 가운데 형성된 것이다. 국가-당-대중에서 아버지-어머니-형제자매의 혈연적 단결로 이어진 권력의 윤리화는 국가에 대한 개인의 충성을 강화하며 국가와 가족의 통합력을 증진시킬 수 있었다. 1972년 김일성의 60돌 생일을 맞아 발표된 〈수령님의 만수

무강 축원합니다〉라는 노래는 다음과 같이 표현하고 있다.

수령님의 그 은혜 길이길이 전하며
일편단심 충성을 다하렵니다.
위대하신 어버이 수령님을 우러러
인민들은 만수무강 축원합니다[36]

수령에 대한 이런 찬가는 국가적 선전으로 치부될 수도 있겠지만, 실제 탈북자들의 증언을 참고해볼 때 그들 스스로 그러한 사고와 행위를 적극적으로 내재화하고 실천했다는 것을 알 수 있다. 적어도 김일성 시대의 가족국가에서는 효가 충으로 확대된 사회적 통합을 관찰할 수 있다. 부모에 대한 효는 수령에 대한 충으로 확대되어 충효가 일상과 정치에서 가족국가의 든든한 버팀목이 된 것이다. 이렇듯 '전통의 부활'로까지 불릴 수 있는 권력의 윤리화는 국가와 가족의 내재적인 순응과 통합 관계에서 발전한 것이며, 정치 권력이 유교문화를 호명하는 과정에서 작동한 것이라 할 수 있다.

4

사회정치적 생명체론

1970년대까지 견고했던 북한의 가족국가는 1980년대 말 사회주의 붕괴와 1990년대 중반 식량난을 거치며 흔들리기 시작했다. 1980년대부터 북한의 경제는 남한에 크게 뒤처졌고, 1990년대 중반부터 전대미문의 식량난을 겪으며 수많은 주민들이 아사하고 자칭 지상낙원을 탈출하기에 이르렀다. 따라서 국가와 사회의 내재적 순응성을 바탕으로 한 가족국가의 통합 체제는 점차 안정성을 잃어갔고, 세포가족이 이탈하면서 체제가 이완되기 시작했다. 이러한 위기에서 김정일은 사회정치적 생명체론, 충효사상 등을 앞세우며 유교적 담론을 정치적으로 고안해내기 시작했다. 1986년 7월 15일 김정일은 〈주체사상 교양에서 제기되는 몇 가지 문제에 대하여〉라는 연설에서 "혁명의 주체는 수령, 당, 대중의 통일체"라고 주장했으며, 사회정치적 생명체론을 내세우며 국가와 사회의 통합을 역설했다.[37]

> 인민대중은 당의 령도 밑에 수령을 중심으로 하여 조직사상적으로 결속됨으로써 영생하는 자주적인 생명력을 지닌 하나의 사회정치적 생명체를 이루게 됩니다. 개별적인 사람들의 육체적 생명은 끝이 있지만 자주적인 사회정치적 생명체로 결속된 인민대중의 생명은 영원합니다.[38]

사회정치적 생명체론은 부모에게서 받은 육체적 생명은 유한하지만 수령에게서 받은 정치적 생명은 영원한 것이기에 영생을 얻기 위해서는 수령에게 충성해야 한다는 논리를 담고 있다. 이 이론은 민생단 사건의 피해자 자녀들에게 정치적 생명을 부여하며 리더십을 다진 김일성의 유격대 경험에 원초적 근거를 두고 있었다. 김정일은 아버지 김일성의 유격대 경험과 유격대국가에서 재생산된 정치적 담론을 이완되어가는 가족국가의 통합력을 제고하기 위해 활용했던 것이다.

> 개별적 사람들의 생명의 중심이 뇌수인 것처럼 사회정치적 집단의 생명의 중심은 이 집단의 최고 뇌수인 수령입니다. 수령을 사회정치적 생명체의 최고 뇌수라고 하는 것은 수령이 바로 이 생명체의 생명 활동을 통일적으로 지휘하는 중심이기 때문입니다.[39]

이처럼 사회정치적 생명체론은 국가를 인간의 신체에 비유하는 유기체론을 반영하면서 수령의 권력을 '최고 뇌수'로 비유하고 있다. '뇌수'로 비유되는 수령의 권력에 대한 수사적 담론은 기울어가는 유격대국가를 지탱하기 위해 김정일이 고안해낸 이론이었다.

더욱이 김일성의 절대 무오류한 권력은 국가 가부장의 윤리적 권력과 화학적으로 결합할 수 있었다. 수령의 절대성을 강조하는 사회정치적 생명체론은 충효의 유교적 논리와 자연스럽게 결합한 것이다. 김정일은 1987년 10월 10일 〈주체의 혁명관을 튼튼히 세울데 대하여〉라는 연설에서 다음과 같이 주장했다.

> 조직의 귀중성을 깊이 리해하자면 자기의 사회정치적 생명과 결부시켜보아야 합니다. 인민대중은 당 조직을 모체로 하여서만 하나의 자주적인 사회정치적 생명체로 결합될 수 있으며 자기 운명의 참다운 주인으로 될 수 있습니다. 우리는 당 조직을 자기 생명의 모체로서 귀중히 여기고 존엄 있게 대하여야 합니다. 우리가 수령을 어버이 수령이라고 부르고 당을 어머니 당이라고 하는 것도 수령을 중심으로 한 당 조직이 사회정치적 생명의 모체이기 때문입니다.[40]

이 연설에서 김정일은 수령을 '어버이'로, 당을 '어머니'로 비유하며 사회정치적 생명을 부여하는 수령에 대한 충성을 역설했다. 이로써 수령-당-대중의 혈연적 단결과 수령의 절대화된 윤리적 권력은 가족국가의 울타리 안에 안착하게 된다.

또한 수령의 권력이 '영생'하는 것이나 수령-당-대중의 혈연적 단결이 '삼위일체'로 은유되는 부분에서 사회정치적 생명체론은 기독교적 논리와 통하는 것으로 흔히 회자되기도 한다. 〈당의 유일사상 체계 확립의 10대 원칙〉에 드러나는 '유일한 절대 무오류의 지도자' 개념 역시 그러하다. 아버지가 남한 출신의 적대계층인 탓에 차별받았지만 정권의 사업에 충실했던 탈북자 강금식은 사회정치적 생명체에 관한 대중들의 인식에 대해 다음과 같이 진술했다.

> 내가 남한에 와서 교회를 다니게 되었는데 목사님이 '영적 생명'을 중요하게 강조하세요. 마찬가지로 북한은 '정치적 생명'을 먹고 사는 사회예요. 탁아소-유치원-인민학교-고등중학교에서 각각 사상교육을 하는데 사상교육 받은 그대로 머리가 굳어지고 박히거든요.[41]

이 진술처럼 정치적 생명은 '영적 생명'과도 같은 반半종교적 차원으로 절대화되고 사상교육으로 극단화되었다. 이러한 담론은 실제 대중들과 교감하는 문제와는 별개로 개인이 국가로, 가정의 효가 국가의 충으로 확대되기를 요구하는 김정일 시대 가족국가의 정치를 반영한다. 그러나 김일성 시대의 체제가 유기체 국가와 세포가족 간 유기적 관계와 대중적 공감을 바탕으로 한 것이었다면, 김정일 시대의 체제는 유기체 국가를 위해 세포가족의 희생만을 강요한 체제였다고 할 수 있다. 경제 봉쇄, 군사 동원, 식량난 및 탈북의 와중에서 북한 정권이 보여준 폭압과 공포의 정치는 개인과 가족을 보듬어 안는 가족국가의 윤리적 권력을 훼손하고 절대 권력의 정당성을 침식했던 것이다. 더욱이 식량난에 굶주린 주민들을 방치하거나 국경을 넘는 주민들에게 총격을 가함으로써 민심은 가족국가의 울타리에서 멀어져갔다. 이러한 악순환에서 김정일은 "당과 수령의 품속에서 혁명의 새 세대로 자라나는 청년들이 가장 고귀한 정치적 생명을 안겨주고 빛내여주는 당과 수령에게 충성과

효성을 다하는 것은 응당한 본분이며 도리"라며 당대의 정치사회적 위기를 충효사상으로 봉합하고 민심을 다독이고자 했다.[42] 그러나 민심의 이반을 막기 위해 정치적으로 호명한 삼강오륜의 복고적 논리는 역설적으로 김정일 정권이 직면했던 민심의 이반을 더욱 극명하게 보여주었다고 할 수 있다.

4장

반미주의와 미시파시즘

4장에서는 북한의 국가 권력이 반미주의를 통해 사회로 확장된 과정을 탐색하며, 반미 권력이 주민들의 일상에서 재구성된 미시파시즘micro-fascism을 분석한다. 전체주의적 접근에서 주로 묘사하듯이, 사회주의 국가 권력은 어떠한 잡음과 마찰 없이 관철되는 전지전능한 실체가 아니라 항시 내적인 긴장을 표출하는 역동적인 변화의 산물이다.[1] 기든스Anthony Giddens의 지적처럼, 현대 국가의 전체주의적 통치totalitarian rule는 국가가 사회로 침투하여 개인을 지배하는 고도로 합리화된 통치 방식이었다.[2] 자본주의와 마찬가지로 사회주의 체제 역시 문명과 폭력을 내포한 모순적인 근대성의 역사를 보여주었다. 사회구조와 체계에서 개인의 정치적 의식과 행위로 이어지는 파시즘의 미시적 작동 방식은 바로 이런 측면에서 중요한 의미를 갖는다.[3] 스탈린 국가의 문명화 과정을 분석한 코트킨Stephen Kotkin의 연구를 보면, 스탈린의 국가는 전체주의적 폭력의 외피를 쓰고 있었음에도 새로운 사회주의 체제를 선도하는 언어,

생활양식, 상징을 창조하고 복지국가적 제도와 이상을 확산시킴으로써 새로운 사회주의적 인간형을 추구하고 문명국가를 창조하고자 했다. 다시 말해 "문명으로서 스탈린주의는 단순한 정치적 시스템이었다기보다는 오히려 문화적 가치, 사회적 정체성 및 삶의 방식이 결합한 하나의 집합체"였음을 알 수 있다.[4]

푸코Michel Foucault는 《안티 오이디푸스》 서문에서 미시파시즘에 대해 다음과 같이 논한 바 있다.

> 전략적인 주적은 파시즘, 즉 대중의 욕망을 효과적으로 동원하고 활용한 히틀러와 무솔리니의 역사적인 파시즘일 뿐만 아니라 우리 모두, 우리의 머릿속과 일상 행위에 내재된 파시즘, 즉 권력을 사랑하고 우리를 지배하고 착취하는 것을 욕망하게 하는 바로 그 파시즘이다.[5]

이처럼 파시즘의 본질은 개인 주체의 욕망을 사로잡으며 이들의 사고와 행위를 지배하는 권력이다. 국내 학계에서도 유행처럼 번졌던 '우리 안의 파시즘'은 푸코가 말한 대로 위로부터의 거시정치를 벗어나 주체의 내면으로 파고들어 규율된 미시파시즘을 의미한다.[6] 북한의 국가 권력 역시 폭압의 거시 정치를 행사했지만, 반미의 미시파시즘, 항일무장투쟁 전통의 합리화, 주체사상의 규율화에서 결국 드러나듯이 규율 권력의 기제를 동원한 미시 정치 또한 행사했다. 따라서 미시파시즘의 프리즘을 통해 북한의 반미 권력이 주민들의 삶에 어떻게 침투해 재생산되었는가를 경제난 전후를 비교하며 탐색해보고자 한다.

1

위로부터의 반미주의

토지개혁 등 사회주의 개혁의 성과로 진전된 북한의 산업과 인민들의 삶은 한국전쟁으로 인해 거의 파괴되다시피 했다. 1950년부터 1953년까지 3년간의 전쟁을 치르며 한반도의 산업시설 절반 이상이 파괴되었고, 시민들의 삶은 황폐함 그 자체였다. 이러한 결과는 북한에서 더욱 참혹하게 나타났다. 《조선중앙년감》에 따르면, 미군의 대공습으로 인해 평양의 인구는 약 50만 명에서 5만 명으로 거의 10분의 1 수준으로 감소했다.[7] 탈북자들의 증언에 의하면, 특히 미 공군이 벌인 생화학전과 원자탄의 위협은 북한 주민들의 전쟁 공포를 극대화했던 것으로 평가된다. 현재까지도 논란이 되고 있는 미군의 세균전은 북한 주민들의 반미적 적개심을 고조시킨 역사적 모멘텀이 되었고, 이러한 비극의 역사는 북한에서 반미주의가 공고화된 결정적인 계기가 되었다.[8] 공식 역사와 학교 교육에서 북한 당국은 한국전쟁을 '조국해방전쟁'으로 정당화한 동시에 '정의의 전쟁'이라는 이름으로 미국의 잔인한 침략 행위를 선전하는 데 주력해왔다. 그러나 정권의 선전은 물론 주민들의 실제적인 전쟁 체험 역시 북한의 반미주의를 설명할 수 있는 중요한 요인이 된다. 이것은 여러 정치경제적인 위기 속에서도 북한이 건재할 수 있는 이유이자 적지 않은 탈북자들이 미국의 전쟁 행위와 폭력에 대해 여전히 반감을 갖고 있는 이유이다.

'신천학살'은 한국전쟁의 집합적 기억과 미군에 대한 증오를 재생산했던 북한의 분단정치에서 가장 큰 화두가 된 사건이다.• 북한은 한국전쟁 중이던 1950년 10월 17일부터 12월 7일까지 52일간 황해도 신천군을 점령한 해리슨 중위 예하 미군 1개 중대가 부녀자와 어린이를 포함해 무려 약 3만 5,000여 명에 해당하는 민간인들을 학살했다고 주장하고 있다.[9] 그러나 최근의 연구들에 따르면 이 사건은 미군의 만행이라기보다는 좌우익 간 보복 학살에서 빚어진 참극으로 평가된다.[10] 그럼에도 북한 정권은 '미제 승냥이'의 잔혹함을 알리며 신천 사건을 반미 운동을 고조시키는 기제로 활용했다. 이에 1958년 8월 건립된 신천박물관은 온 주민이 전쟁을

• 북한 정권은 1950년 10월 황해도 신천군에서 미군의 잔혹한 학살에 의해 군민 12만 명 중 4분의 1인 3만 5,383명이 살해당했고, 이 중 어린이, 노인, 부녀자의 수는 1만 6,234명에 이른다고 주장해왔다(박명림, 《한국 1950 전쟁과 평화》, 나남출판, 2002, 623쪽). 그러나 미군에 의해 학살되었다는 증거는 거의 없으며, 우익들의 반공봉기 과정에서 좌우익의 상호 살육전이 발전해 벌어진 것으로 평가되고 있다. 해방부터 전쟁까지 민족주의가 강력했던 황해도의 지역적 특색으로 인해 1950년 가을 전세가 역전되면서, 토착 우익들의 반공봉기가 빈번하게 발생해 좌우 간 피의 살육이 만연했던 것이다. 피카소가 신천학살과 관련된 그림을 완성한 1년 후 국제민주법률가협회에 의해 북한 지역에서 일어난 학살에 대한 조사가 개시되었고 신천 사건과 관련된 보고서가 작성되기도 했다(Commission of International Association of Democratic Lawyers, *Report on U.S. Crimes in Korea*, Commission of International Association of Democratic Lawyers, 1952). 또한 황석영의 장편소설 《손님》에서도 신천 사건은 기독교 및 우파와 좌파의 대립으로 묘사되었고, 2002년 4월 21일 방영된 MBC 〈이제는 말할 수 있다〉 제57회 '망각의 전쟁, 신천군 사건' 편 역시 이 사건을 좌우 대립의 결과로 일어난 비극적 학살로 평가했다(황석영, 《손님》, 창비, 2007).

한국판 게르니카로 불리는 '신천학살'은 1951년 피카소가 그린 〈한국에서의 학살The Massacre in Korea〉의 모티브가 되었다. 이 그림은 벌거벗은 임산부와 아이들에게 총을 겨누는 학살의 참혹함을 고발하고 있다.

다시 체험하고 전쟁의 집합적 기억을 내재화해야 했던 학습의 현장이 되었다. 한 젊은 탈북자(여, 24세)는 신천박물관의 기억을 떠올리며 "그 당시 전 조상들의 비참한 죽음을 보면서 분노했고 반드시 총 들고 미제 놈들과 싸울 것이라 다짐했어요"라고 말하며 신천 사건에 대한 분노를 표출하며 전율했다. 남한에 와서도 반미적 정서가 일정 정도 유지되었던 이 응답자의 상황을 고려하면 이 사건은 북한 주민들에게 엄청난 의식화의 기제로 작동했던 것이다.

체험과 선전에 의한 전쟁의 집합적 기억은 체계적인 반미교육과 각계각층 시민들의 군사 총동원 체제를 가능케 했다. 1986년에 간행된 인민학교 2학년생들을 위한 《수학》 교과서에서 호전적인 용어를 사용한 다음과 같은 질문들을 쉽게 찾아볼 수 있다.

신천박물관에 전시된 선전 포스터는 여성의
머리에 못을 박아 학살하는 '미제 승냥이'의
만행을 고발하고 있다. 이 그림은 북한 주민들로
하여금 신천학살을 재체험하게 하고 반미
경각심을 북돋우는 기제로 활용되고 있다.
《조선녀성》, 1999년 2호(501호).

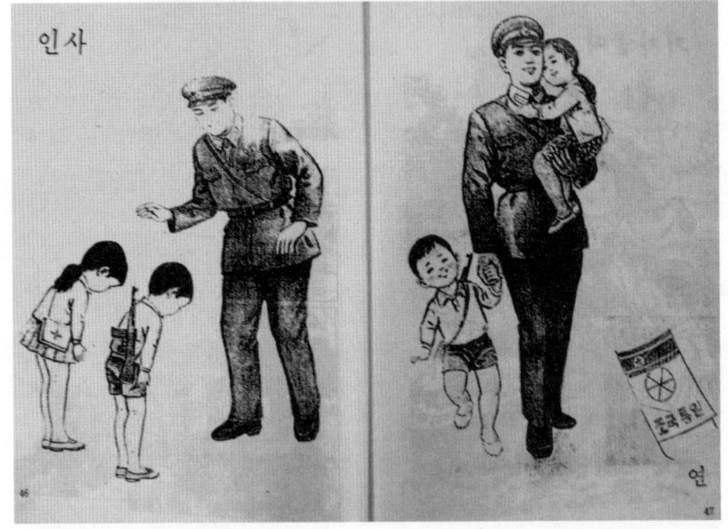

북한 사회에서 아동교육 역시 반미주의와
군사주의로 규율된다. 전쟁놀이를 소재로 해
수학의 셈세기가 이루어지며 군인 아저씨와의
친근한 일상에서 예의범절이 훈육된다.
위. 김준년·장내훈, 《셈세기 유치원용》, 2002.
아래. 김준년·장내훈, 《우리말 유치원용》, 2000.

지난 조국해방전쟁 때 인민군대 아저씨들이 한 전투에서 미제 승냥이 놈들과 괴뢰군 놈들을 합하여 278놈 족쳤습니다. 미제 승냥이 놈들은 196놈이고 나머지는 괴뢰군 놈들입니다. 괴뢰군 놈들은 몇 놈 족쳤습니까?[11]

이처럼 북한의 학교 교육에서 미국에 대한 증오와 호전적인 담론은 언어의 요소 그 자체에 내재해 있었다. '놈'이라는 비인격적이고 모욕적인 조사는 미국인 또는 미군을 가리킬 때 나타나는 상용구이다. '미제 놈' '원수 놈'과 같은 모욕적인 용어, '까부수다' '족치다' '각을 뜨자'와 같은 공격적인 용어, '살인귀' '살인마' '흡혈귀' '방화광' '호전광'과 같은 극단적인 용어, '승냥이'와 같이 야수를 나타내는 용어 등은 《국어》 《사회》 《공산주의 도덕》 《수학》 《음악》 등 북한의 인민학교 교과서들에서 빈번히 사용되었다. 한 인민학교 교과서에서는 '놈' '미제 놈' '원수 놈'의 용어들이 각각 287번, 139번, 85번 사용된 것으로 조사된 바도 있다.[12] 이러한 극단적인 언어의 정치가 위로부터 비롯된 반미교육의 중요한 부분을 차지했다는 것을 알 수 있다.

또한 북한의 반미교육은 군사훈련을 통해 주민들의 일상에서도 강화되었다. 탈북자들의 증언에 따르면, '소년단'에 가입하는 인민학교 학생들은 목총을 들고 훈련하고 태권도를 필수로 배워야 했다. '붉은청년근위대'에 소속된 중고생들은 해마다 15일간 의무적인 군사훈련을 받았으며, 군사훈련 마지막 날엔 남녀 학생 모두 공히 실탄 3발을 쏘아야 했다. 제대한 군인들은 '교도대'에 가입했고, 남녀 노동자, 농민들은 '로농적위대'에 편입되어 의무적인 군사

훈련을 거쳐야 했다. 여대생들 또한 6개월간의 군사훈련을 받아야 했다.

이러한 호전적 반미주의는 1968년 '푸에블로호 사건'* 1976년 '판문점 도끼 사건'**과 같은 국가적 위기 상황에서 극에 달했고, 주민들에 대한 정권의 군사적 동원도 정점에 다다를 수 있었다. 거의 모든 탈북자들이 이 두 사건이 일어났을 당시 한반도에서 전쟁이 일어날 것이라 믿었다고 진술했다. 푸에블로호 사건 이후 '미제의 각을 뜨자' 또는 '미제국주의를 족쳐버리자'와 같은 호전적 구호가 거리의 플래카드와 신문 지상을 뒤덮었던 것이다.[13] 판문점 도끼사건이 일어난 직후 자원입대한 한 탈북자(남, 54세)는 소총부대에 배속되어 두 달 동안 군화를 신은 채 잠을 자야 했던 기억을 떠올리며 당시 상황이 제2의 한국전쟁을 방불케 했다고 증언했다. 푸에블로호 사건을 체험한 한 탈북자(남, 56세) 역시 군대에서 모든 명령이 전시 체제를 가정해 하달되었다고 술회했다. 당시 그가 근

---

* 박정희 대통령의 암살을 시도했던 북한은 1968년 1월 21일 돌연 미국의 '유에스에스 푸에블로호(U.S.S. Pueblo)' 나포를 공식적으로 발표했다. 북한은 푸에블로호를 '무장 간첩선'으로 규정하고 '범죄적인 도발 행위'에 대한 '단호한 징벌'을 선언했다(《로동신문》, 1968.1.25). 푸에블로호 나포에서 미국 승무원 1명이 사망했고 나머지 82명의 승무원들은 거의 1년 동안 북한에 감금되었다. 이 사건은 한국전쟁 이후 북미 간, 남북 간 군사적 긴장이 고조되어 일어난 최초의 전쟁 위기였고, 미국이 재발 방지를 약속하는 사과 성명을 발표한 뒤에야 승무원들이 석방되며 일단락되었다.

** 1976년 8월 18일 2명의 미군 장교와 수명의 미군 및 한국군 사병들은 판문점 공동경비구역 내 '돌아오지 않는 다리' 남쪽 유엔군 측 초소 부근에서 시야를 가리는 미루나무 가지를 치고 있는 한국 노무자들의 작업을 감독, 경비하고 있었다. 이때 2명의 인민군 장교와 10여 명의 사병들이 나타나 작업 중지를 요구하고 몽둥이와 도끼 등을 휘두르며 공격했다. 이 사건으로 인해 2명의 미군 장교가 피살되고 나머지 미군 및 한국군 사병들이 중경상을 입었다(Don Oberdorfer, *The Two Koreas: A Comparative History*, Basic Books, 2001, pp.74-83[한국어판: 《두 개의 한국》, 이종길·양은미 옮김, 길산, 2014]) 한반도에서 두 번째로 전쟁 위기를 야기한 이 사건에서 미국은 실제로 평양과 원산항을 폭격할 계획을 세우기도 했지만, 김일성의 사과 성명으로 군사적 위기는 일단락되었다.

푸에블로호 사건 직후 북한의 언론매체와 거리의 플래카드에는 '미제를 박살내자!' '미제를 족쳐버리자!' '미제의 각을 뜨자!' 등의 호전적 반미 구호들이 등장했다.
좌. 《민주조선》, 1968.2.29.
우. 《로동신문》, 1968.4.17.

무했던 2군단에서 고사포 부대의 한 지휘관 상좌가 대공포 1개 중대를 원산까지 기차로 이동하라는 상부의 지시를 어기고 개인 판단에 의거 차량을 이용해 육로로 이동한 일이 있었다고 한다. 그러나 육로를 통해 이동하는 중 추운 겨울 날씨 탓에 병사들이 곡갱이로 빙설을 제거하다가 시간이 지체되었고, 결국 작전명령 불복종으로 간주되어 그 부대의 지휘관이 바로 숙청되었다. 이러한 일화들은 모두 당시 두 사건이 실제 전시 체제하에서 발생했음을 보여준다. 북한 주민들은 전쟁의 공포를 다시금 체험하며 주기적으로 이삿짐을 싸야 했고, 공습 사이렌이 울릴 때마다 반항공 훈련에 참여해야 했으며 밤에는 등화관제를 하며 공포에 떨어야 했다. 탈북자 장인숙은 푸에블로호 사건이 일어나 전시 상태가 장기화되고 민간인들의 소개 명령이 떨어질 것을 예상하고서는 갓 태어난 둘째를 빈 집에 두고 큰아이만 데려가려고 했던 기억을 떠올리며 몸서리치기도 했다.[14] 이러한 상황들을 경험하면서 북한 주민들에게 미제에 대한 증오는 매우 당연하고 자연스런 일상이 되었던 것이다.

2

주민들의 삶과 미시파시즘

거시 정치와 미시 정치의 연계를 논한 들뢰즈Gilles Deleuze와 가타리Félix Guattari에 따르면, 대중의 개념은 몰적인 분절성molar segmentarity에 환원되지 않는 분자적인molecular 정체성에 있다.[15] 전체의 덩어리에만 귀속되지 않는 작은 분자 알맹이들 역시 자기 나름의 정체성이 있는 것이며 이것이 다시 전체에 영향을 미친다는 것이다. 따라서 들뢰즈와 가타리가 보기에 파시즘의 무서운 파괴력은 스탈린의 체제 등에서 나타나는 중앙집권적인 지배의 방식에 있는 것이 아니라 그러한 거시적인 폭력을 수용하는 주체들의 생산적인 권력의 실천에 있는 것이다. 실제로 나치즘의 정치에서 국가 폭력과 인종 학살의 정치는 위에서뿐만 아니라 아래로부터 끓어올라 확산된 것이기도 했다.[16] 파시즘의 정치는 "거시 정치와 미시 정치가 동시에 구성되고 작동한 결과인 것이다".[17]

그동안 북한 주민들의 의식과 행위를 분석함에 있어 반미주의 역시 북한의 사회주의 정치가 배태한 세뇌의 산물이라는 평가가

주를 이루어왔다. 그러나 많은 탈북자들이 자신들이 세뇌교육을 받았던 사실을 인정하면서도 여전히 반미적인 견해와 의식을 쉽게 버리지 못하고 있음을 고려하면, 주민들의 반미적 사고와 행위를 단순히 세뇌의 산물로만 평가할 수는 없을 것이다. 따라서 국가의 일원적인 하향식 지배 방식을 넘어 개별 주체들의 의식과 행위에서 드러나는 미시적인 대응 방식을 살펴봄으로써 반미적인 국가권력이 어떻게 작동했는지를 살펴보도록 한다.

증오의 정치

위로부터의 반미주의에 대한 주민들의 대응에서 먼저 살펴볼 수 있는 것은 한국전쟁의 경험에서 강화된 철천지원수 미제에 대한 '증오의 정치'이다. 한 탈북자(여, 70세)의 한국전쟁 체험담에서 나타나는 반미적 사고는 이러한 분석의 출발점이 될 수 있다. 이 응답자는 한국전쟁 기간에 미 공군의 공습으로 11세의 나이에 부모를 여의었고 어린 시절을 고아원에서 보내야 했다. 그녀는 다음과 같이 진술했다.

> 한국에서 지나가는 비행기만 볼 때에도 어린 시절 돌아가신 부모님 생각이 났어요. 어린 시절부터 미국 놈들에 대한 극단적인 증오로 살아온 것이죠. …… 이러한 반미주의는 학교 교육에서 배워진 것도 있지만 내 자신의 경험에서 더 커진 것이라 할 수 있어요. 내 자신의 분노와 증오심은 다른 것들을 압도해버린 것입니다.

이 인터뷰에서 중요한 것은 이 응답자의 반미주의가 개인의 경험, 사고, 의지에서 발전했다는 점이다. 즉, 국가의 의식화 교육 차원을 넘어서 있음을 알 수 있다. 국가의 선전과 개인의 경험 모두에서 '미제'는 한 개인의 '철천지원수'였던 것이다. 현재 그녀는 남한에서 별 어려움 없이 살고 있지만 주한미군을 증오하는 등 여전히 강한 반미의식을 견지하고 있다.

이처럼 호전적 반미주의는 북한 주민들의 일상에서 관철되었다. 한 익명의 탈북자(여, 39세)는 어린 시절 친구들과 싸울 때마다 '미제 승냥이'와 견주는 어머니의 훈계를 들어야만 했다. "니들은 왜 걸핏하면 싸우는 것이니? 싸우려면 미제 승냥이들과 싸워야지!"라고 말하는 어머니의 훈계를 들으면 그녀와 친구들은 자연스럽게 싸움을 멈추곤 했다는 것이다. 가장 모욕적인 언사로 규정되는 '미제 승냥이'에 대한 거부는 주민들의 일상에서 효율적인 훈육의 기제로 작동했다. 이러한 일화들은 북한의 정기간행물들에서도 쉽게 찾아볼 수 있다. 황운심은 자신의 아들 명수에게 미군의 손에 죽은 아버지의 복수를 하며 살아갈 것을 당부했고 따라서 아들은 어린 시절부터 이것이 곧 정의라고 훈육받았다고 한다.[18] 미제는 조국의 원수이자 그들 가족의 원수였고, 명수는 이러한 훈육 속에서 자신의 정체성을 형성할 수 있었다.

이러한 규율적 기제에는 '인민의 적에 대한 증오의 정당화'라는 북한 사회 특유의 담론이 내포되어 있었다. 한 탈북자(남, 37세)는 어린 시절의 경험을 다음과 같이 진술했다.

어린 시절 친구들 사이에서 미제 승냥이 놈이라는 말이 가장 모욕적인 것이었어요. 미군 놈들은 두 발 달린 짐승으로 우리 국민을 식민지 노예로 만든 사악한 살인자들이자 악랄한 착취자들로 묘사되었죠. 북한의 사상은 남한에서의 기독교 사상과 많이 흡사해요. 북한 주민들은 언제나 무고한 어린 양인 반면, 미제 놈들은 항상 사악한 사탄과 같은 존재인 것이죠. 이런 논리는 쉽게 주민들에게 먹혀들어갔습니다.

이처럼 적에 대한 증오를 정당화하는 국가적 담론은 선과 악의 이분법적인 사고방식을 발전시켰다. 축구 감독으로 북한에서 활약한 한 탈북자(남, 69세)의 증언에 따르면, 북한의 사격 선수 리호준은 1972년 독일 뮌헨올림픽 소구경 소총복사 종목에서 올림픽 및 세계 신기록을 세우며 금메달리스트가 되었다. 리호준은 올림픽 금메달 수상의 소감을 묻는 기자 회견에서 '적의 심장을 쏘는 심정으로 쏘았다'라고 인터뷰를 했고 이에 서구 언론은 평화를 추구하는 올림픽 정신과 반한다며 비난했다. 그러나 북한에 귀환한 리호준은 금메달리스트로서뿐만 아니라 반미의 호전적인 용사로서 뜨거운 환대를 받았다고 한다.

호전적 반미의식과 미제에 대한 이분법적 반감은 때때로 인종적 증오로 발전하기도 했다. 전쟁영웅 김진수는 한 정기간행물에서 어린 시절 친구들과 싸우면 어머니께 항상 꾸중을 들었지만 일본인 친구와 싸울 때는 혼나지 않았다고 회고했다.[19] 그는 어머니에게 원수인 '일본 놈'과 싸우는 것은 곧 정의라고 배웠고 이러한 의식은 일본인, 미국인 전체 인종에 대한 증오로 발전했다고 한다. 1960년대에 중국에서 이주한 한 북송교포 출신 탈북자(여, 59세)의 진술도 이와 유사했다. 그녀는 이주민으로서 북한에서 차별을 받아 김정일 정권에 대한 거부감을 갖고 있었다. 그러나 민족의 위기와 궁핍한 삶의 원인이 모두 미국의 탓으로 돌려질 때마다 정권에 대한 거부감은 '미제'와 '백색 인종'에 대한 극단적인 증오로 바뀌곤 했다. "국가의 동원과 선전, 사업, 회의 모든 게 짜증나고 싫었어요. 그러나 내 자신의 고통이 미제 때문에 생겨난 것이란 생각이 들 때마다 제 분노는 미국에 대한 증오로 바뀌었죠. …… 정말로 백색 인종들 모두가 태평양에 다 빠져 죽었으면 하고 바랐습니다"라고 그녀는 주장했다. 이처럼 미국에 대한 극단적인 증오는 백색 인종 전체에 대한 증오와 환멸로 전환되었다. 미국 사회에서 검은 피부가 열등한 존재로 타자화된다면, 북한 사회에서 백색 피부는 사람의 피를 빨아먹는 흡혈귀를 연상케 한다. 단순히 피부색만으로 인종적 증오를 극단화하는 기제는 '신성한 인류'와 '세속적인 인종'을 구별짓고 타자화된 인종을 재생산하는 정치적인 종교와도 같은 것이다.[20]

한국전쟁의 경험과 기억에서 출발해 학교 및 사회 교육을 거쳐 심화되는 북한 주민들의 반미주의는 어릴 때부터 정치적 행위로 규율되어온 것이다. 대부분의 탈북자들은 유치원과 인민학교에서 경험한 '미국 놈 때리기' 게임을 떠올렸다. 한 탈북자(남, 45세)는 뚜렷한 의미를 알기도 전에 이 게임을 경험하게 된다고 지적했다. 그러나 단순히 강요와 지시에 의해 따라 하는 측면도 있었지만 이 게임을 통해 머릿속 생각으로만 잠재해 있던 호전적인 의식들이 하나의 행위로 강하게 표출될 수 있었다고도 언급했다.

일부 애들은 미군 놈들의 허수아비를 쓰러뜨리는 데 고통을 느꼈죠. 몽둥이로 때려야 하니깐 손에 물집도 생기고 세게 때리지 않으면 주위의 눈총도 사고 하니까요. 그러나 대부분은 열심히 했습니다. 사명감, 경쟁심, 애국심 이런 것들이 그 어린 나이에도 대단했습니다. 저나 대부분 애들 역시 이러한 경쟁적인 육체적인 경기를 통해서 극렬한 반미사상을 갖게 되었습니다. 그 어린 나이에도 우린 미제에 대한 증오심으로 가득 찼었고 때리면 때릴수록 그것이 강한 애국자가 되는 길이라고 믿었던 것입니다.

어릴 적 꿈이 애국적인 군인이었던 이 응답자는 꿈을 이룰 수 있었다. 그는 "전 훌륭한 군인이 되고 싶었고, 이런 의식 속에는 어린 시절부터 가져온 반미의식이 주된 계기였다고 생각합니다. …… 총을 들면 어린 시절 그 몽둥이가 떠오를 때가 있었습니다"라고 진술했다. 이 사례에서도 알 수 있듯이 북한 주민들의 반미적인 의식과 행위는 위에서 주입됨과 동시에 아래에서 재생산되고 규율된 것이었다. 증오의 정치를 통한 호전적 반미주의가 주민들의 확고한 미시파시즘으로 뿌리내린 것이다.

감성의 정치

북한 주민들의 증오의 정치는 일상에서 그들 특유의 '감성의 정치'와 연계되었다. 이는 적에 대한 주민들의 증오가 한국전쟁의 집합적인 기억에서 생성되어 사회적 위기에서 분출되는 국가와 민족에 대한 애정과 결합했기 때문이다. 판문점 도끼 사건 당시 한 탈북자

(남, 58세)는 16세의 어린 나이를 속여가며 자원입대하려고 했다. 그는 "수류탄 7개를 가슴에 매달고 적진으로 뛰어들어가 죽을 각오가 돼 있었습니다"라며 자신의 애국심을 강렬하게 드러냈다. 그는 또한 1974년 자이르(현 콩고민주공화국)의 모부투Mobutu Sese Seko 대통령이 황해 제철소를 깜짝 방문했던 일화를 들려주었다. 모부투가 북한 사병들에게 자신의 조국을 위해 제철소의 용광로 속으로 뛰어들어가 자결할 수 있는지를 시험하자 수명의 병사들이 바로 행동을 개시했고 이에 모부투가 당황하며 간신히 제지했다는 이야기였다. 이러한 투철한 애국적 전사 정신이 북한 주민들 특유의 민족애에서 자연스럽게 생성되었다는 것이다.

이에 대해 한 탈북자(여, 64세)는 북한의 정치를 '감성의 정치'로 불렀다. 그녀는 부친의 경미한 친일 경력과 고위급 친척의 잇단 숙청으로 인해 감시와 천대를 받다가 식량난 이후에 두만강을 건넜다. 그녀는 가족, 친지가 숙청당했음에도 식량난이 닥치기 전까지는 북한 정권에 대해 추호의 반감도 갖지 않았다고 한다. 그러나 이러한 생각은 경제난을 겪고 남한에 정착하면서 변화했고 자신의 강한 애국심이 상당 부분 북한 정권의 왜곡된 사상 선전과 세뇌 교육에 의한 것임을 깨달았다. 하지만 그럼에도 쉽게 바꿀 수 없는 것이 하나 있었다. 그녀는 다음과 같이 주장했다.

> 북한의 정치는 뜨거운 감성의 정치라 생각해요. …… 국가와 개인은 우리 민족의 운명과 함께한 운명공동체이죠. 정권이 틀린 것이라 할지라도 북조선 사람들은 결코 이런 생각들을 버리지 않아요. 우린 우리 자신을 한 민족 안에서 발견하고 우리 자신이 민족과 함

께 산다고 믿습니다. …… 전쟁의 위기에서 내 민족의 고통은 내 것과 같은 것이고 내 민족이 피를 흘리면 내 육체가 피를 흘리는 것과 같은 것이죠. 지금도 이런 생각엔 변함이 없습니다. 그래서 북조선 사람들이 조국을 위해서 제 한 목숨 쉽게 바칠 수 있는 것입니다.

이 응답자가 진술한 것과 마찬가지로 '민족의 뜨거운 감성의 정치'는 국가와 개인을 하나의 통합된 유기체로 만드는 정치적 기제를 보여준다. 국가-민족과 개인의 조화로운 정치는 개인들의 자발적인 의식화와 적극적인 참여 없이는 불가능한 것이었다. 그녀는 동료들과 함께 1960년대 후반 대홍수로 붕괴된 평양 수도 복구 사업에 '대학생 투쟁 일꾼'으로 참여하기도 했다. 피 흘리며 신음하는 많은 주민들을 보면서 그녀는 개인을 감싸고 보살피는 민족의 중요성을 깨달았고, 개인이 국가와 민족의 한 세포로 존재하며 여기서 국가의 감성의 정치가 발전한다는 것을 체험했던 것이다. 이러한 사례는 수령-당-대중의 혈연적 단결을 주장한 김정일의 사회정치적 생명체론이 반드시 대중들과 괴리된 정치적 선전에 그친 것만은 아니었음을 말해준다. 정권이 잘못을 저질렀음에도 여전히 국가와 민족이라는 유기체에 자신의 정체성을 일치시키는 주민들의 사고와 행위를 보면, 평양 정권이 경제난 속에서도 견고하게 자신을 지켜나갈 수 있는 이유를 짐작해볼 수 있다.

결론적으로 1950년대부터 1980년대까지 북한 주민들은 일상의 삶에서 호전적인 반미주의를 적극적으로 내재화하고 실천하며 국가와 민족의 한 세포로서 스스로를 자리매김했다. 이 과정에서 국가와 개인의 조화로운 유기체적 정치가 가능했고, 주민들의 확고한 미시파시즘은 이러한 방식으로 형성되고 작동할 수 있었다. 스탈린주의적인 국가 권력이 반대파의 숙청과 적대계급의 감시와 처벌, 사상 통제 등을 통해 개인의 권리와 자유를 침해했던 반면, 미제와 싸우는 호전적 민족주의의 영역에서는 국가 권력이 사회주의의 개인 주체를 증오와 감성의 정치를 실천하는 전사로서 재생산한 것이다. 국가는 전시 민족주의를 기제로 국가 권력을 개인의 영역으로 확장하고, 개인 주체들의 적극적인 의식화, 내재화 및 규율적 실천을 도모함으로써 아래로부터 미시파시즘을 확산시킬 수 있었다. 그러나 이러한 미시파시즘은 1990년대 이후의 경제난과 함께 주민들의 대응 양상이 다원화되자 결국 변화할 수밖에 없었다.

3

도전받는 반미 권력과 미시파시즘의 변화

20세기 말을 거치며 북한 사회는 극심한 식량난으로 인해 분열되었다. 또한 핵 문제로 야기된 경제 제재는 정권의 존립 자체를 위협하기 시작했다. 실제로 경제 위기는 수많은 사람들을 죽음으로 몰아갔고 핵전쟁의 위기는 제2의 한국전쟁 발발 공포를 조성하기에 충분했다.• 그러나 경제 위기와 관련된 심각한 변화의 양상은 국경 지대에서 두드러진 것이어서 평양을 중심으로 한 수도권의 상황과는 차이가 클 수밖에 없다는 반론도 무시할 수 없다. 탈북자

• 북한은 1980년대부터 핵무기 제조에 관여해왔다. 1985년 북한은 핵무기 원료인 우라늄 농축시설을 에너지 생산용으로만 사용을 제한했던 핵확산방지조약(NPT)에 서명했다. 그러나 1990년 7월 《워싱턴 포스트》는 핵연료로부터 플루토늄을 추출할 수 있는 영변의 핵시설을 대대적으로 보도했고, 경수로 문제 등 경제 위기를 해결하고자 한 북한은 1992년 1월 국제원자력기구(IAEA)의 영변 핵사찰에 합의했다. 이러한 긴장 완화 무드는 북미 간 줄다리기 외교에서 남북 동시 핵사찰 문제로 소강 상태에 빠졌고, 1993년 재개된 한미 팀스피릿 훈련을 구실 삼은 북한이 1994년 IAEA를 탈퇴함으로써 북미 간 외교적, 군사적 긴장은 다시 고조되었다. 북한의 핵무기 보유욕은 2001년 9월 11일 테러에 자극받은 부시 정권의 주요한 공격 타깃이 되었고, 부시 정권에 의해 북한은 2002년 '악의 축' 블랙리스트에 오르게 되었다. 이에 대해 북한은 2003년 다시 NPT 탈퇴로 맞섰고, 부시 정권은 북한에 대한 군사 공격을 고려하기까지 했다.

들의 종합적인 의견과 함께 최근의 연구들을 참고해보면, 전체 북한 체제는 경제난에도 불구하고 아직까지 견고한 사회 통합과 결속력을 보이는 듯하다.[21] 이러한 사회적 원동력의 핵심은 핵 위기를 촉발한 국가의 끊임없는 반미적 동원이 여전히 다수 주민들의 지지를 이끌어내는 데 있다. 북한 정권은 '수령님도 죽을 먹고 산다'는 주장을 펼치며 고난의 행군을 통해 경제 위기를 극복하려 했고, 이런 상황에서 고난의 행군은 '총포성이 없는 의지의 전쟁'으로 묘사되었다.[22]

이와 함께 1990년대 후반 이후 북한은 핵 위기의 국면에서 '총대철학'으로 불린 선군정치를 감행하며 체제의 위기를 극복하고자 했다. 1992년 국제원자력기구IAEA의 영변 핵사찰이 교착 상태에 빠짐에 따라 1993년 한미 합동 팀스피릿 훈련이 재개되어 북한을 군사적으로 자극했고, 이에 북한은 '총폭탄 정신'을 내세우며 핵 위기에 대응했다.•• 탈북자들의 진술에 따르면, 북한 정권은 팀스피릿 훈련이나 핵확산방지조약NPT 탈퇴 국면을 푸에블로호 사건, 판문점 도끼 사건과 맞먹는 국가적 위기로 간주했다고 한다. 북한은 팀스피릿 훈련에 대응하여 '전 인민과 군의 준전투 태세'를 명령했고[23] 팀스피릿 훈련을 '핵 불장난' '핵전쟁 연습' 등으로 비난했다.[24] 또한 한 탈북자는 그의 수기에서 NPT 탈퇴와 함께 북한 전역이 전시 상태로 돌입함에 따라 주민들이 이삿짐을 꾸리고 전투식량을

••

판문점 도끼 사건에 하나의 구실을 제공한 팀스피릿 훈련은 1976년에 시작되어 1993년까지 진행된 주한미군과 대한민국 국군의 합동 군사훈련이다. 1994년부터 2007년까지는 연합전시증원(RSOI) 훈련으로 바뀌었다가 2008년 3월부터는 키 리졸브(Key Resolve) 훈련으로 대체되었다. 팀스피릿 훈련에는 연 인원 약 20만 명의 한미 병력이 참여했고 훈련 성격 또한 기존의 방어적인 전략에서 공격적인 방어 전략으로 변화되었다.

챙기며 반항공 훈련에 참여했고, 노동자들은 로농적위대로 복귀하여 전투복장과 위장망을 착용하며 만약에 있을 전쟁에 대비했다고 술회했다.[25]

이러한 상황에서 북한 정권의 반미교육은 1980년대 이전과 크게 달라진 것이 없었다. 한 인민학교《국어》교과서는 총을 들고 전쟁놀이를 하는 어린이들의 모습을 묘사했고,《공산주의 도덕》교과서는 '미국 놈'들을 여전히 '살인마'로 묘사했다. 또한 인민학교 학생들은 〈장군님 보위할 총폭탄 수류탄〉〈300만은 총폭탄〉〈우리도 총폭탄 되리라〉라는 동요들을 즐겨 부르기도 했다.[26] 이렇듯 선군정치의 기치 아래 김정일의 총폭탄 정신은 호전적 민족주의를 더욱 강화시켰다고 볼 수 있다. 여러 탈북자들은 김정일의 총폭탄 정신과 관련된 유명한 일화를 전했다. 1990년대 초 김일성은 당 중앙위원회 간부들이 모인 자리에서 북한이 미국과 핵전쟁을 벌이면 싸워 이길 수 있을지를 심각하게 질문했다고 한다. 모든 간부들은 즉각 북한이 이길 것이라 답했고 이에 김일성이 만약 지게 되면 어떻게 할 것인가를 재차 물었다. 간부들이 제대로 답변하지 못하자 김정일이 일어나서 '북한이 없는 세계는 상상할 수도 없기 때문에 지구를 두 동강이 내서 폭파시켜버릴 것'이라고 단호하게 주장했다고 한다.

그러나 반미 권력에 기반을 둔 체제의 내구력에도 불구하고 1990년대 중반 이후 식량난으로 인해 북한이 역대 최고의 위기를 맞았던 것은 분명한 사실이다. 또한 체제의 이완과 탈북의 흐름 속에서 반미적 국가 권력에 대한 주민들의 대응 양상 역시 과거와는 다르게 나타났다. 이와 관련하여 허시먼Albert Hirschman은 사회경제적 위기의 국면에서 나타난 사회적 행위 주체들의 체제 대응 양상이 어떻게 사회 조직을 변화시키는가를 분석한 바 있다. 그에 따르면, 개인들은 경제 위기나 권위주의적 체제를 등지고 탈출하기도 하지만, 사회 체제에 불만을 표출하거나 저항하여 지배층과 사회 조직의 개혁을 이끌어냄으로써 체제 이탈이나 붕괴를 막기도 한다. 이때 개인들의 '이탈exit'과 개혁을 위한 '저항voice'에 따라 개인들의 '충성loyalty'이 결정되는데, 아래로부터의 개혁 요구를 수용하여 체제 이탈을 방지함으로써 주민들의 충성을 유도할 수 있다.[27] 여기서 허시먼의 세 가지 대응 양상을 북한의 경제 위기에 대한 주민들의 세 가지 대응 방식, 즉 지속, 갈등, 도전의 형태로 변형시켜 생각해볼 수 있다. 먼저 허시먼의 이탈과 저항의 기제는 북한의 사례에서는 '도전'의 형태와 부합한다. 경제난 때문에 일부 주민들은 체제를 이탈하여 탈북해왔고 체제 개선을 위한 주민들의 불만과 변화 요구가 간접적으로 표출되어왔다. 그러나 이러한 변화에 대한 요구 및 소극적인 저항은 동독의 사례와 같은 개혁 및 사회 변동으로 이어지지는 못했다. 따라서 체제에 대한 순응과 이탈 사이에서 주민들은 '갈등'의 양상을 보이게 된다. 무엇보다도 기존의 미시파시즘을 견지하는 핵심계층 주민들의 '지속'의 기제가 두드러진다는 점이 북한 사례의 가장 큰 차이점이다.

지속: "그래도 우린 총폭탄 정신으로 살 것이다!"

경제난 이후 북한 주민들의 삶과 의식의 변화에서 드러난 첫 번째 유형은 과거의 호전적 민족주의에서 형성된 미시파시즘, 즉 증오와 감성의 정치를 강화시키며 이것을 어쩔 수 없는 자신들의 운명으로 받아들이는 '숙명론적 애국주의'이다. 핵전쟁의 위기는 미제에 대한 증오심을 증폭시켜왔고 다수의 북한 주민들은 이전보다 더욱 강화된 미시파시즘을 견지하고 있다. 실제로 북한 정권은 현재의 위기를 미국 탓으로 돌리며 주민들에게 허리띠를 졸라매고 정신적으로 더욱 무장할 것을 설득해왔다. 대부분의 탈북자들이 지적한 대로 사회 통합이 저하된 국경 지역을 제외한 수도권을 중심으로 정권의 선전 논리가 먹혀들고 있다. 오히려 핵심계층 성원들은 경제난이 가중되고 삶이 힘들어질수록 국가에 대한 충성과 애국심을 한층 강화하는 역설을 보여준다.

한 미국 저널리스트가 펴낸 탈북자 인터뷰 출판물에서 한 탈북자는 "북한의 모든 주민들은 곧 전쟁이 일어날 것이라고 믿어요. 주민들 백프로가 전쟁이 일어나기를 바라는 것이죠. …… 주민들은 심지어 핵전쟁에서 죽을 각오가 되어 있어요. …… 주민들 백프로는 북한이 전쟁에서 이길 것이라고 믿고 있고 그래서 전쟁을 지지하는 것입니다. 북한 주민들은 김일성을 숭배하면서 자라왔고 어떤 일이 일어나도 그들은 언제나 김일성을 숭배합니다. …… 그들은 조국을 위해 기꺼이 한 목숨 바칠 것입니다"라고 주장했다.[28] 비록 과장되었다고 해도 이 탈북자의 진술은 적어도 다수의 북한 주민들이 어떻게 현 상황을 받아들이고 있는가를 잘 드러내준다. 치명적인 경제 위기와 핵전쟁의 공포에서도 그들은 북한 체제를 굳건히 지켜낼 의지를 갖고 있는 것이다. 수도 평양에서 병원 노무자로 근무했고 핵심계층의 자녀로서 정권의 충직한 전사적 자세를 견지했던 한 탈북자(여, 43세) 역시 다음과 같이 주장했다.

> 2007년에 탈북했지만 전 아직도 북한 체제를 지지합니다. 전 항상 총폭탄의 정신으로 살아야 한다고 믿었고 지금도 그래요. 핵무기를 갖고 있는 것이 자랑스러웠고 모든 주민들이 그렇게 생각하고 있어요. 우리는 핵전쟁이 일어나도 이길 것이라고 믿었고, 만약 진다면 미제 놈들을 핵폭탄으로 다 쓸어버리고 죽을 것이라고 생각했어요. 이런 생각은 지금도 변함이 없어요.

이 응답자는 왜 탈북했는지에 대한 필자의 물음에는 답변을 거부했다. 당시 이 응답자가 탈북한 지 1년 정도 지난 시점이었다는 점을 고려하면 지금은 그녀의 생각이 바뀌었을 수 있고, 또한 앞으로 바뀔 여지 또한 충분히 있다. 그러나 필자는 4~5년 이상의 시간이 지났음에도 이와 같은 신념을 유지하는 탈북자들을 적잖이 만날 수 있었다. 여기서 중요한 것은 북한 정권에 대한 평가와 미국에 대한 평가는 다를 수 있다는 점이다. 미국에 대한 동경으로 미국에 이주하고 싶어 하는 탈북자들이 있는가 하면, 남한에 오랜 기간 정착했으면서도 여전히 미국을 거부하거나 증오하는 탈북자들도 적지 않다. 이런 맥락에서 약소국으로서 강대국인 미국의 횡포에 대해 무력으로 저항하는 북한의 태도를 옹호하는 탈북자들 또한 적지 않다. 북한의 한 외교기관에서 자문위원을 지냈고 탈북 이후에는 탈북자들이 설립한 우익단체에서 활동하던 한 응답자(남, 59세)는 경제난 이후 김정일 정권에 대한 반감으로 고향을 등졌지만 핵 문제에서만큼은 다른 탈북자들과 의견을 달리했다. 강대국에 맞서 힘으로 방어하는 것은 약소국의 당연한 권리이자 의무라는 것이 그의 논리였다.

따라서 탈북자들의 의견을 종합해보면 치명적인 식량 위기 속에서도 다수의 북한 주민들은 정도의 차이는 있지만 과거의 반미주의를 견지하고 있으며 이러한 의식은 총폭탄 정신이라는 자기희생적인 숙명론으로 이어지고 있다. 이러한 숙명론적 애국심은 핵 위기의 공포에서 드러나는 주민들의 강렬한 정치적 의식과 행위가 표출된 결과였다. 한 탈북자(여, 42)는 "우린 위대한 장군님과 핵무기가 있기 때문에 결코 지지 않을 것이라고 믿었어요. 우리가 한 방 쏘면 바로 이길 것이라고 굳게 믿었죠"라고 말했고, 또 다른 탈북자(여, 39세)는 "핵전쟁이 두려웠던 건 사실이지만 그래도 우린 우리 핵무기가 자랑스러웠어요. 미국 놈들과는 마지막 피 한 방울 흘릴 때까지 싸울 것이라고 결심했었어요"라며 자기희생을 통한 강렬한 반미의식을 드러냈다. 이들의 진술에서 1990년대 이후 북한의 호전적 민족주의가 다수의 주민들 사이에서 여전히 강하게 의식화되어 있다는 것을 확인할 수 있었고 이는 반세기 이상 국가권력에서 규율된 주민들의 의식을 반영하는 것이었다.

갈등: "우린 무엇인가 변화를 원한다!"

1990년대 이후 호전적 민족주의에서 국가의 반미 권력은 주민들의 일상의 정치에서 다양하게 실천되었고, 과거의 확고부동한 미시파시즘의 동학은 부분적으로 해체되고 모순적인 갈등을 겪는 등 변화를 보여주었다. 비록 다수 주민들은 체제와 권력에 적극적으로 순응했을지라도 그 밖의 일부 주민들은 기존의 체제와 권력에 순응하면서도 어떠한 돌파구를 찾거나 대안 없는 현실에 좌절하는 모습을 보였다. 이 유형에 해당하는 주민들은 점차 갈등의 양상을 보이게 된다. 자신을 희생하는 총폭탄이 되는 것이 아니라 살아남아 어떤 변화를 꿈꾸거나 아니면 바뀔 수 없는 현실에 대해 고뇌하는 것이다.

이에 대해 인민군 장교로 복무하다가 탈북한 한 응답자(남, 56세)는 국경 지대를 중심으로 많은 주민들이 과거의 집단주의적 삶의 방식에서 벗어나 개인주의적 삶의 방식을 지향하고 있다고 주장했다. '위대한 지도자 어버이 수령'이 주민들의 삶을 책임지지 못한 데 따른 당연한 결과라는 주장이다. 이러한 사고가 강력한 반미의식과 실천의지를 약화해왔고 허무주의적인 사고방식을 증폭해왔다는 것이다. 도 단위 행정기관의 관료였던 한 탈북자(남, 71)는 북한이 비밀 사업으로 아편을 재배하는 일에 관여했고, 부도덕한 아편 재배에 관여한 응답자는 양심의 가책을 느끼며 괴로워했다. 그 역시 극심한 경제난으로 인해 아편 대금 횡령 사건에 연루되었고, 결국엔 강제노동 수용소로 가는 처벌을 받았다. 그는 자조적으로 이렇게 이야기했다.

> 난 정직하게 살아왔다고 믿어요. 근데 그런 상황에선 그렇게 할 수밖에 없었어요. 아편을 재배하고 파는 것은 나쁜 거예요. 정부 정책에 비판적이었지만 결국 나도 그런 범죄를 저지르게 되었죠. …… 글쎄요. 미국과 싸우는 것은 옳은 것이지만 죄를 저지르는 것도 나쁜 것이죠. 멍청하게 저도 범죄자가 되었죠.

이렇듯 그는 자신의 잘못에 양심의 가책을 느꼈다. 그의 불행한

과오는 반미주의라는 집단주의적 삶과 경제난으로 인한 개인주의적 삶 사이에서 오는 모순적인 북한 주민들의 현실을 반영한다. 이러한 현실은 주민들의 허무주의적이고 자기파괴적인 사고로 이어지기도 했는데, 중앙 일간지 신문기자로 활동한 한 탈북자(여, 68세)는 북한의 강력한 민족주의가 전쟁을 낳고 주민들을 더욱더 절망에 빠뜨릴 것이라고 한탄했다. 식량난을 겪고 가족의 죽음을 치르며 그녀는 과거의 강렬한 반미사상을 접게 되었다. 탈북 직전 그녀는 팀스피릿 대비 훈련에 여느 때와 같이 참여했지만, 예전과 달리 이는 당의 비판을 모면하기 위한 방책이었을 뿐이었다고 진술했다. 굶주리면서도 핵전쟁의 공포에 떨며 훈련에 참가한 주변 사람들을 회고하며 그녀는 다음과 같이 말했다.

> 주민들은 굶어 죽어왔고 육체적으로 나약해졌습니다. 전쟁의 공포 또한 대단한 것이었죠. 이런 악조건 속에서도 어떤 사람들은 여전히 국가에 충성했고, 다른 사람들은 어떻게 하면 이런 위기에서 벗어날 수 있을까를 생각했어요. 그러나 상황이 너무 절망적이었습니다. …… 그래서 흔히 사람들이 '차라리 너 죽고 나 죽자' 하는 말들을 하게 됐고 이런 생각들이 점점 이상한 행동들로 나타난 것이죠.

그녀의 주장대로 변화를 꿈꾸지만 그 가능성이 별로 보이지 않는 상황에서 일부 북한 주민들이 할 수 있는 것은 '너 죽고 나 죽자!'라는 자기파괴적인 사고와 행위였다. 식량난 이후 만연한 뇌물과 비리, 비행과 범죄, 도덕적 타락과 풍기문란 등도 이러한 변화와 전혀 무관하지 않을 것이다. 이처럼 갈등의 유형은 미시파시즘과 불협화음을 일으키며 과거의 사고와 행위가 부분적으로 이완되어 가는 현상을 반영한다. 마지막 유형은 북한 정권에 물리적으로 도전하지는 못하지만 개인들 내면에서 정권을 혐오하거나 아니면 체제를 이탈하는 유형이 된다.

도전: "다 쓸어버려라!"

1990년대 이후 북한 사회는 굶주린 주민들이 체제를 이탈하거나 가혹한 처벌의 정치에 가시적/비가시적으로 저항하는 흐름을 목격해왔다. 이에 해당되는 주민들은 크게 두 가지 부류에 속하는데, 하나는 경제난을 거쳐 정권에 등을 돌린 부류이고, 다른 하나는 이전부터 반정권적인 사상을 갖고 있던 부류에 의해 이것이 더욱 강화된 형태이다. 두 부류 모두에서 주민들은 정권에 대해 적극적인 반감을 드러내는 식으로 대응했다. 식량난으로 인해 속출한 아사자들과 궁핍한 삶, 국가의 통제력 약화와 관리들의 만연한 비리 및 비도덕적인 사회풍조 등은 자연스게 국가에 대한 불신과 반감을 초래했다. 특히 출신 성분이 나쁜 개인들이 정권에 품고 있던 반감은 이전부터 축적된 것이었다. 반미적인 전사 정신으로 무장했던 주민 일부도 정권의 선전에 의문을 제기하거나 정권에 대한 불만과 반감을 표출하기 시작했다.

먼저 과거와 달리 국경 지대를 중심으로 적지 않은 주민들이 국가와 사회보다 가족과 개인의 삶에 더 큰 의미를 부여하게 되었다. 이러한 개인주의는 개인이 느끼는 정체성의 혼란이나 무기력을 넘어서 정권에 대한 날선 적대감으로 이어졌다. 예를 들어, 여성 탈북자들의 수기를 모은 한 출판물에서 탈북자 최수련은 "나라를 위해서는 뭘 다 바쳐야 하고, 개인보다는 나라가 더 중요하다는 거, 항상 머리에 그렇게 생각하고 그런 말이 옳다고 생각했어요. 그러나 80년대 하반기에 들어오면서부터는 그런 생각들이 싹 없어지고, 차라리 일본 아이들에게 먹혀 사는 게 몇 배 몇 십 배 나을 뻔했다는 생각들을 속으로는 다 가지고 있었어요"라고 주장했다.[29] 최수련에게 국가와 민족은 경제난으로 인해 더 이상 의미가 없어졌고 오로지 자기 자신이 살아남는 것만이 중요한 과제가 되었다. 백두산에서 외국인 관광객 안내원으로 일했던 또 다른 탈북자(여, 43세)는 원래부터 개인주의적이고 자유분방한 사고방식을 갖고 있었다. 그녀는 어린 시절부터 미국 놈 때리기 게임이나 반미적인 구호 등에 공감하지 않았고 그저 따라 하는 시늉만 했을 뿐이라고 했다. 경제난으로 수많은 사람들이 죽음에 이르고 공개처형을 당하게 된 것 등에 반감을 품은 그녀는 결국 고향을 등지고 북한을 탈출했다. 그녀에게 북한 정권은 미제 승냥이만큼 잔인한 존재였던 것이다. 그녀는 탈북할 때만 해도 미국에 대해 어느 정도 반감을 갖고 있었지만, 이제 미국으로 이주해 새로운 미래를 가꾸고자 준비하는 친미주의자가 되었다.

이런 사례들은 개인들이 비밀스럽게 정권에 대한 반감을 키워 온 경우로 구체적인 행위의 측면으로 발전한 사례들은 아니었다. 그러나 비밀리에 기독교 복음 전파 활동에 가담했던 이들의 경우는 달랐다. 몇몇 탈북자들은 가까운 친구, 친지, 직장 동료 등 개인적인 네트워크를 통해 반사회주의적인 기독교 복음을 전파하려고 노력했다. 부모가 월남민 혹은 기독교 신자인 이들은 적대계급으로서 북한 사회에서 극심한 차별과 감시를 받은 바 있었다. 경제난 이전부터 정권에 대한 반감을 가졌던 이들은 국가의 통제력이 저하된 틈을 타 가정 예배를 빌미로 반미가 아닌 친미 사상을 비밀리에 전파했던 것이다.• 이와 관련해 한 탈북자(여, 70세)는 어린 시절 부모님이 자식들이 잠들고 나서 무엇인가 주문을 외우는 듯한 의례를 한 기억이 난다고 회고했다. 철이 들어 그것이 무엇인지를 이해했을 때는 이미 아버지가 돌아가신 후였다. 그녀는 적대계층으로 탄압받는 현실에 대해 분노한 동시에 독실한 크리스천이었던 아버지를 연민하며 남은 가족과 함께 기독교에 귀의하게 되었다고 했다. 또한 경제난으로 사회가 어수선해진 틈을 타 성경, 찬송가를 몰래 들여와 기독교를 믿는 가까운 친지들에게 나누어주었고, 나중에는 비리가 있거나 점을 본 동료들을 협박하거나 꼬드겨 제한된 선교 활동도 했다고 진술했다.

이러한 상황에서 적대계급 출신이거나 경제난으로 국가의 정책에 등을 돌린 일부 주민들은 정권에 대한 극렬한 분노와 적대감을 표출했다. 북한에서 육군 고위 장교로 복무하다가 부모가 숙청당한 후 남한으로 탈출해 탈북자 정치 조직에 몸담고 있는 한 탈북자(남, 59세)는 "김정일 정권의 반미 민족주의는 단지 멍청한 선

• 물론 북한에서 기독교 신앙은 여전히 '반사회주의적, 반국가적 행위'로 공개처형에 처할 수 있는 중대한 범죄이며 대부분의 주민들은 이러한 위험 때문에 기독교를 접하기를 여전히 두려워한다. 그러나 탈북자들에 따르면 적지 않은 주민들은 이전처럼 국가의 종교 정책을 충실히 따르지는 않는다. 과거에는 점을 보는 행위 역시 미신으로서 중대한 비판의 대상이 되었지만, 경제난으로 인해 불안한 미래를 걱정하며 점을 보는 '반사회주의적 행위'가 주민들 사이에서 급속도로 퍼져나가고 있다는 것이다.

전이자 쇼"라고 주장했다. 또한 "북한 백성들 모두가 미국의 핵무기 아래 짓밟힐 것"이라고 단언하기도 했다. 군대에서 선전용 미국 군사영화를 많이 접했다는 그는 이 영화들을 통해 미국이 더 강하며 북한이 거짓을 꾸며대고 있다는 것을 오래전부터 간파했다고 했다. 또한 소총을 메고 휴전선을 단신으로 넘어온 또 다른 탈북자(남, 29세)의 사례는 북한 주민들 중 극히 일부가 이미 미국에 대해 호감과 동경의 사고를 가지고 있었다는 사실을 보여준다. 공군 고위장교인 부모의 출신 성분 덕에 그는 16세의 어린 나이에 휴전선에서 선택받은 군 복무를 시작할 수 있었다. 그의 주장에 따르면, 그의 부모는 현명하고 깨어 있는 지식인으로서 북한 정권에 비판적이었고, 미국에 대해서도 정권이 선전하는 만큼 반감을 갖고 있지 않았다고 했다. 그는 아버지의 정치의식에 많은 영향을 받았는데, 그의 아버지는 미국 사람들을 '미제 놈'이 아니라 '미국인'으로 지칭하곤 했다는 것이다. 그는 아버지의 영향을 받아 북한의 정치를 의심하고 반감을 가졌으며 탈북 전에 이미 반미주의에서 완전히 벗어나 있었다. 그는 이라크군이 미군을 격퇴하는 북한의 선전용 군사 비디오를 보며 거꾸로 어마어마하게 발전한 미국의 군사력에 놀랐고 점차로 미국에 대한 인식을 바꿔왔다고 한다. 또한 미국인들의 외모와 문화 등에도 관심을 갖고 있었다며 "썬그라스에 껌을 씹고 있는 미군 장교의 모습이 그렇게 멋있을 수가 없었어요"라고 진술했다.

이처럼 북한 주민들은 소극적 저항, 불신, 반감 및 적대 행위를 통해 경제난과 핵 위기에서 반미적인 국가 권력에 직간접으로 도전해왔다. 앞서 언급했듯이 필자가 면접한 다수의 탈북자들은 이러한 적대계층에 속해 있었고 이들 중 일부는 현 북한 정권에 대해 형용하기 어려울 정도의 반감을 표출하곤 했다. 특히 전쟁포로나 월남한 가족을 두었던 탈북자들에게 민족의 적은 미국이 아니라 북한이었다. 그들이 북한이 망하기를 바라는 것은 너무나도 당연한 결과였다. 아버지가 남쪽 출신이고 북한에서 온갖 박해를 받았던 한 탈북자(여, 34세)는 "전 북한이 전쟁으로 망할 것으로 믿었고 미국과 남한이 북한을 모두 다 쓸어버리기를 바랐어요"라고 단호하게 주장했던 것이다.

이와 같은 미시파시즘의 분화를 고려해볼 때 21세기 북한은 총폭탄 정신을 따르는 다수 주민들의 지지 속에서 변화와 지속의 이중주를 보여주고 있다고 평가할 수 있다. 서구와 남한의 정치가들과 언론매체는 북한이 곧 망하거나 자의 반 타의 반 자본주의 체제로 전환할 것이라고 호언해왔다. 란코프Andrei Lankov 역시 최근 북한의 변화를 '북한식 스탈린주의의 종말'이라고 주장한 바 있다.[30] 중앙계획경제의 파괴, 소규모 자영업의 부흥, 검열되지 않은 서구 정보의 유입, 경찰기구 및 국가 관료제의 이완으로 인한 사회 통제력의 약화 등을 현대 북한의 포스트-스탈린주의적 징후로 볼 여지가 있는 것이다. 그럼에도 불구하고 북한 체제는 여전히 내적으로 안정적이고 중앙 권력에 의해 일사분란하게 가동되고 있으며 이는 이를 지지하는 다수 주민들에 의해 뒷받침되고 있다.

5장

사회주의 생명정치

5장에서는 북한의 사회주의 생명정치bio-politics를 탐색한다. 코트킨이 언급했듯이 사회주의 체제 역시 하나의 '근대적 문명국가'를 지향했고 이는 서구의 자유주의적 생명정치와 무관한 것이 아니었다. 푸코가 자유주의의 역사에서 설명하고자 했던 생명정치의 기제는 사회주의 국가에서 오히려 극단적으로 나타났다. 소비에트 시스템에서 출발한 근대 북한의 체제 또한 주체 사회주의를 지향하면서 인구, 보건위생, 산업 경영, 주체 형성 등 근대 생명정치의 기제를 국가 건설과 사회 동원에 활용하고자 했다. 마르크스-레닌주의와 주체사상의 지배하에서도 북한 정권은 과학적 국가 경영과 개인 주체의 규율적 통제라는 생명정치의 기제를 강화했고 이를 통해 서구의 근대국가가 지향했던 문명화를 실현하고자 했다. 그러나 6장에서 드러나듯이 북한의 사회주의 생명정치는 문명화의 이면에서 국가 인종주의state racism를 야기하며 전체주의적 폭력과 굴라크 체제를 형성했다.

1

전체 인구와 개별 신체의 통제

한국전쟁의 참화에서 잿더미로 변한 사회를 일으키기 위해 북한 정권은 전후복구사업을 거쳐 다양한 프로젝트를 선보이며 전쟁으로 중단되었던 사회복지 정책들을 시행해나갔다. 무엇보다도 북한 정권은 경제 성장과 주민 동원을 위해 전체 인구와 개별 신체를 과학적으로 관리하고 운영하는 것에 관심을 기울였다. 전후 노동력을 재배치하고 광범위한 여성 노동력을 인입하기 위해 북한 정권은 1950년 이후 출산 장려, 임산부 우대, 이혼 억제, 해외교포 귀환 등의 인구 팽창 정책을 시행했다.[1] 그러나 인구 팽창으로 인해 1972년경부터 다시 인구를 제한하는 방향으로 선회했고 이에 따라 남녀 결혼 연령을 상향 조정하고 여성의 피임 시술을 권장하며 산아를 제한하기에 이르렀다. 1971년 김일성은 "남자는 30세, 여자는 28세에 결혼하는 것이 좋을 것 같다"며 결혼 연령의 가이드라인을 제시하는 한편 부족한 노동력을 동원하는 것에 관심을 표명하기도 했다. 이러한 인구 정책은 푸코가 주장했듯 전체 인구를 통제해 개인을 세밀히 지배하려 했던 근대국가의 전형적 특징을 드러낸 것이었다. 근대 '통치의 과학'은 인구의 규칙성, 총체적 사회 구성 및 경제적 효과를 개발하는 데 집중했던 것이다.[2]

인구 정책에서 드러난 생명정치의 기제는 출산을 통해 여성의 신체를 관리하는 것에 집중되었다. 해방 직후부터 북한 정권은 남녀평등의 모토를 내걸며 여성의 사회 참여를 이상화했고, 전후에는 남성 노동력을 대체할 여성의 사회 활동을 장려했다. 1965년 조선민주녀성동맹 제3차 대회에서 김일성은 "우리나라에서 사회주의 경제 건설의 방대한 과업에 비하여 로력이 딸립니다. 한 명의 녀성이라도 더 많이 로동에 참가하면 그만큼 긴장된 로력 사정을 푸는 데 도움이 되는 것은 사실입니다"라고 말하며 여성 노동력을 동원하는 것에 대한 정치적 의도를 숨기지 않았다.[3] 북한 정권은 적당한 수준에서 출산을 장려하면서 여성들의 경제 활동을 유도하며 탁아소 등의 보육시설을 확충하는 데 전력을 기울였다. 따라서 한국전쟁 이후 본격화된 국가의 여성 노동력 통제는 광범위한 탁아 정책 및 아동들의 신체에 대한 지배와 연계되었다. 교육성 기관지《교원신문》은 〈유치원에서의 일과 조직〉에 대해 다음과 같이 주장했다.

> 아동들의 생활에 있어서 옳은 생활표는 아동들이 튼튼하고 견실하게 육체적으로 발전하는 것을 보장할 뿐 아니라 처음으로 집단생활을 하게 되는 아동들을 모든 질서에 관습화시키며 자제自制할 줄 알며 설정된 규칙에 복종하도록 규율성으로 교양하며 문명적이며 위생적인 숙련을 교양하게 된다.[4]

'합리적인 유치원의 하루'를 모형화하는 《교원신문》은 아동보육의 핵심으로 '육체적 관리'뿐만 아니라 질서의 관습화와 자제력을 강조하는 '규율성'을 부각했다. 인구 정책과 사회 동원에 있어 인간의 기본적인 생물학적 특징이 권력의 일반적인 전략의 대상이 된 것이다.[5] 여기서 중요한 것은 이러한 규율성의 확립이 육체에서 의식의 지배로 전이되었다는 점이다. 1950년대 후반 주체사상의 맹아를 중심으로 사상 교양과 아동 훈육의 기제가 강화되었고, 1969년에는 김일성에 의해 '어린이관리책임제'가 도입되기에 이르렀다. 이 제도를 통해 정치사상, 보육, 위생 및 영양관리, 신체단련 등 어린이 보육교양을 위한 총체적이고 세밀한 관리지침이 마련된 것이다.[6] 이러한 체계적인 제도화는 북한이 근대적, 과학적 보육 체계를 강화한 데 따른 결과인 동시에 주체사상을 주입하며 개별 아동들의 육체와 의식을 확고히 지배해나간 과정이라고 할 수 있다. 어린이관리책임제는 위생, 영양, 체육을 통한 아동의 신체 단련을 일차적인 목표로 하면서도 궁극적으로는 신체의 육성을 통해 사상의식을 지배하고자 했다. 이는 새로운 '주체형 공산주의자'를 육성하고자 한 것이었다.[7]

2

과학적 보건위생

북한의 생명정치는 보건위생 개혁에서도 두드러졌다. 해방 이후부터 지속된 북한의 인민보건사업은 '인민들의 복리 증진'을 위한 비전을 제시하며 개인들의 신체를 지배하고 전체 인구를 통제하고자 했다. 건국 초기부터 의료보건사업은 무상치료제, 의사담당구역제 및 예방의학으로 발전해갔고, 여성들의 신체를 통제하고 과학적 보건위생 지식을 확산하는 데 초점을 두었다.

먼저 의료보건과 관련된 신체적 통제 및 과학적 지식의 확산은 인구 정책과 맞물린 여성의 출산문화에서 발견된다. 북한 사회에서는 근대적인 의료 체계를 거부하고 집에서 해산하는 구습이 전후 초까지 남아 있었다. 이러한 상황에서 평안북도 중앙병원 산부인과에서 조산원으로 근무한 정세애는 과학적인 치료와 위생에 익숙하지 못한 산모들의 출산을 돕는 일에 헌신했다. 자신의 어머니 역시 해산 후 질병으로 사망했기 때문에 정세애는 해산한 여성들의 방안을 깨끗이 청소하고 더러워진 옷과 기저귀들을 빨아주는

해방 직후부터 강조된 북한의 보건제도를 선전하는 포스터. 북한의 생명정치에서 인민보건사업은 건국 초기부터 무상치료제, 의사담당구역제 및 예방의학 등으로 나타났고, 개인들의 신체를 통제하고 과학적 보건위생에 관한 지식을 확산하는 데 집중했다.

등 질병 예방과 위생 문제를 해결하는 데 힘을 쏟았다. 실제로 당시 1,500여 명의 조산원들이 각 인민반에 배치되어 낡은 해산문화를 타파하고 새로운 출산, 위생 지식을 전파하는 데 노력했다. 이에 따라 정세애와 같은 조산원들에 대한 주민들의 인식과 해산문화는 서서히 바뀌기 시작했다.[8] 병원과 조산원 등 근대적인 의료 체계에 의한 해산 비율은 1956년 16.1퍼센트에서 1960년 66.4퍼센트로 증가했고 1961년에는 100퍼센트에 이르렀다.[9] 또한 중앙정부는 1954년부터 1956년까지 의사 및 약제사 910명, 준의 및 조제사 2,033명 등 총 3,288명의 보건 인력을 양성했고, 이에 따라 1956년 말 평균 4.8개 리당 1개 정도에 머물렀던 농촌 진료소를 1960년에는 각 리당 1개 정도로 확대할 수 있었다. 국가의 이런 노력으로 1959년 주민 사망률이 1944년 대비 57.7퍼센트로 감소했고 평균수명 역시 일제강점기보다 15년 정도 증가할 수 있었다.[10]

의료보건사업은 광범위한 위생 방역과 질병 예방에 대한 강조로도 이어졌다. 중앙정부는 1954년 4월 13일 내각 지시 제40호 '당면한 위생방역사업을 개선 강화할 데 대하여', 1955년 2월 9일 내각 지시 제9호 '폐지스토마 예방 및 치료 대책을 조직 실시할 데 대하여' 등을 시달하며 주민들의 위생 방역과 질병 예방을 강조하기 시작했다. 이에 따라 지스토마 박멸투쟁에 나선 평안남도 강남군은 환자의 가래를 통한 감염을 막기 위해 각 가정과 군 내 도로 주변에 가래통을 만들어놓았고, 초산군을 비롯한 많은 지역의 주민들은 아침인사로 "물을 끓여 마셨습니까?"라고 말하면서 끓인 물통을 메고 일터로 나가는 문화를 확립했다는 것이다.[11] 실제로 1957년에 비해 1959년 장내성 전염병의 발병률이 56.5퍼센트로 감소한 것은 이러한 노력의 결과였다. 이러한 사업은 국가가 주민들의 일상에서 과학적인 위생 지식을 확산해 '문화혁명'을 일으킨 결과로 설명되었다.[12] 일선 학교에서 '위생 근위대'와 같은 미시 권력의 기제들이 창출된 것, 기층 행정단위인 인민반에서 인민반장 외에 '위생반장'이 중요한 역할을 담당한 것 역시 이러한 배경에서 이해될 수 있다.[13]

의료보건과 위생문화의 개혁은 과거 일제 식민 권력도 중점을 둔 사업으로, 북한의 사회주의 권력 역시 당 차원은 물론 학교, 직장, 인민반 등 사회 전반에서 국가의 문화적 사업으로 강조한 것이었다. 개인의 생명에 밀착해 사회를 합리적으로 지배하려는 근대성의 기제는 의료보건과 위생문화를 통한 생명정치의 영역에서 활성화되었다. 이러한 권력 기제는 일제의 식민 권력은 물론 소비에트 사회주의에서도 강조된 것이었다.

3

산업 경영과 노동 규율

북한의 사회주의 생명정치는 인구의 재생산, 보건위생뿐만 아니라 산업 경영 및 노동 규율에서도 진행되었다. 농업 분야에서는 토지개혁과 농업협동화가 완료됨에 따라 소비에트식 토지의 국유화가 확립되었고 '농업의 과학화'를 통한 생산량 증대가 초미의 관심사가 되었다. 공업 분야에서는 공장, 기업소 등에서 소비에트식 '유일관리제'가 관철되었고, 생산의 과학적 조직화 및 기술공정의 합리화를 통한 대량생산 체제가 지향되었다.[14] 이러한 변화는 기본적으로 소비에트 제도를 반영한 초기 북한의 사회주의 개혁에 힘입은 것이었다. 집단주의적 계획경제와 생산력 우선주의를 추구한 소련은 생산력 증대를 위해 자본주의의 착취 도구라고 비난했던 테일러주의를 도입했고, 유일관리제를 정착시키며 노동에 대한 통제를 강화했다. 사회주의의 산업 경영 및 노동 통제에서도 국가가 개인의 노동을 세밀히 관리, 지배해 집단의 이익을 관철하는 생명정치의 기제가 작동한 것이다.

소련의 노선을 따랐던 북한 역시 사회주의 생명정치의 기제를 김일성의 주체 노선과 연계시키고자 노력했다. 김일성은 1956년 8월 종파사건 이후 중·소의 외압과 정치경제적 위기를 돌파하기 위해 대중 참여와 사상 혁신을 통한 주민 동원을 모색했고 이러한 배경에서 주체 노선에 입각한 각종 군중 운동을 벌였다. 특히 산업 경영 및 노동 통제의 영역에서 김일성이 주창한 대안의 사업 체계가 소련식 유일관리제를 대체함에 따라 수령의 직할 관리에서 대중의 창발성과 노동자의 경영 참여를 강조하기 시작했다. 여기서 대중의 자발성 및 노동에서 생산과 경영의 통합을 강조하는 전략은 김일성의 빨치산 노선을 계승한 것으로,[15] 이는 국가 권력이 노동과 생산의 영역에서 개인을 세밀히 지배해나가는 과정이었다.

또한 생산력 콤플렉스에 시달린 북한은 생산력을 증대하기 위해 소비에트식 테일러주의를 모방하며 생산 합리성과 노동생산성을 제고하는 데 박차를 가했다. 노동시간과 동작에 대한 통제에 기반을 둔 테일러주의는 노동자의 육체를 세밀히 통제하고 노동생산성을 합리적으로 제고하는 전략으로서 산업 경영 및 노동 통제에 근대 생명정치의 기제가 반영된 결과였다. 결과적으로 레닌과 스탈린은 물론 김일성까지도 자본주의의 착취 수단으로 비난했던 테일러주의를 도입하여 노동생산성을 제고하고 생산력을 증대시키려고 한 것이다. 김일성은 1949년 조선 최고인민회의 제2차 회의 총결 연설에서 노동생산성 향상을 위해 '과학적 관리', 즉 테일러주의를 강조한 바 있다.[16] 이러한 과학적 관리를 위해 중앙정부는 "종업원은 범주별 및 로동생산성의 시간적 비교 연구에 의하여 합리적으로 배치 관리할 뿐만 아니라 …… 로동자 특히 숙련공의 류동을 퇴치하고 직장에 고착시키며 로력에서의 정량제를 엄수"할 것을 강조했고, '로력 정량제'를 통한 노동 표준화를 지향했다.[17]

이처럼 전후 북한의 노동 통제 전략은 생산공정의 합리화와 노동 표준화를 지향했고, 생산과 노동의 합리화가 계획경제의 핵심 목표가 되었다. 계획경제하에서 '과학성'은 이러한 경영관리를 위한 중요한 척도가 되었고 세부적으로는 '통계'가 중요한 원칙이 되었다. "통계는 과학적 관리 운영의 중요한 수단"이며 "객관성과 정확성은 통계의 생명"이라는 북한 당국의 주장은 이를 극명하게 보여주는 것이었다.[18] 개별 노동과 전체 생산의 과학적 합리화를 지향한 국가의 계획경제가 개별 노동을 세밀히 통제하여 생산력을 증강시키고 이를 통계의 해부학적 효과로 발산시키려고 했음을 알 수 있다. 그러나 노동의 표준화와 과학적 관리가 생산 현장에서의 노동생산성을 담보하지는 못했다. 인간 노동에 대한 육체적 통제는 정신적 통제를 달성할 때에만 비로소 결실을 이룰 수 있는 것이었다. 따라서 소비에트 테일러주의에서 실패했던 노동 규율의 확립이 주체 노선의 노동 통제에서 중요한 과제로 부상하게 된다. 주체 노선이 심화되면서 북한이 산업 현장에서 시행한 과학적 관리는 점차 노동자들의 사상의식을 확고하게 지배하는 것으로 변화했다. 이러한 맥락에서 북한 정권은 '새로운 공산주의적 인간'을 이상화하며 노동 규율을 강화해갔다.[19]

그러나 항일 빨치산의 전통을 강조하면서 '혁신자' '노력영웅' 등 각종 캠페인을 벌이며 모범을 창출하고자 했던 북한의 산업 경영과 노동 통제는 천리마운동 등에서 일시적인 성과를 거두었음에도 종국엔 계획경제의 구조적 모순과 물질적 인센티브의 부족으로 인해 실패하고 말았다. 특히 태업과 결근 등 노동 규율의 해이와 몰아쳐서 생산량의 실적을 맞추는 '깜빠니아식, 돌격식 방법'은 노동생산성을 해치는 고질적인 문제였다. 소설《용해공들》에서 드러나듯이, 공칭 능력을 무시하고 생산량의 초과 달성에 집착한 결과 생산수단과 기계설비가 파괴되거나 오작동하는 일이 빈번했고 따라서 노동의 합리적 표준화는 정착될 수 없었다.• 북한의 산업 경영에서 사상 혁신을 통한 군중 동원은 단기적인 성과를 내는 데는 성공할 수 있었지만, 계산 가능한 생산 시스템과 인간 노동의 합리적인 표준화를 교란한 결과 궁극적으로는 비효율적인 경제 시스템을 낳게 되었다.

• 리택진,《용해공들》, 문예출판사, 1982. 이 소설은 제철소 작업반장 현대홍을 비롯한 용해공들이 사회주의 건설 과정에서 어떻게 기술 혁신 투쟁을 벌여나갈 것인가를 치열하게 고민하는 모습을 형상화하며 공칭 능력을 뛰어넘는 초과 달성의 영웅을 이상화했다. 그러나 낡은 생산설비에서 공칭 능력을 무리하게 돌파하려는 시도는 설비의 오작동과 파괴 등 역효과를 불러일으켰던 것이 사실이다. 기술 혁신의 문제를 사상과 결합시켜 해결하려 한 소설의 의도에도 불구하고 작품에는 당시 노동생산성과 공칭 능력을 무시한 계획경제의 모순이 그대로 드러나 있다.

4

주체형 인간 만들기

북한의 국가 형성에서 생명정치와 규율 권력의 기제가 가장 활성화된 영역은 '주체형 인간 만들기'를 주도한 학교 교육이었다. '훈육'으로 통했던 일제강점기 보통학교에서도 황국 신민 만들기의 일환으로 학생들의 행동을 통제하고 이러한 통제를 내면화시키는 규율 권력의 기제가 작동했다.• 일제의 유산과 함께 북한의 학교 교육은 1950년대 중반까지 소련식 사회주의 교육에 영향을 받았다. 북한 정권은 1943년 8월 제정된 소련의 학생규칙을 일부 수정하여 1949년 10월 26일 교육성 명의로 조국애 교양, 결석과 지각 방지, 학교장과 교원에 대한 절대 복종, 신체와 의복의 단정, 청결 위생, 출입 통제와 경례, 예절, 음주와 흡연 금지 등의 내용을 담은

• 국내 학계 역시 규율 권력의 측면에서 식민지 근대성을 새롭게 조명한 바 있다. 한국의 식민지 근대성은 황국 신민화를 노린 폭압적인 식민 권력의 측면에서 근대 유럽의 자유주의적, 개인주의적 맥락과 구분될 수밖에 없지만 신체적 규율과 생명 권력을 구사한 측면에서는 서구의 근대성이 보여준 문명화의 기제를 공유했다(김진균·정근식·강이수, 〈일제하 보통학교와 규율〉, 김진균·정근식 편, 《근대주체와 식민지 규율 권력》, 문화과학사, 1997)..

〈학생규칙〉 22개 조항을 공포했다.[20] 식민교육에 이어 소련식 사회주의 교육제도에 의해 초기 북한의 학교 교육은 개별 학생의 신체 통제와 전체 집단의 규율 확립에 초점을 두었던 것이다.

따라서 일제의 유산과 소련의 제도가 결합하여 북한의 학교 교육에서 생명정치의 기제가 두르러지게 되었고 그런 기제가 학생들의 신체를 통제하는 '육체교양사업'에서 구체화되었다.[21] 육체교양사업에서 학생들의 건강에 대한 관심이 고조되었고 각급 학교 단위에서는 다양한 사업과 활동이 진행되었다. 예를 들어, 순천 제1인민학교는 5학년 1반 정기 신체검사표에서 강기봉을 비롯한 몇몇 학생들의 신장이 줄어든 측정 착오를 발견하고 이를 시정하는 '일상적인 지도'를 강조했다.[22] 또한 함경북도 김책군 송중 인민학교 3학년 1반 담임교원 허은하는 학생들의 신체 건강이 학습과 밀접히 관련된 것을 깨닫고 '신체의 규율적 발달'을 교습에 반영하려 노력했고 이런 노력의 일환으로 자신의 반 학생인 김수송과 김명한이 수업시간에 척추를 의자에 똑바로 대지 않고 앉아 척추와 시력에 문제가 생기자 가정방문을 하여 학생들의 학습 습관과 건강을 챙기는 규율적 지도를 수행했다.[23]

학생들에 대한 이런 신체 통제는 근대적, 과학적 지식의 생산과 확산을 통해 정당화될 수 있었다. 보건성 위생선전부는 아동들에 대한 위생 교양이 필요한 이유를 "학교 및 아동기관들에서의 위생교양사업이 옳게 실현됨으로써 학생들의 건강을 보호하며 육체적 발육을 촉진시켜줄 뿐만 아니라 그들의 위생 지식을 높이며 고상한 위생적 관습과 도덕을 소유하게 함으로써 장래 사회주의 사회의 문명화 성원으로 구비하여야 할 품성을 배양"하기 위함이라고 주장했다.[24] 보건위생사업이 추구하는 바는 학생들의 '건강과 육체의 발달'을 위한 '과학적 위생 지식'을 생산하고 이를 위한 '규율적 실천'을 유도하여 궁극적으로는 '사회의 문명화'에 기여하는 것이다. 이러한 지식 확산과 규율화는 위생 실습 및 검열을 기본으로 수업, 개별 담화, 강연, 좌담회 등과 함께 표어, 포스터, 만화, 벽보 및 스케치, 동극, 공연 등 다양한 활동으로 전개되었다.[25] 전후 초기 인민학교 학생이었던 한 탈북자(남, 70)는 전후복구사업 이후 학교 교육에서 괄목할 만한 문화적 변화가 생겼다고 진술했다.

> 일제시대처럼 폭력을 쓴다든지 군사적인 그런 것들은 없었어요. 강압적이라기보다는 신사적으로, 체계적으로 교육시켰다는 거죠. 가령 화장실에 다녀와서 손을 씻어라 하는 것도 그냥 벌을 준다든지 꾸지람하는 게 아니고 훈화시간에, 종례시간에 설명하고 수업시간에 반복하고 그림이나 표어로 만들고 직접 하게 하고 그랬다는 거죠. …… 옷들이야 다 꾀죄죄했지만 그래도 위생 뭐 이런 것들은 확실했어요. 이런 게 다 사회주의 교육으로 통했고 우리도 다 새로운 지식, 문화로 받아들인 거죠.

이 응답자에 따르면, 전후 북한의 학교 교육에서 시설과 교재 등은 낙후했지만 일상의 규율은 철저하게 실천되었다. 또한 학교 교육에서 학생들의 육체와 의식을 통제하는 방식은 강압이 아닌 체계화된 훈육과 과학적 지식의 확산을 통해 관철되었고, 이러한 변화는 하나의 문화적 혁신으로 간주되었다. 따라서 이러한 변화를 통해 학교 교육의 규율이 자연스럽게 사상의식의 개조로 이어질 수 있었다. 학교 교육을 통해 '주체의 인간형' 창조에 나선 김일성은 1977년 발표한 〈사회주의 교육에 관한 테제〉에서 다음과 같이 주장했다.

> 사회주의 교육학의 기본 원리는 사람들을 혁명화, 로동계급화, 공산주의화하는 것이다. 다시 말하여 사람들을 공산주의 혁명사상으로 무장시키며 그에 기초하여 깊은 과학 지식과 건장한 체력을 가지도록 하는 것이다. 혁명적인 사상과 깊은 지식과 건장한 체력은 공산주의적 인간이 반드시 갖추어야 할 풍모이며 자질이다. 사람은 공산주의 사상과 깊은 지식과 건장한 체력을 겸비하여야 참다운 공산주의적 혁명인재로 될 수 있으며 혁명과 건설에 주인답게 참가할 수 있다.[26]

김일성의 주장처럼 공산주의적 인간이 되기 위해서는 '혁명적 사상'과 '과학적 지식' 및 '건장한 체력'을 겸비해야 했다. '건강한 신체에 건전한 정신'이라는 격언처럼 사상 동원을 위해 개인의 체력과 육체를 가꾸는 것은 필수적이었다.

전후 북한에서 활성화되어 꽃을 피운 체육과 스포츠는 이러한 맥락에서 이해할 수 있다. 1955년 12월 7일 《교원신문》은 〈학생들의 건강과 체육 사업〉이라는 사설에서 육체교양사업으로서 체육의 중요성을 역설했다. 건강이 약한 학생은 자신의 지식과 재능을 활용하여 국가에 공헌할 수 없기 때문에 육체 교양이 중요하며, 육체 교양 중 가장 중요한 것이 체육이라는 것이다. 이에 따라 체육 교수지도가 강조되고 정기적인 체육대회 및 학생들의 체력검정이

북한의 세계적인 육상영웅 신금단은 1962년과 1963년 소련에서 열린 국제육상경기대회 800미터, 400미터 종목, 1963년 인도네시아에서 열린 아시아육상경기대회 200미터, 400미터, 800미터 종목 등에서 우승했다. 특히 공인 기록으로 인정받지는 못했지만 1963년에 세계 신기록을 달성했고 1964년 평양에서 열린 전국체육대회 육상 400미터 종목에서 세계 신기록을 수립했다. '경애하는 어버이 수령님의 딸'로서 자신을 소개한 인터뷰로 유명한 신금단은 조선민주주의인민공화국 '인민체육인' 칭호를 수여받았다. 신금단의 기념비적 기록들은 그녀 자신의 탁월한 능력에 기인하는 것이지만, 체육 활동을 전 국민적으로 진작시킨 국가적 노력 역시 간과할 수 없을 것이다. 또한 신금단은 1964년 도쿄올림픽 개막 직전에 한국전쟁 기간 헤어진 아버지와 극적으로 상봉한 것으로도 유명하다. 10분간의 짧은 만남을 마친 신금단이 다시 헤어져야 하는 아버지를 향해 '아바이!'라고 외친 장면이 전 세계로 타전되었고 이를 소재로 해 분단의 아픔을 노래한 황금심의 〈눈물의 신금단〉이라는 노래가 유행하기도 했다.

확대되었다. 무엇보다도 체육 활동은 단순한 유희나 오락이 아니라 '교양적 의의'를 갖는 정규 교과로서 강조되었다. 한 탈북자(남, 72세)는 체육이 몸으로 즐기는 활동이자 하나의 중요한 교과로 자리매김했다고 평가했다. 그는 "직업을 얻고 상급학교에 진학하는 것에 직접적으로 도움을 주는 것은 적지만 학생들 모두가 즐기면서 표준화된 틀에 맞춰 규칙을 배우고 신체를 단련하는 시간"이었다고 기억했다. 국가 사업과 학교 행사에서 체육이 유달리 강조되었고, 학교 교육에서도 체육, 스포츠가 단순히 오락이나 체력 단련에 그치지 않고 모든 학생들이 정례적으로 참여하는 교육이자 심신을 단련하는 실천의 장이 되었다는 것이다. 이에 대해 응답자는 "국가도 일찍부터 육상, 축구, 격투기, 사격 등 스포츠를 강조했고 사회적으로도 체육이 스포츠이자 여가로서 또 주민들이 하나로 뭉칠 수 있는" 장이었다고 설명하고 "이러한 모습은 국가가 학교의 어린 학생들에게까지 세세하게 챙기고 이끌어간 노력이 있었기 때문에 가능"한 것이었다고 주장했다.

따라서 체육은 학생들의 육체적 발육을 돕는 '과학사상성'을 추구하는 교과이지만 궁극적으로는 학생들의 '조직성, 규율성, 집단주의'를 배양하는 사업이 될 수 있었다.[27] 따라서 북한 정권은 체육사업을 '문명의 요구'로 정당화하며 개인의 경계를 넘어서 집단적으로 사업을 확대해갔다. 이로써 1960년 7월 제1차 인민체육대회가 개막되어 학교를 넘어 사회에서 체육의 대중화가 이루어졌다. 1970년대에 이르러서는 이른바 '체육의 전민화'와 '주체체육'이 자리를 잡게 되었다.[28] 1963년 세계적인 육상영웅 신금단의 신화, 1966년 북한의 런던 월드컵 8강 신화, 1972년 뮌헨올림픽 사격영

웅 리호준의 일화 등은 모두 이러한 맥락에서 이해될 수 있는 것
이다.

6장

전체주의의 질곡

6장에서는 숙청, 처벌, 감시, 통제로 이어지는 북한의 얼굴 중 가장 어두운 단면인 전체주의의 모습을 분석한다. 북한은 야누스적 근대성, 문명화, 생명정치 속에서 폭압의 권력을 배태할 수밖에 없었고 이것이 극단화되어 공개처형 등 전근대적인 처벌의 방식으로 이어졌다. 이러한 사회주의 근대성의 명암에 대해 푸코는 몇몇 인터뷰와 짧은 강의에서 굴라크 문제를 언급한 바 있다.[1] 사회주의 문명국을 지향한 소비에트 체제에서 솔제니친의 굴라크 수용소gulag archipelago는 전근대적인 처벌의 기제이면서 동시에 19세기 근대 부르주아적 형벌 체계에서 발전한 양가적인 산물이었다는 것이다.[2] 푸코의 시각에서 굴라크는 폭압적 권력기구의 성격을 띠면서 동시에 규율 권력이 작동하는 근대성을 내포하기도 한다. 5장에서 논의한 바 있는 사회주의 생명정치 역시 이러한 맥락에 있다. 그러나 사회주의 생명정치의 극단적 돌출성은 '국가 인종주의'로 나타났고, 이러한 특성은 기존의 전체주의적 분석과 맞닿아 있다. 근대 이후 폭발하기 시작한 자유주의적 근대성은 국가 인종주의라는 생명정치의 극단화된 결과를 초래했는데, 이것은 주류의 순수성을 보존하기 위해 열등한 인종을 말살하려는 정치적 프로젝트였다.[3] 이런 의미에서 나치만큼 규율적인 권력과 인종적인 생명정치를 행사한 국가도 없었다.[4] 소비에트 시스템에서 사회주의 생명정치를 추구하며 주체의 인간형을 창출하려 했던 북한 역시 전체 인구를 과학적으로 통제하며 주민들을 전방위로 동원하는 가운데 외세와 외세에 기댄 내부 파벌들과 정치적 이방인들을 '열등한 인종'으로 규정해 말살하는 폭압의 권력을 행사했다. 탈북의 물결과 공포정치의 전횡에서 드러난 북한의 사회주의 근대성은 생명 권력의 야누스와 전체주의의 질곡에서 벗어나지 못했던 것이다.

1

전체주의

기존의 북한 연구에서 주류적 입장은 전체주의totalitarianism적 접근에서 비롯되었다.[5] 프리드리히Carl Friedrich와 브레진스키Zbigniew Brzezinski에 따르면, 전체주의 체제는 통일 이데올로기, 일인독재에 의한 유일정당 정치, 비밀경찰 시스템, 독점된 군사력과 커뮤니케이션, 국가계획경제가 상호 지탱하는 하나의 유기체적인 체제를 의미한다.[6] 전체주의적 접근은 거대한 폭력적인 국가가 연약한 사회를 획일적으로 포획한 것으로 바라보며 체제 내에서 개인의 자율성은 거의 존재하지 않는 것으로 평가했다. 스칼라피노Robert Scalapino와 이정식은 북한 연구에서 전체주의적 접근을 채택하며 북한 체제를 '강압과 균일의 유기체적 실체'로 보았고, 김일성과 만주파를 중심으로 한 엘리트적 권력 구성과 소비에트식 정치경제를 체제의 핵심 요소로 평가했다.[7] 매코맥Gavan McCormack 역시 전체주의적 폭력과 식량난의 위기에서도 내구력을 유지하며 붕괴하지 않는 현대 북한의 체제를 평가하면서 유교적 전통과 민족주의적 단결을 과시하는 북한의 독특성을 인정하면서도 이러한 내재적 통합의 힘을 감시 체계가 작동한 '매스게임 사회주의'의 결과로 치부했다.[8] '깡패국가' '불가능한 국가' '범죄국가' 등 북한 정권을 악마화하고 있는 최근의 논리들도 모두 전체주의적 접근에 그 뿌리를 두고 있다.

근대 문명과 합리적 시스템을 도모하면서도 집단주의적 합리성의 이름으로 개별 주체의 자유와 인권을 억압한 측면은 곧 전체주의가 그 기원에서부터 배태할 수밖에 없는 권력의 모습이었다.[9] 이러한 측면에서 전체주의의 인간성 말살은 좌파 지식인들 사이에서도 주요한 비판의 표적이 되었다. 아나키스트 계열 사회주의자였던 오웰George Orwell이 1949년 펴낸 《1984》는 1948년의 뒷자리 연도를 뒤집은 해인 1984년을 전체주의가 최고조에 이른 시점으로 상정하고 쓴 미래 소설이다. 오웰이 《1984》를 구상한 시기가 나치즘과 파시즘이 창궐하고 미·소 간 냉전구도가 움트기 시작한 때였다는 점에서 그리고 이러한 냉전적 전체주의 시스템이 1980년대 들어 극단에 이르렀다는 점에서 그의 소설적 예언은 결코 예사로운 것이 아니었다. 그러나 폴라니와 오웰이 비판하고자 했던 것은 자본주의와 사회주의 모두에서 발견되었던 전체주의의 억압적 시스템이었다.

그럼에도 스탈린의 사회주의나 북한의 사회주의 체제가 드러낸 폭력적 근대성은 간과될 수 없다. 오웰의 소설 《1984》를 각색하여 김창순이 펴낸 《조지 오웰 〈1984년〉의 실체 북한》 역시 오웰의 예언과 맥을 같이하며 1984년 북한의 전체주의적 체제를 비판했다. 김창순의 저서에서 묘사된 북한의 모습은 전지전능한 공산당의 감시와 통제, 숙청, 인간 개조, 역사 날조, 신음하는 주민들의 생활로 이어지는 그야말로 '인간성 말살'의 체제였다.[10] 공교롭게도 1984년은 김정일의 후계구도가 안착되고 부분적인 개혁개방이 이루어지기 시작한 시점으로 오히려 남한의 군부독재가 정점에 오른 시기였다는 사실을 참고한다면 김창순의 극단적인 주장을 모두 수용하기는 어려울 것이다. 그러나 최근 공개처형으로 극단화되고 있는 북한의 전체주의적 폭력을 볼 때 그러한 권력의 씨앗은 국가의 형성기부터 이미 자라나고 있었음을 알 수 있다. 1984년의 체제에서도 어느 정도 그 단초가 발견된 것이다.

2

해방 정국의 사회 통제

해방 이후 북한 정권은 토지개혁과 주요 산업의 국유화를 거쳐 일제 때 형성된 정치경제적 구조를 뒤바꿨을 뿐만 아니라 스탈린 체제를 모델로 해 사회주의 체제를 형성해갔다. 1946년 북한 정권이 단행한 토지개혁은 대다수 지주들이 월남한 덕에 중국과 베트남에 비해 상대적으로 평화롭게 진행되었고 3주라는 짧은 시간에 완료될 수 있었다.[11] '토지를 농민들에게로!'라는 구호와 함께 조선인, 일본인 지주, 자본가 및 식민지 국가의 토지를 몰수해 다수의 빈농들에게 무상으로 분배한 북한의 토지개혁은 큰 저항 없이 성공리에 마무리되었다.[12] 이러한 개혁은 그람시Antonio Gramsci가 헤게모니hegemony라 불렀던 것의 전형적인 예라고 할 수 있을 것이다.[13]

그러나 헤게모니적 권력의 이면에는 소극적인 저항 내지는 정권의 강압적인 동원에 대한 국지적 반발 또한 존재했다. 점령 초기에 소련군의 횡포에 반발한 신의주 학생운동이 일어났고, 토지를 빼앗긴 지주, 부농이나 공산당에게 밀려 숙청된 인사 혹은 남한에서 보낸 간첩들이 국지적이고 소극적인 형태로 저항한 것이다.[14] 함흥시 농민조합 및 공산당 간부 출신 월남민의 증언에 따르면, 이런 이유로 1946년까지 약 25만 명의 정치범들이 시베리아의 강제노동 수용소로 보내졌다고 한다.[15] 이런 주장에는 과장이 섞여 있는 것이 사실이지만, 그럼에도 당시 사회주의 개혁의 이중성을 어느 정도 보여준다. 북한 정권은 헤게모니적 권력으로 빈농들로부터 자발적인 협력과 참여를 이끌어냈으나, 지주, 부농, 기독교 및 민족주의 그룹 등에게는 엄청난 차별과 탄압을 가했다.

먼저 공산당의 연립정권 수립 과정에서 조만식 등 민족주의 계열은 공산주의 그룹과 갈등을 빚으며 결국엔 권력 밖으로 밀려나게 되었고 많은 이들이 감시와 통제를 받아야 했다.[16] 일반 대중들 역시 김일성의 노력에도 불구하고 소련군의 초기 횡포와 공산당의 독선적인 모습에 대해 적지 않게 반감을 갖고 있었다. 이와 관련해 부친의 경미한 친일 경력으로 인해 북한에서 차별과 감시를 받았던 함경남도 태생의 한 월남민은 당시 사회주의 정권의 강압적인 태도가 일반 주민들로부터 지지를 받지 못했다고 회고했다. 다수 빈농들의 지지를 받았으나 토지를 빼앗긴 농민들의 불만이 쌓여 있었고 일반 농민들 역시 1947년부터 시행된 조기 현물세 징수에 대해 강한 거부감을 표출했다는 것이다. 암스트롱의 연구에서도 1950년 학생, 노동자의 북한 정권 지지도가 각각 70퍼센트, 50퍼센트였던 반면 농민의 지지도는 1946년 70퍼센트에서 1950년에 30퍼센트로 급감했던 사실이 드러났다.[17] 적지 않은 월남민들이 일제 식민국가보다 북한 공산당이 더 많은 착취를 했다고 항변하는 것은 이런 이유에서다. 세금징수원으로 활동했던 한 월남민에 따르면, 실제로 일제강점기보다 세금 부담이 크지는 않았지만 추수 전에 예년 비율의 조기 현물세를 징수하고 나서 흉년이 들어 줄어든 손해분을 정부가 보상해주지 않았던 문제가 있었다.

이 같은 초기 헤게모니적 권력의 변화와 함께 전반적인 소비에트 시스템은 북한의 전체주의의 중요한 기반을 이룬다고 볼 수 있다. 특히 스탈린의 외교 정책, 북한의 연립정권 수립 및 사회 통제 시스템의 구축 과정은 스탈린주의를 답습한 것이었다.[18] 예를 들어, 스탈린식 모델을 기반으로 보안 체계를 수립하고자 했던 북한 정권은 1948년에 5만 8,000명의 보안요원을 배출했고,[19] 1950년 강원도 철원군에서는 19명의 보안요원 간부와 빈농, 중농 및 노동자로 구성된 200여 명의 보안요원들이 주민들의 사상 동향을 감시했다.[20] 보안요원들은 공산당, 인민위원회, 대중 조직, 학교, 공장, 병원 등에서 주민들의 일거수일투족을 감시했고, 이러한 감시망은 전체주의적 통치의 효율성을 높이는 데 기여했다.[21] 비판과 자아비판을 행사하는 스탈린식 사상 통제 역시 '입과 입을 통한 소비에트화'의 중요한 기제로 작동했다.[22] 한국전쟁 직전 월남한 한 응답자에 의하면, 정치학습 및 생활총화에서 비판과 자아비판은 거짓말, 과장, 수동적 대응 및 상호 간의 불신과 갈등을 낳았고 공산당에 대한 반감을 증폭했다고 한다. 이러한 분위기에서 당시 어린이들은 〈거만한 공산당〉이라는 동요를 부르며 공산주의 세태를 비판하기도 했다.[23] 당시 북한의 개혁을 지지한 한 사회주의자의 시선에서도 민심을 다 끌어안지 못하는 정권의 한계가 보였던 것이다. 이러한 한계는 전쟁이라는 특수한 상황에서 정당화되었고, 전후 복구 과정에서도 집단주의라는 원칙하에 관철되었다.

3

전후 숙청과 굴라크 체제

해방 정국에서 북한 정권의 개혁은 위로부터의 강압과 아래로부터의 참여가 결합된 초기 형태에서 점차 중앙정부의 강압적 지배가 관철되는 형태로 변화했다. 이러한 변화에서 국가가 개인을 강압적으로 통제하는 전체주의 권력이 작동했고 이것은 전후 북한 사회에서 권력의 중요한 얼굴이 되었다. 스탈린의 소비에트 모델을 이식한 초기 북한의 전체주의적 권력은 내부 파벌과 적대계층을 숙청, 탄압하며 개인의 자유와 권리를 침해했고, 통제 시스템을 구축했다.

한국전쟁의 소용돌이에서 박헌영계의 국내파를 숙청한 김일성과 만주파는 1956년 8월 종파사건에서 연안파와 소련파를 척결한 뒤 1958년 5월 30일 조선로동당 중앙위원회 상무위원회에서 〈반당·반혁명 분자와의 투쟁을 전당적·전 인민적으로 전개할 데 대하여〉라는 결정서를 채택하고, 1960년까지 실시된 '중앙당 집중지도사업'을 통해 라이벌 파벌과 연루된 인사들을 숙청하며 전체 주민들을 대상으로 성분 분류와 감시, 통제 사업을 벌였다. 또한 1966년부터 1970년까지 '주민재등록사업'을 실시함으로써 전 주민을 3대 계급 51계층으로 세분해 주민 통제를 강화했다. 스칼라피노와 이정식에 따르면, 중앙당 집중지도사업을 통해 북한 정권은 약 2,500명의 인사를 감금, 처벌했고 약 8,000세대의 적대계급 가족들을 강제로 이주시켰으며 약 5,500명의 주민들을 강제노동형에 처했다.[24]

숙청과 함께 진행된 주민성분조사는 기본적으로 인구센서스의 방식을 취하며 개인들의 친일, 월남, 간첩, 숙청 경력 등을 파악하는 보안 기능을 담당했다. 국가기관의 기밀문서로 처리된 성분 분류는 국가에 적대적인 주민들을 통제하는 수단으로 활용되었고, 적대계층으로 분류된 주민들은 신분조회에서 '빨간 줄'이 그어지면서 국가기관의 집요한 감시를 받아야 했다. 북한 정권은《조선로동당 력사》에서 "당은 기본군중, 특히 핵심군중과의 사업을 잘하는 동시에 가정 주위환경과 사회정치 생활경위가 복잡한 군중과의 사업을 진공적으로 벌려 그들 모두가 진심으로 당을 믿고 따르도록 하였으며 여기에서 각급 당 조직들과 함께 근로단체들의 역할을 결정적으로 높이도록 하였다"라고 주장하며 적대계층에 대한 통제를 강화했다.[25] 필자가 만난 탈북자들 중 다수는 친일 경력이 있거나 지주, 자본가, 기독교 배경과 연루된 사람들, 해방 정국과 한국전쟁 기간에 월남한 가족을 둔 성원들, 정부 정책에 반기를 들거나 숙청을 당한 사람들, 국군 포로로 끌려왔거나 중국, 일본 등에서 북송선을 타고 이주한 사람들이었다. 이들 모두가 적대계층으로 분류되어 가족 전체가 일생 동안 감시와 차별을 받아야 했다.

이렇듯 북한 정권은 한국전쟁부터 현재에 이르기까지 수많은 인사들을 숙청하며 연좌제에 의거 가족 단위로 처벌하고 통제하는 정책을 펼쳤고, 이들에 대한 수용 시설을 대폭 증가시켜왔다. 김일성 시대에 소수 등장하여 김정일 시대에 확장된 강제노동 수용소는 '사회주의 교정'의 수사 아래 정치범들을 가두고 노역에 동원하며 인권을 유린했다. 2000년대 초반 적어도 20만 명 이상의 주민들이 강제노동 수용소에 감금된 것으로 추정되었고,[26] 2009년에는 평안남도 개천시를 비롯한 6개 지역에 정치범 15만 4,000여 명이 수용된 것으로 추정되었다.[27] 현재 평안남도 개천시, 함경남도 요덕군, 함경북도 화성군, 평안남도 북창군, 함경북도 회령시, 함경북도 청진시에 존재하는 것으로 알려진 북한의 관리소는 요덕 수용소를 제외하고 탈출이나 석방이 불가능한 종신 수용을 원칙으로 하고 있으며, 요덕 관리소의 경우 출소 가능한 '혁명화 구역'과 종신 수용의 '완전 통제구역'을 함께 운영하고 있다. 1975년부터 2002년까지 북창 관리소에 수감되었던 탈북자 김혜숙의 증언에 따르면, 북창 관리소는 전기 철조망에 둘러싸인 탄광지로서 모든 수감자가 기관지병에 시달리며 죽을 때까지 탄광에서 노역을 해야 했다고 한다.[28] 다음은 탈북자 김정해가 북창 관리소에 수용된 경험을 진술한 내용이다.

그게 93년 3월 5일입니다. 큰애가 아장아장 걸어다닐 때였고 둘째는 업고 갔어요. 거기는 순 석탄만 캐요. 북창 화력발전소가 거기서 나오는 탄으로 돌아가는 거예요. 나와 애들 아빠가 교대로 탄광에 나가는데 탄광 문턱에서 딱 만나요. 서로 말할 시간도 없고 집에서 만나지도 못해요. 남편이 환자건 말건 관계가 없어요. 그저 일하다 죽으면 되는 거지요. 그전까지 애들 아빠는 사회 보장만 받고 집에 있으면서 일 한 번 안 해봤는데 거기서는 죽어라고 일을 했어요.[29]

충직한 당원이었던 김정해와 그녀의 가족은 식량난으로 어수선한 분위기에서 우연히 남한 방송을 청취한 것이 발각되어 국사발 4개, 밥사발 4개, 이불 2개를 들고 북창 관리소로 끌려가게 되었다. 이들은 죽을 때까지 기관지병을 앓으며 일해야 하는 북창 관리소를 간신히 탈출한 후 1997년에 한국에 입국해 새로운 삶을 살고 있다. 국군 포로로 북한에 억류되었다가 북창 관리소의 탄광촌에 정착한 남한 출신 탈북자(남, 82세)의 삶은 더욱 비참했다. 그는 경상도 태생으로 자유로운 남한의 삶을 경험했기에 다른 탈북자들과는 삶의 경로가 달랐다. 남한에 아내를 두고 왔지만 어쩔 수 없이 탄광촌 내 정치범 가정의 딸과 혼인을 하게 되었고 삼형제의 자녀도 두게 되었다. 2003년 탈북한 그 역시 탈북 직전까지 성인 가족이 모두 탄광에서 석탄을 캐는 중노동에 시달려야 했다. 그와 아내, 큰아들 모두 폐병을 안은 채 한국에 입국한 것이다. 무엇보다도 그가 가슴 아파했던 것은 자신의 출신 성분으로 인해 아들들이 제대로 교육받지 못하고 성장한 것이었다. 그의 막내아들은 탄광 지역 당 비서의 딸과 연애를 했고 결혼까지 고려했지만 아버지의 성분 때문에 이루어질 수 없었다. 이 일로 아들은 북한을 떠날 때까지 그를 원망했다고 한다.

북창 관리소와 같이 종신 수용을 원칙으로 하는 정치범 수용소

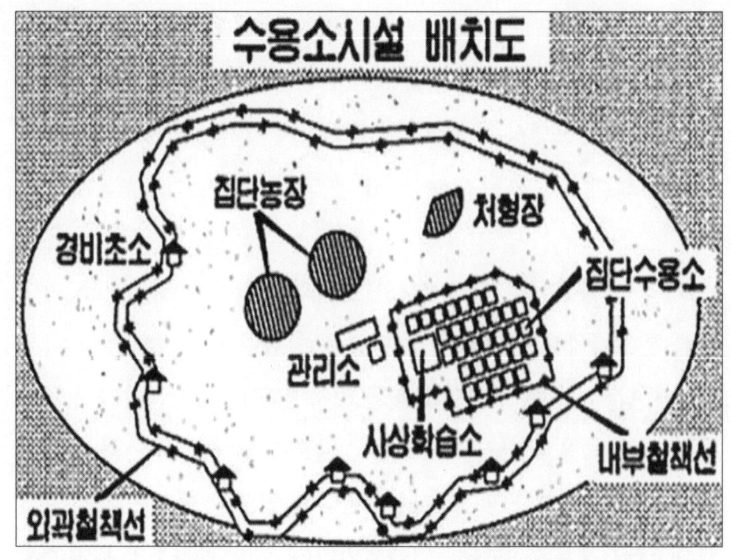

북한의 정치범 수용소의 주요 시설을 나타낸 것으로, 관리소, 집단농장, 집단수용소, 사상학습소, 처형장이 한 마을의 형태를 이룬다. 외부는 경비초소와 함께 전기 철책으로 봉쇄되어 있다.

에서는 석방이 불가능한 것은 물론 죄수들이 심각한 영양실조에 시달리며 하루 12시간 이상의 중노동에 투입된다.• 수감자들은 옥수수 350그램, 염장배추 3줄기 및 약간의 소금만을 배급받는 것으로 알려져 있다.[30] 무엇보다도 죄수가 수용소를 탈출하다가 적발된 경우에는 어김없이 교수형이나 총살형에 처해졌다. 1992년 요덕 관리소를 탈출하여 북한의 정치범 수용소를 세상에 처음 알렸던 강철환은 곤충이나 쥐를 잡아먹고 죽은 동료 죄수의 배식을 대

• 북창 관리소와 같은 수용소에서 정치범들이 일정 정도의 개인 생활을 보장받고 있다는 점은 외부에 부풀려져 알려진 사실과는 거리가 있다. 실제로 탈출을 기도하는 등의 범죄를 저지르지 않는다면 극도의 탄압과 통제는 피할 수 있는 것이다. 더욱이 북창 관리소와 달리 강철환, 김영순 등의 탈북자가 수감되었던 요덕 관리소는 일정 기간의 감금 이후 석방이 가능한 수용소이다.

신 받아 먹거나 총살당한 동료의 소지품을 훔치기에 바빴던 비참한 수용소 생활을 증언하기도 했다.[31] 강철환이 영어로 펴내 2002년 미국《로스앤젤레스 타임스》지의 '올해의 책 베스트 100'에 선정된《평양의 어항Aquariums of Pyongyang》에는 강철환이 어린 시절부터 탈북할 때까지 경험한 내용이 생생하게 묘사되어 있다. 이 수기에서 강철환은 부유한 할아버지 덕에 갖고 있던 금붕어 어항을 보위부 요원들과 싸워가며 요덕 수용소에 간신히 가져올 수 있었지만 결국 강제노역과 굶주림에 치인 상태로 금붕어들이 죽어가는 것을 지켜봐야 했던 어린 시절의 트라우마를 고백하기도 했다.

또한 북한을 탈출하여 1995년 한국에 정착한 탈북자 출신 감독 정성산은 2002년 아버지의 처형 소식을 접한 뒤 강철환, 김영순 등의 수용소 경험을 소재로 하여 2006년 3월 북한의 인권 실태를 고발한 뮤지컬 〈요덕 스토리〉를 무대 위에 올렸다. 〈요덕 스토리〉는 무용수로 각광받던 중앙당 간부의 딸 강연화의 이야기를 다루고 있다. 내용인즉, 어느 날 강연화의 아버지가 간첩이라는 누명을 쓰고 가족과 함께 요덕 수용소로 끌려가게 되는데, 그곳에서 소장 이명수에게 성폭행을 당해 임신하는 비극을 맞게 된다. 이후 이명수는 성폭행 범죄가 밝혀져 소장에서 수감자로 전락하고, 강연화와 이명수가 함께 탈출을 시도하다가 발각되어 자폭하는 것으로 이야기가 끝난다. 이 작품은 탈북자들의 증언과 함께 북한의 인권 실상을 널리 알리는 계기가 되었다.

헤이킨 감독이 1992년부터 2006년까지 북한에서 넘어온 탈북자들의 이야기를 모아 2009년 다큐멘터리로 만든 영화 〈김정일리아Kimjongilia〉 역시 북한의 굴라크 체제를 단적으로 보여주는 실례

영화 〈김정일리아〉(왼쪽)와 뮤지컬 〈요덕 스토리〉(오른쪽)의 포스터. 2009년 헤이킨 감독이 제작하여 2011년 국내에도 개봉된 〈김정일리아〉는 탈북자들의 증언을 토대로 하여 북한의 처벌과 통제의 실상을 고발한 다큐멘터리 영화이다. 〈김정일리아〉는 김정일의 46세 생일을 기념하여 일본 식물학자가 베고니아 꽃을 개량해 선사한 '김정일화'를 의미한다. 또한 탈북자 출신 감독 정성산이 기획한 〈요덕 스토리〉는 강철환, 김영순 등의 수용소 경험을 토대로 만든 뮤지컬이다. 원래 영화 대본으로 제작되었던 이 작품은 2006년 3월 처음 무대에 올려진 뒤 미국에서도 순회공연을 갖는 등 많은 관심을 모았다. 정치범 수용소를 주요 배경으로 주인공 강연화의 평화로운 가정에 닥치는 파란만장한 삶과 죽음을 그린다.

라고 할 수 있다. '김정일화'라는 의미의 다큐멘터리 제목은 아름다운 꽃의 가면을 쓴 북한의 억압 체제와 공포 권력을 생생하게 보여준다. 〈김정일리아〉의 등장인물이자 〈요덕 스토리〉의 주인공 모델인 탈북자 김영순(여, 74)은 필자와의 면접에서 북한의 폭압 정치와 굴라크 체제를 적나라하게 증언했다. 김영순은 중국 태생으로 삼촌 등이 모두 중국내전과 한국전쟁에 참전했고 덕분에 그녀는 평양에서 핵심계층으로 거주하며 김정일의 아내인 성혜림과 함께 무용수로 활동할 수 있었다. 그러던 어느 날 그녀는 북한에서 극비로 통하는 최고 지도자의 사생활을 발설하게 되고, 그 죄로 보위부에 끌려가 조사를 받은 뒤 그녀의 가족 전체가 요덕 수용소로 끌려가게 된다. 수용소에 수감된 후 부모는 굶어 죽고 아들들은 익사하거나 탈출하다 적발되어 총살당하는 비극을 겪어야 했다. 8년 후에야 가까스로 요덕 수용소에서 풀려났으나 북한 정권의 탄압과 감시의 눈길은 피할 수 없었다. 피눈물을 흘리며 북한의 실상을 증언한 그녀에게 '김정일화'의 아름다움은 그야말로 역겨운 가식이자 억누를 수 없는 분노의 대상일 뿐이었다.

4

성분과 감시의 사회

북한 사회에서 드러난 전체주의적 폭압의 정치는 성분 중심의 통제와 감시를 통해 강화되었다. 북한의 사회 통제에서 두드러지는 특징은 가족의 성분이 개인의 정치적, 경제적, 사회적 성공을 좌우한다는 사실에 있다. 한 탈북자(여, 64세)는 친척과 남편이 연이어 숙청당한 여파로 인해 핵심계층에서 적대계층으로 전락했고, 그녀의 남동생은 가족과 집안에 대한 감시와 속박의 굴레에서 벗어나고 싶은 마음에서 딸의 이름을 '행복'으로 지어주었다고 한다. 탈북자 김이쁜 역시 오빠와 형부가 월남한 전력으로 '월남자 가족'이란 꼬리표를 달게 되었고 이 때문에 국군 포로 출신의 남편을 만나기 전 예닐곱 번이나 결혼에 실패했다.[32] 그녀는 "부모들의 토대가 자식들한테 얼마나 커다란 영향을 미치는지 몰라요. 내가 자식을 하나 낳고 보니까 남편이 국군 포로, 소위 남조선의 괴뢰도당이기 때문에 일을 하고 사는 데 어려움이 많았어요. 그래서 나라도 정신 차려야 되겠다는 생각이 들었어요"라고 진술했다.[33] 특히 안전원으로 일하는 남동생의 힘으로 남편이 어렵게 당원이 될 수 있었지만 성분이 좋지 않은 '호박당원'으로 찍혀 인정을 받지도 못했다. 이처럼 당시 북한 사회에서는 가족의 성분이 모든 것을 좌우했고, 성분에 따른 차별과 통제는 집요하고 살벌한 감시를 수반했다. 국군 포로로 잡혀 북한에 43년간 억류되었다가 탈출한 조창호는 그의 자서전《돌아온 사자》에서 다음과 같이 술회했다.

> 북한에서 나같이 국군 포로 출신이면 이 보위부의 눈길에서 아무리 벗어나려고 발버둥을 쳐도 그럴 수 없다. 내가 교화소를 나와서 탈출하기 전까지 30년 동안이나 계속되었던 감시였다. 공산주의 사회란 한 번 눈 밖에 난 사람은 집요하게 그 사회에 어떤 영향도 미치지 못하도록 격리시키는 무서운 감시사회인 것이다.[34]

보위부의 눈길을 피할 수 없었다고 진술한 조창호의 주장에서 알 수 있듯이 북한의 감시는 집요하고 무서운 것이었다. 국군 포로, 남한 출신 등과 같은 적대계층의 성원들은 모두 이런 감시와 탄압 속에서 일생을 보내야 했다. 문제는 아무런 잘못도 없는 가족들까지 부모의 성분에 따라 운명이 결정되었다는 점이다. 적대계층 출신의 젊은 탈북자들 대부분은 어린 시절 부모를 원망하며 성장한다고 한다. 탈북자 이순복은 할아버지와 할머니가 월남한 배경 때문에 평양에서 지방으로 추방당했고, 아버지 역시 토대가 좋지 않아 가족의 삶은 궁핍할 수밖에 없었다. 그래서 이순복 역시 '우리 아버지는 일생에 도움이 안 되는 사람'이라고 생각하며 살았다고 한다.[35] 그러나 대부분의 탈북자들은 중국을 거쳐 한국에 온 뒤 북한 체제와 과거를 되돌아보며 부모의 삶을 이해하게 된다고 이야기했다. 따라서 이들의 삶의 역정을 통해 북한의 현대판 신분제의 폐해를 어렵지 않게 짐작할 수 있다.

성분 중심의 사회에서 성분은 하나의 신분으로 고착되었고 이러한 신분구조하에서 차별과 감시가 이루어졌다. 북한 사회에서 감시 조직은 보위부/안전부의 국가기구, 당과 대중정치 조직, 인민반과 같은 기층 조직으로 구분할 수 있다. 보위부, 안전부의 감시는 주로 고위직 관료들을 대상으로 이루어지며 하층 관료 조직에까지 연결망이 미친다. 또한 당과 대중정치 조직에도 보위부 요원들이 포진해 있으며 자체 당세포들이 감시 기능을 담당하고 있다. 도시의 각 동별, 농촌의 각 조합별로 15~20세대가 참여하는 행정 조직이자 대중들이 일상에서 피부로 느끼는 감시 조직인 인민반에서는 반장, 위생반장 등이 반원의 사상 동향을 감시하고 일상생활을 통제한다. 일반 주민들은 출퇴근, 출장 및 여행 등의 사유가 있을 때 인민반장에게 보고해야 할 의무가 있으며 인민반장은 각 가정의 숟가락 수까지 파악할 정도로 세세한 정보력과 감시의 권한을 갖고 있다. 그러나 더욱 무서운 것은 감시가 보위부 요원이나 인민반장의 수준에서 끝나지 않는다는 사실에 있다. 이러한 북한 사회의 감시망에 대해 한 탈북자는 다음과 같이 술회했다.

> 학교에는 보위부, 안전원들 대신 담당 주재원이 1명이 한다. 동의 분주소에 주재원이 몇 명 있는데 각자 담당구역이 있다. 그래서 그 동안에 있는 학교까지 담당한다. 이 1명이 자기 담당구역의 유치원, 탁아소, 학교, 인민반까지 다 관리한다. 그 많은 것을 1명이 어

떻게 다 감당하는가? 방법은 대중이 바로 주재원이기 때문이다. 대중 중에서 누가 나쁜 짓을 하면 옆의 대중이 바로 주재원에게 통보한다.[36]

북한의 감시 체제가 공포스러운 이유는 공식적인 감시 조직 이외에도 다수의 불특정 대중이 감시할 수 있다는 데 있다. 감시는 일상의 대화, 작업 등 불특정한 모든 시공간에서 가능하다. 누구나 감시의 대상이 될 수 있으며 누구나 다른 대상을 감시할 수 있다. 이러한 감시의 그물망은 가정, 학교, 직장, 사회 조직, 당 등 겹겹이 둘러싸인 형태를 띤다. 기독교 배경의 월남자 가족으로 극심한 차별을 받았던 한 탈북자(여, 71세)는 적대계층이었음에도 불구하고 '쐐기'라는 이름으로 보위부 요원의 협력자로 일할 수 있었다. 감시에는 성분도 필요 없었던 것이다. 그녀에 따르면, 자신의 직장에서 직장 당세포가 전체 직원 4명을 감시하고 또 직원 4명 모두가 서로를 감시했다고 한다. 그녀는 이러한 상호 감시 체계를 '오수부동五獸不動'의 감시 체계라고 불렀다. 쥐, 고양이, 개, 호랑이, 코끼리가 서로 으르렁거리며 어쩔 줄 모르듯 상호 감시 때문에 쉽게 무엇을 하지도 못하며 끊임없이 타인을 의심해야만 했다는 것이다.

이러한 감시 체계에서 소비에트 사회주의의 유산인 비판과 자아비판의 기술은 북한의 전체주의적 통제에 중요한 도구로 활용되었다. 해방 정국 때부터 활성화된 생활총화에서의 비판과 자아비판은 당, 대중 조직, 학교, 직장은 물론 인민반과 강제 수용소에서도 주민들의 여가를 침해하고 사상을 통해 주민들을 옥죄는 기능을 담당했다. 무엇보다도 타인의 꼬투리를 잡아 비판해야 하는 당

위성은 상호 간 오해, 질시, 반목, 거짓과 위증을 남발하며 역기능을 드러냈다. 다수 탈북자들은 이러한 사상총화에 대해 '신경질 났다' '짜증 났다' '피곤했다' 등의 반응을 보였다. 탈북자 강금식은 다음과 같이 진술했다.

> 어느 직장이나 일주일에 한 번은 생활총화를 했어요. 우리 경우는 초기에 자아비판을 주로 했고 나중에는 호상비판을 하게끔 했어요. 그러다보니 서로 감정적인 싸움도 많이 하게 되었지요. 그래서 비판은 해야 되겠고 감정적으로도 상하지 않아야 되겠고 해서 꾀를 냈어요. '이번에는 내가 너의 이런 점을 비판할 테니까 다음번에는 네가 나의 이런 점을 비판하라'고 친구끼리 미리 약속을 해요. 그렇게 해서 생활총화 시간을 넘기기도 해요.[37]

이처럼 북한의 생활총화는 개인의 사상 통제의 수단으로 변질되었고 이 과정에서 많은 주민들은 거짓 대응으로 위기를 모면하는 등 부정적인 대응 양상을 보였다. 그러나 강금식은 "남한에 와서 보니까 북한을 숨도 제대로 못 쉬고 살 정도로 빠듯하게 조직생활을 하는 것으로 알고 있던데 그렇지만은 않아요. 거기도 사람 사는 곳인데 어떻게 그렇게 살겠어요. 북한에 대한 글을 보면 사실이 아닌 것이 많아요. 나도 여기 와서 그런 글을 보고 놀랐어요. 너무 왜곡된 것이 많아요"라고 이야기하며 생활총화 등 북한의 사회 통제를 과장하는 것에 이의를 제기했다.[38] 대개는 서로 잘 통하고 돌봐주며 보듬어준다는 것이다. 하지만 그럼에도 대부분의 주민들이 사생활을 침해하는 생활총화의 역기능을 비판하는 것이 사실이다.

말하자면 전체주의는 이러한 사상 통제와 생존을 위한 일상의 감시 체계 속에서 인간성을 억압하고 개인의 자유와 권리를 위협하는 형태로 발전해왔다. 먹이사슬처럼 얽혀 있는 전체주의적 그물망에서 개인의 육체와 정신은 언제나 감시와 통제의 대상이 되었던 것이다.

김정일의 숨겨진 아내 성혜림의 언니인 성혜랑은 탈북 후에 쓴 자서전에서 북한의 전체주의 체제가 감시와 통제의 기제를 통해 개인의 일상을 효과적으로 지배할 수 있었다고 회고했다.[39] 특히 그녀의 경험은 최고 지도자의 인척이라는 배경에서 형성된 것으로, 누구보다도 정권의 감시와 통제를 처절하게 느낄 수 있었다. 북한 사회에서는 최고 지도자의 사생활을 극비에 부치기 때문에 성혜림의 가족을 언급하는 것 자체가 큰 죄악이 된다. 탈북자 김영순의 비극도 모두 여기서 비롯된 것이었다. 이러한 비극은 성혜림 본인은 물론 그녀의 가족과 인척에게도 영향을 미쳤다. 숨겨진 로열 패밀리로서 성혜림은 지속적인 비밀생활로 인해 1974년 무렵부터 불면증, 신경쇠약증 등에 시달리다가 1996년 스위스를 거쳐 러시아로 이주한 후 2002년 사망한 것으로 알려져 있다. 성혜랑의 아들 리일남은 스위스 제네바 유학생활 중 모스크바를 거쳐 1982년에 한국으로 망명했고 성혜랑과 그녀의 딸 리남옥은 1996년 스위스에서 미국으로 망명했다. 특히 리일남은 한국에서 이한영으로 개명하고 성형수술까지 하며 14년간 침묵을 지키다가 1996년 가족의 탈출 소식을 전해 듣고《대동강 로열 패밀리 서울 잠행 14년》이란 책을 내며 세상에 신분을 드러냈다. 그러나 로열 패밀리의 사생활을 공개하고 북한 체제를 비판한 이한영은 1997년 2월 자신의 아파트 앞에서 북한 공작원들로 추정되는 이들에게 총살당했다. 또한 불행한 가족사로 불우하게 자란 성혜림의 아들 김정남은 어린 시절부터 엇나가 아버지의 눈 밖에 났고, 김정은이 권력을 승계한 이후에는 해외를 떠돌던 중 2017년 말레이시아 국제공항에서 살해당했다.

이처럼 최고 권력자의 어두운 가족사에서도 북한 체제의 전체주의적 속성의 일면을 엿볼 수 있다. 개인의 사생활에까지 침투해 자유를 억압하는 권력의 기제는 일반 주민들의 일상에 모세혈관처럼 뻗어 있는 전체주의의 힘을 여실히 드러낸다. 숙청, 처벌, 감시를 통한 폭압의 권력이 드러낸 북한 사회의 어두운 단면은 사회주의에서 출발해 탈사회주의로 가는 여정에서 북한의 국가 권력이 스스로 잉태하고 발전시킨 자신의 얼굴이었다.

5

공포정치

북한의 전체주의적 폭압은 식량난에 의해 최고조에 이르게 된다. 식량난으로 인해 북한 사회에서는 자본주의적 경제 활동이 움트기 시작해 사회주의적 질서가 아래에서부터 변화하게 되었다. 변화된 환경에서 적지 않은 주민들은 과거의 삶에서 벗어나 새로운 가치관을 형성하거나 혹은 일탈 행위를 벌이며 자신들의 생존을 모색하기에 이르렀다. 결국 사회적 아노미 현상이 두드러지게 나타났고, 국가의 폭력적 통제 역시 강화되었다. 북한 정권은 군대가 당을 이끄는 선군정치를 앞세우며 핵 문제와 내부의 파열 문제를 극복하려 했고, 체제에 도전하거나 이탈하는 주민들을 가혹하게 처벌해왔다. 정치범들을 숙청하고 나아가 식량난으로 굶주린 주민들의 일탈과 범죄를 강하게 응징함으로써 전근대적인 공포정치를 부활시킨 것이다.

식량난 이후 북한 정권은 남한과 연루된 탈북자, 강도 살해자, 존속 살해자, 마약 밀매자, 국가 재산을 절도한 자, 기독교 관련자

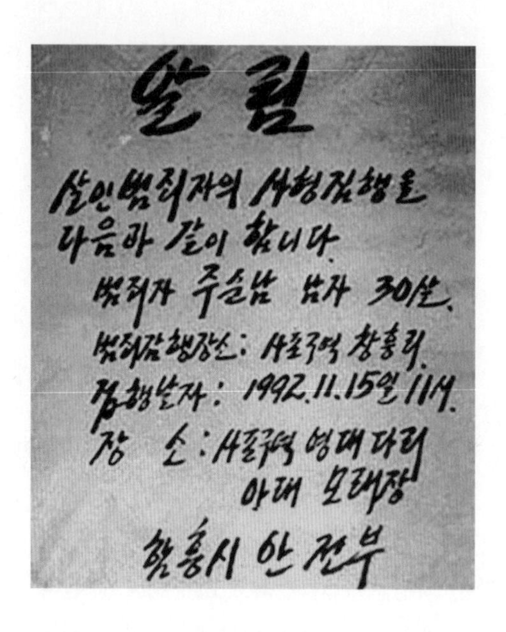

알림

살인범죄자의 사형집행을
다음과 같이 합니다.
범죄자 주순남 남자 30살.
범죄감행장소: 사포구역 창흥리.
집행날자: 1992.11.15일 11시.
장 소: 사포구역 영대다리
아래 모래장

함흥시 안전부

1992년 11월 15일 11시로 집행 예정된 주순남에 대한 함흥시 안전부의 공개처형 공고문. 이날 주순남은 외할아버지를 밀어뜨려 죽인 죄로 공개처형되었다.

및 비리에 연루된 관료들을 대상으로 공개처형을 단행했다. 예를 들어, 인터넷 신문《NK조선》은 1992년 11월 15일 함흥시 사포구역 영대다리에서 공개처형된 주순남에 관한 처형 공고문을 게재한 바 있다.[40] 주순남은 외할아버지에게 술값을 보태달라며 언성을 높이다가 욕을 듣고는 홧김에 밀어 죽인 죄로 총살형에 처해졌다. 예전 같으면 비공개 교수형에 처해질 범죄가 공개처형으로 전환된 것으로, 이는 북한식 공포정치의 시작을 알렸다. 주순남의 공개처형을 목격한 탈북자 김인호는 '죽을 짓을 했으니 죽었겠지'라고 생각하면서도 '사람이 개처럼 죽는구나' 하는 생각에 몸서리쳤다고 했다. 이 기사에 실린 다른 탈북자들의 증언에서도 두부콩을 훔치다가 살인한 청년, 협동농장 소를 몰래 잡아 시장에 내다 판 남자, 수차례 옥수수를 훔친 제대군인, 남의 물건을 빼앗기 위해 달리는 기차 위에서 사람을 밀어 떨어뜨린 탄광노동자, 공장 물건을 몰래 빼돌린 경리 여직원, 전깃줄을 잘라 중국에 내다 판 남녀들, 인민보안원과 결탁해 아편을 밀거래한 사람들의 공개처형 이야기를 확인할 수 있다.

이처럼 일반 주민들의 경우 대부분은 경제난과 관련된 생계형 범죄에 주로 연루되어 있었는데, 살인을 저지르지 않은 단순 절도와 밀무역의 범죄가 공개처형에 처해진 것은 심각한 문제가 있다. 푸코가《감시와 처벌》에서 논한 바 있는 전근대적인 공포정치가 바로 현대 북한에서 재현되고 있는 것이다.[41] 농장 강냉이를 훔치다가 들켜 경비원을 살해한 30세 청년의 공개처형을 목격한 탈북자 여금주는 수천 명의 군중을 모아놓은 가운데 공개처형 현장을 한 번도 본 적 없는 여학생들을 일부러 앞자리에 끌어내어 구경시킨 공권력에 치를 떨었다. 머리, 가슴, 다리에 9발의 총알이 박혀 말뚝에 매달린 죄수의 시체가 앞으로 고꾸라지자 안전부 요원들이 죽은 개를 처리하듯 헌 가마니에 시체를 둘둘 말아 트럭에 싣고 어디론가 갔다는 것이다. 이처럼 북한 정권은 식량난에 의해 촉발된 체제의 이완과 분열에 대응해 군사주의적 통치를 강화하고 전근대적인 처벌의 기제를 부활시킴으로써 주민들을 통제하고 있다. 이러한 공포정치는 일반 주민들에서부터 고위 관료들에 이르기까지 예외 없이 행사된다. 특히 김정은 정권의 공포정치는 권력을 공고화하려는 목적으로 군과 당의 고위직 인사들을 타깃으로 삼고 있다. 대표적으로 2013년 12월 12일 정권의 2인자이자 자신의 고모부인 장성택을 하루아침에 숙청한 사건은 공포정치의 정점을 보여주었다. 이러한 공포정치의 어두운 그림자는 미 의회가 북한의

인권실태를 비판하며 북한을 '현대판 킬링필드'로 부른 계기가 되었다.[42]

7장

극장국가의 명암

7장에서는 북한의 국가 권력이 문화를 활용해 상징적으로 사회를 동원하는 극장국가theater state의 얼굴을 탐색한다. 1970년대 초 영도예술에서 비롯된 북한의 극장국가적 특성은 현재 대내외적 위기를 돌파하며 유격대국가의 자부심을 형상화하는 〈아리랑 축제〉에서 잘 드러난다. 태양민족의 위대함을 설파한 극장국가의 의례와 공연은 21세기의 국가적 위기 상황에서 장관의 권력을 구가하며 주민들을 재결집하고 있다. 식량난과 핵 위기 상황에서 전체주의적 폭압의 기제를 강화하는 한편 의례문화에서 생성된 상징 권력을 통해 유격대국가의 위상을 회복하며 현재의 위기를 돌파하고 있는 것이다.

1

국가와 문화

다양한 얼굴을 한 북한의 국가 권력을 거시와 미시의 연계를 통해 이해해보면, 모순된 복합체로서 북한이라는 국가를 '폭력과 상징의 앙상블'로 평가할 수 있다. 최근 '국가의 인류학'의 흐름은 국가와 사회를 이원화해 이해하는 기존의 국가론을 넘어 국가와 사회의 관계를 문화, 상징의 영역과 교차하는 상호 연계된 실체로 파악한다.[1] 제솝Bob Jessop이 주장한 것처럼 국가의 중요한 특성은 '부분'이면서 '전체'를 이끌어야 하는 역설에 있다.[2] 또한 이러한 역설에 있어서 국가는 사회에 침투해 문화적, 상징적 영역을 확장, 재구성하며 자신을 변화시키는 실체이기도 하다.[3] 이러한 의미에서 국가는 '상징적 생산의 영역'이 되는 것이다.[4] 이것은 국가가 문화를 활용하는 실체이면서도 기어츠Clifford Geertz가 인도 발리의 '극장국가' 분석에서 주장했듯이 문화에 의해 구성되는 실체이기도 하다.• 기어츠의 관점에서 극장국가는 물리적 강제력이 아니라 화려한 의례와 공연의 반복적인 상연에 의해 통치되는 국가이다. 여기에서 왕은 기획자, 사제는 감독, 농민들은 보조 배우이자 관중이 되고, 거대한 화장, 엄숙한 봉헌과 순례, 피를 받치는 제사의 의례 자체가 목표가 되는 동시에 국가를 나타낸다. 이것들은 결코 국가의 정치적 목표를 위한 수단이 아니다.[5] 기어츠가 묘사한 발리의 극장국가는 외형적으로는 피지배계급을 착취하는 억압적인 국가의 모습을 띨 수 있지만 실제 그 내면을 들여다보면 의례문화가 정치 권력과 연계되어 국가와 사회가 유기적으로 통합된 사회의 모습을 하고 있다.

같은 맥락에서 북한의 국가 역시 폭넓은 영역에서 상징과 의례를 재생산하며 지배의 정당성을 확보해왔다고 평가할 수 있다. 대중의례의 상례화를 통해 장관의 정치를 구가하며 체제를 유지해왔기 때문이다. 유례를 찾아볼 수 없는 식량난을 고난의 행군으로 극복하며 '불멸의 태양민족'을 형상화한 〈아리랑 축제〉는 최고 지도자의 기획하에 고위관료, 문화예술 일꾼들이 감독, 연출을 하고 10만 명 이상의 시민, 학생들이 배우이자 엑스트라로 동원된 대중적 공연이자 장관의 파노라마이다. 그러나 이러한 극장국가에 대한 평가는 북한이라는 국가에 대한 평가만큼이나 극과 극으로 갈린다. 매코맥은 북한의 대중의례 체제를 '매스게임 사회주의'로 평가하고 카리스마적 지도자와 그에 대한 절대적 믿음, 이방인에 대한 적대감, 상징적 기념물 제작과 막대한 재원, 사회의 집단적인 참

Clifford Geertz, *Negara: The Theatre State in Nineteenth-Century Bali*, Princeton University Press, 1980, p.13(한국어판:《극장국가 느가라: 19세기 발리의 정치 체제를 통해서 본 권력의 본질》, 김용진 옮김, 눌민, 2017). 기어츠의 '극장국가' 분석을 북한의 사례에 적용한 다음의 책 역시 문화적 의례의 재생산에서 혁명적 카리스마 권력이 어떻게 일상화되었는지를 분석한다. 권헌익·정병호,《극장국가 북한: 카리스마 권력은 어떻게 세습되는가》, 창비, 2013.

여를 통해 구성된 매스게임을 '광적인 종교적 현상'으로 비판했다.[6] 주민들의 자발성은 거의 찾아볼 수 없을뿐더러 대중의례의 종교적 특성 역시 참여를 강요하는 감시 체계에 의한 것이기에 북한의 '매스게임 사회주의'는 주민들의 대량 이탈과 함께 붕괴할 운명이라는 것이다.[7] 이런 맥락에서 유엔 아동기금은 혹독한 훈련으로 외화벌이를 추구하는 북한의 아동학대를 고발하기도 했다. 탈북자 출신 기자 임영선 역시 〈아리랑 축제〉는 진정한 대중적 축제라기보다는 하나의 '사상 교양장'으로 김정일을 위한 국가적 연극이라고 지적한 바 있다. 그러나 강제성이 전혀 없었던 것은 아니지만 주민들 대부분이 국가적 대중의례에 참여하는 것을 영광으로 여겼던 것은 사실이다. 다수의 탈북자들에 따르면, 공연을 위한 훈련은 가혹하거나 강제적이지 않았고, 모든 학생들은 공연에 참여하기 위해 각 지역의 예선 경쟁을 통과해야 하는 등 자발적 노력과 경쟁이 요구되었으며, 최종 선발되어 공연에 참가하는 것 자체를 영광으로 여겼다는 것이다.

가치 평가를 떠나 여기서 중요한 것은 대중의례가 국가적 공연이자 국민적 축제이며 사상 교양을 겨냥한 국가 권력의 상징적 작동으로 이해되어야 한다는 점이다. 축제와 의례에 참여하는 모두가 관객이자 배우가 되는 문화적 통합의 과정은 주민들이 국가 이념을 내면화하는 계기가 되었다. 이러한 문화 변동을 문화가 국가를 만드는 과정으로 표현할 수 있을 것이다. 기어츠는 '모범적인 국가의례의 구심력'과 '국가 구조의 원심력'의 결합을 극장국가의 주요한 특성으로 보았고, 이때 문화적 요소는 중앙에서 밖으로 확산되는 반면 권력적 요소는 주변에서 안으로 확산된다고 평가했다.[8]

2002년 4월 15일 김일성의 90회 생일을 맞아 시작되어 현재까지 이어지고 있는 〈아리랑 축제〉는 한 회 공연당 90일의 대장정을 펼친 세계 최대 규모의 군중체조이자 대중의례이다. 《조선》, 2002년 5호(542호).

극장국가에서 연출된 장관에서 의례 자체는 국가에 의해 주도되며 주변으로 전파되지만, 이 과정에서 상징적인 국가 권력은 아래로부터 만들어져 다시 중앙을 강화한다는 것이다. 하지만 북한의 극장국가는 발리의 그것과는 달리 문화가 국가에 의해 활용되는 측면이 더 강하게 드러난다. 국가가 의례문화에 의해 구성되는 것 못지않게 국가가 의례와 상징을 창출하는 과정 역시 중요한 것이다. 부르디외Pierre Bourdieu가 주장했듯이 국가는 문화적 영역에서 대중 주체들의 인식구조를 형성하며, 주체들의 인식과 실천을 통해 구성되는 상징 권력은 국가 체제를 정당화하며 새로운 구조를 형성할 수 있다.[9] 이러한 과정에서 국가와 문화가 결합하며, 결과적으로 폭력과 상징의 권력이 하나의 앙상블을 이루게 되는 것이다.

2

영도예술과 혁명가극

21세기 북한의 〈아리랑 축제〉에서 극명하게 드러나는 극장국가의 모습은 실제로는 1970년대 초에 등장한 영도예술에서 그 기원을 찾아볼 수 있다. 1960년대 말, 1970년대 초 김정일의 주도하에 유격대국가와 태양민족의 우수성을 형상화한 '혁명가극' 창작이 활성화되었고, 이를 통해 국가 권력을 정당화하는 영도예술이 발전했다. 유격대국가의 권력을 문화적인 관점에서 정당화한 영도예술은 음악, 무용, 연극이 종합된 형태인 가극으로 표출되었고, 그 결과 혁명을 내용으로 한 혁명가극이 꽃을 피웠다.

〈피바다〉 〈꽃 파는 처녀〉 〈당의 참된 딸〉 〈밀림아 이야기하라〉 〈금강산의 노래〉 등으로 이어진 혁명가극은 항일무장투쟁과 계급투쟁을 내용으로 하여 주민들의 사상을 의식화하는 것을 목표로 한 사회주의 예술의 한 장르이다. 이 혁명가극 중 최고봉으로 꼽히는 〈피바다〉는 1936년 항일무장투쟁 당시 김일성이 집필하여 공연한 연극 대본 〈혈해〉를 1960년대 말에 김정일이 각색해 만든 것으로 알려져 있다. '피바다식 혁명가극'이라는 신조어를 만들어낸 이 작품은 1971년에 시작하여 현재까지 거의 30년 동안 1,500회의 공연을 가졌는데, 이는 세계 공연사에서도 극히 이례적인 일로 평가된다. 〈피바다〉는 1969년 북한 조선예술영화 촬영소에서 영화로도 만들어졌고 김정일의 지도 아래 가극으로 개작되어 '피바다 가극단'이 창립되기도 했다. 혁명가극의 효시로 일컬어지는 〈피바다〉는 일제에 의해 남편을 잃은 을남 어머니가 혁명의 진리를 깨닫고 자신의 맏아들을 김일성 부대로 보내며 자신도 직접 항일무장투쟁에 참여하는 내용을 담고 있다.

〈피바다〉와 함께 불후의 고전적 명작으로 불리는 〈꽃 파는 처녀〉는 1원 지폐의 도안으로 쓰일 정도로 유명한 혁명가극이다. 1972년 조선예술영화 촬영소에서 영화로 제작되었고, 피바다 가극단에서 가극으로 만들어졌다. 주인공 꽃분이 일제강점기에 혁명가로 성장해가는 과정을 애절하게 묘사한 이 작품은 김정일이 직접 제작해 김일성과 만주파 원로들에게 작품성을 인정받았고, 그가 수령의 후계자로 인정받은 계기가 되었다고 한다. 특히 평양의 문예지들은 구성 및 배역 선정부터 장면, 노래에 이르기까지 김정일이 직접 공을 들여 창작 활동을 했다고 선전하고 있다.

이외에도 인민군 협주단, 평양예술단이 1970년대 초에 창작한 〈당의 참된 딸〉 〈밀림아 이야기하라〉 〈금강산의 노래〉가 있다. 김정일의 지도 아래 인민군 협주단이 제작한 〈당의 참된 딸〉은 현재까지 총 1,500회 가까이 공연한 작품이다. 이 작품은 한국전쟁 영웅인 북한군 간호사 안영애가 갖은 고난과 시련을 뚫고 자신에게 맡겨진 임무를 수행하다 장렬히 최후를 맞이하는 내용을 담고 있

혁명가극 〈꽃 파는 처녀〉의 한 장면과 이것이 영화화되어 해외로 수출된 DVD 표지. 북한의 3대 혁명가극의 하나이자 불후의 명작으로 꼽히는 〈꽃 파는 처녀〉는 북한의 1원 지폐의 도안으로 쓰일 정도로 유명하다. 주인공 꽃분이 일제강점기 지주의 착취에 대항해 오빠를 따라 혁명가로 성장해가는 과정을 묘사한 이 혁명가극은 김정일이 직접 제작한 것으로, 김일성과 만주파 원로들에게 수령의 후계자로 인정받는 계기가 되었다. 《조선》 1974년 3호(209호).

다. 또한 평양예술단이 창작한 〈밀림아 이야기하라〉는 혁명을 위해 가정과 자신의 생명도 희생하는 항일혁명투사의 정신을 소개하고 있으며, 〈금강산의 노래〉는 이산가족의 이야기를 전달하며 사회주의의 우월성을 선전하고 있다.

북한 정권은 1971년 〈피바다〉, 1972년 〈꽃 파는 처녀〉 등 빨치산의 항일투쟁을 다룬 혁명가극들을 영도예술의 형태로 대중들에게 전파했다. 피바다 가극단 총장인 김수조는 훗날 〈아리랑 축제〉의 연출자가 되기도 했다. 탈북자들에 따르면, 빨치산 혁명가극을 관람하는 것은 북한 주민들의 중요한 여가 중 하나였는데, 이러한 작품들은 민족애를 북돋는 감성의 정치적 기제로 활용되었다고 했다. 더욱이 민족애를 바탕으로 한 감성의 기제가 남한에 와서조차 일정 정도 유지되고 있는 현실을 보면, 북한의 상징 권력을 단지 세뇌의 결과나 폭압의 산물로만 평가할 수 없음을 깨닫게 된다. 유격대국가는 극장국가의 얼굴로 변화하여 '항일 전통의 신성함'을 연출하고, 대중들은 극장국가가 만들어낸 의례와 공연을 즐기며 태양민족의 성원으로서 자부심을 내재화한 것이다. 국가는 상징, 의례, 언어를 활용하며 새로운 이념을 창출함으로써 자신을 더욱 빛나는 실재로 재창조했다.[10]

3

극장국가의 상징적 연출

반제국주의

2002년 시작돼 현재까지 이어지고 있는 〈아리랑 축제〉는 2012년 김일성의 생일 100돌을 기념하며 정점을 찍었다. 1912년에 출생해 1994년 사망한 김일성의 생애는 그 자신의 입장에서 보면 한평생 제국주의와 투쟁한 역사였다고 해도 지나침이 없을 것이다. 일제와 결탁한 지주들의 횡포에서 신음하는 조선인들의 비참한 삶과 이를 혁명의 의지로 극복해가는 과정을 그린 혁명가극 〈꽃 파는 처녀〉에서 묘사되듯, 일제강점기 김일성과 빨치산 대원들의 삶은 일제와의 투쟁 그 자체였다. 100여 명의 대원들을 이끌고 국내로 진공한 보천보전투와 생쌀을 씹어가며 100일간의 고난의 행군을 벌인 항일무장투쟁사는 일제에 칼날을 세운 북한의 자부심이었다. 이러한 자부심은 1948년 조선민주주의인민공화국이 수립된 후 3년에 걸쳐 지속된 민족상잔의 비극을 민족해방전쟁으로 정당화하는 기제가 되었고, 전후에는 민족의 허리를 끊어놓은 미제국주의와 대결하는 원동력이 되었다. 김일성에게 일제와 미제는 조선의 자주성을 짓밟은 '철천지원수'였고, 21세기 북한의 시계 바늘을 거꾸로 돌린 고통과 반목의 역사적 근원이었다. 굶주림에 고향을 등지고 한국에 정착한 후에도 미제와 싸울 수 있는 북한의 핵무기를 자랑스러워하는 탈북자들의 심리는 세뇌의 문제는 별개로 오랜 역사에 걸쳐 형성된 국가와 주민의 통합된 의식 체계를 반영하는 것이다. 이러한 집단 심성이 표출되어 장관의 권력을 형성한 것이 바로 극장국가의 〈아리랑 축제〉이다.

태양과 광명성

소비에트 사회주의의 붕괴를 목격하고 우리식 사회주의와 조선민족제일주의를 내세우며 독자 노선을 확립한 북한은 1992년 헌법 개정에서 주체사상을 유일한 지도 이념으로 내세웠고, 1998년 헌법 개정에서는 1994년 사망한 절대적 지도자 김일성을 기리는 유훈통치를 이념화했다.

> 조선민주주의인민공화국은 위대한 수령 김일성 동지의 사상과 령도를 구현한 주체의 사회주의 조국이다. 위대한 수령 김일성 동지는 조선민주주의인민공화국의 창건자이시며 사회주의 조선의 시조이시다. …… 위대한 수령 김일성 동지는 민족의 태양이시며 조국통일의 구성이시다. …… 조선민주주의인민공화국과 조선 인민은 조선로동당의 령도 밑에 위대한 수령 김일성 동지를 공화국의

영원한 주석으로 높이 모시며 김일성 동지의 사상과 업적을 옹호 고수하고 계승 발전시켜 주체혁명 위업을 끝까지 완성하여 나갈 것이다. 조선민주주의인민공화국 사회주의 헌법은 위대한 수령 김일성 동지의 주체적인 국가 건설 사상과 국가 건설 업적을 법화한 김일성헌법이다.

북한은 1998년 개정된 헌법을 '김일성헌법'으로 명명하고 김일성의 유훈통치를 반영하여 위의 서문을 추가했다. 이 서문에서 김일성은 조선민주주의인민공화국의 창건자, 사회주의 조선의 시조이자 영원한 주석으로 명명되었다. 이는 1992년 아버지 김일성의 송시에 화답한 아들 김정일의 효성을 담고 있기도 하다. 2011년 사망한 김정일 역시 김일성과 함께 영원한 수령으로 불리고 있고, 조선민족은 김일성민족이자 김정일민족으로 명명되고 있다.

결국 〈아리랑 축제〉에 담긴 핵심 내용은 북한의 두 지도자 김일성과 김정일을 숭배하여 민족의 위기를 극복하자는 것이다. 두 지도자는 각각 태양과 광명성으로 상징된다. '태양절'과 '광명성절'의 국가기념일로 절대화된 북한의 권력은 사회에서 군림하며 수많은 역사적 수사, 과장, 왜곡을 낳았다. 일제강점기부터 김일성은 대중 설화와 언론매체에서 '태양' 혹은 '별'로 상징되었고, 김정일은 아버지 김일성에게서 받은 송시에서 '광명성'으로 은유되었다.[11] 백두산 밀영에서 태어난 백두광명성 김정일의 구호나무 이야기는 다분히 도교적 색채를 띠는 제왕 탄생을 연상케 한다.[12] 이런 언술 체계는 영원한 두 수령에 이어 백두혈통의 김정은 체제를 정당화하며 경제 위기를 극복하고 나아갈 강성대국을 희원한 것이다.

성역화와 기념물

항일무장투쟁의 전통을 되살리고 주체사상을 확립하기 위해 북한 정권은 혁명 전통의 성역화와 기념물 건립에 열을 올렸고 이러한 작업들은 현대 극장국가의 무대로 자리매김할 수 있었다. 북한 정권은 1947년 만경대, 1953년 보천보를 혁명전적지와 혁명사적지로 지정하고 성역화했다. 성역화의 효시가 되는 김일성의 생가 만경대는 북한에서 흔히 '혁명의 요람' 또는 '태양의 성지'로 불린다. 이곳은 평양의 중심가에서 서남쪽으로 약 12킬로미터 지점에 있고, 김일성 사후 하루 평균 2만 명 이상이 참배 혹은 관람을 위해 방문하는 것으로 알려져 있다.

또한 북한 정권은 만경대와 보천보를 필두로 1960년대 후반 이후 혁명전적지와 혁명사적지 성역화를 전국으로 확대했고, 1970년대에 무산지구, 만수대, 왕재산, 삼지연 등지에 많은 기념비와 조형물을 건립했다. 1972년에는 김일성의 60회 생일을 맞아 평양에 김일성 동상을 세웠고, 1982년에는 김일성의 70회 생일을 맞아 '주체사상탑'과 '개선문'을 건립했다. 특히 북한의 혁명 전통을 상징하는 조형물인 '혁명열사릉'은 평양의 대성산에 있는데, 여기에 조선민주주의인민공화국 건국의 주역인 혁명 1세대가 안치되어 있다. 이곳은 1954년 대성산 기슭의 미천호 옆에 조성한 혁명렬사묘역을 1975년 조선로동당 창건 30주년을 맞아 전망이 좋은 자리로 옮겨 새로 지은 조형물이다. 1985년 10월 김정일은 평묘 형태의 묘역을 현대식으로 개조하기도 했다. 혁명열사릉의 가장 높은 곳에는 김일성의 아내이자 김정일의 어머니인 김정숙의 대형 묘가 있고,

위. 대동강에 있는 주체사상탑.
김일성 70회 생일을 기념해
1982년 4월 15일 대동강 기슭에
건립되었다.
아래. 금수산 태양궁전에 안치되어
있는 북한의 두 지도자의 형상.
'영원한 수령'으로 숭배되는
두 지도자는 북한 사회에서
태양(김일성)과 광명성(김정일)으로
일컬어지고 있다.

그다음으로 김일성의 숙부 김형권, 동생 김철주 그리고 좌우로 혁명 1세대 인물들(오른쪽으로 김책, 안길, 류경수, 김경석, 최용건, 최현, 왼쪽으로 강건, 최춘국, 오중흡, 최희숙, 김일, 오백룡, 오진우 등)이 안치되어 있다.

극장국가의 혁명 전통을 상징하는 조형물 제작은 1980년대 이후 두 태양의 리더십을 신격화하는 것으로 변화했다. '백두산 밀영'

과 '금수산 태양궁전'이 이를 대표한다. 백두산 밀영은 북한이 김정일의 출생지로 주장하는 곳으로, 양강도 삼지연군에 있다. 북한 정권은 이전부터 삼지연을 혁명사적지로 지정해 성역화했고, 1980년대 이후에는 백두산 밀영의 생가를 복원하여 '백두산 밀영 고향집'으로 부르고 있다. 이와 함께 성역화의 극단으로 평가되는 금수산 태양궁전은 김일성과 김정일의 시신이 안치된 곳으로, 궁전 내부에는 김일성과 김정일의 유품 및 생전에 사용한 물건들이 전시되어 있다.

4

유격대국가의 극장국가화

〈아리랑 축제〉는 2002년 남한의 월드컵 개최에 대한 맞불 작전으로 시작되었다. 2002년 4월 15일 김일성의 90회 생일을 기념하기 위해 시작해 현재까지 이어지고 있으며, 한 회 공연당 90일의 대장정을 펼치는 세계 최대 규모의 군중체조이자 대중의례이다. 〈아리랑 축제〉의 기본 내용은 서장 '아리랑'으로 시작해 1장 '아리랑민족'에서 일제강점기 고난의 민족사와 항일유격투쟁의 신화를 추앙하면서 2장 '선군아리랑', 3장 '아리랑무지개', 4장 '통일아리랑'을 거쳐 5장 '강성부흥아리랑'으로 끝나기까지 김일성, 김정일 두 지도자의 영도력을 칭송하고 21세기 강성대국의 건설을 기원하고 있다.[13] 태양민족과 강성대국을 형상화하는 '아리랑 민족'의 상징작용과 이를 군중의례의 장관으로 구성한 북한의 권력은 정치를 넘어 문화 속에서 주민들과 교감하면서 자신을 정당화한다. 이러한 군중의례는 국가가 전 인민이 단일한 공연을 향유할 수 있게끔 하고 주민들 역시 이러한 공연을 실제로 향유했기 때문에 가능한 것이었다. 다수의 탈북자들이 주장하듯이, 국가에 의한 공연은 종교적 의례처럼 작동했지만 개인 주체들 역시 이러한 의례에 자발적으로 참여하여 자신들의 문화로 재생산하는 과정을 거쳤고 이러한 과정은 다시금 새로운 국가문화를 만들어내며 국가 그 자체를 '숭고한 대상'으로 재탄생시켰다.

국가적 의례의 상례화와 상징적 권력의 창출로 설명되는 극장국가의 분출은 항일무장투쟁의 전통을 정당화한 유격대국가의 힘에서 비롯된 것이다. 유격대국가는 극장국가의 예술정치에 내용을 제공하고 극장국가는 유격대국가의 정통성에 형식을 부여한 것이다.[14] 항일무장투쟁의 역사를 국가적 담론으로 끌어올려 민족국가의 자주성과 우수성을 설파하려 했던 북한의 오랜 시도는 와다의 유격대국가론에서 잘 설명된다. 그러나 와다가 주목했던 것은 정치군사 체제에서 재생산된 유격대 중심의 사회구조였지 주민들의 일상과 의식 체계로 스며든 '아래로부터의 유격대국가'의 모습은 아니었다. 와다는 유격대국가가 극장국가의 특성을 갖는다고 주장하면서도 극장국가가 기본적으로 정태적인 질서에 기반을 두고 있기 때문에 이러한 모습이 북한의 체제와는 부합하지 않는다고 평가했다.[15] 유격대국가의 퍼포먼스가 극장국가의 정형화된 연극이 되어버릴 때 국가 생존에 필요한 역동성을 상실하고 만다는 것이다.[16] 그러나 유격대국가에 대한 와다의 분석 자체도 정태적인 차원에 머물고 있는데, 이를 넘어서 유격대국가가 극장국가화하는 과정에 주목하여 유격대국가가 역동적으로 재구성되는 측면을 분석할 필요가 있다. 이는 와다의 분석이 간과하는 측면인 유격대국가의 사회문화화, 즉 유격대국가가 생성하는 상징 권력을 드러내준다. 김일성과 김정일의 주도하에 항일유격대의 전통이 주민의 삶 곳곳에 스며들어 확산된 것은 유격대국가의 권력이 아래로부터 재생산되고 확산되는 사회적 과정이었다.

다시 말해 유격대국가의 극장국가화는 국가에 의한 신화 창조가 주민들의 신념 체계로 스며드는 사회적 과정을 보여준다. 북한은 만경대, 혁명열사릉 등 김일성을 중심으로 북한 건국의 주역인 빨치산의 혁명을 신성화하는 작업을 진행해왔고, 이러한 유격대국가는 극장국가의 화려한 공연을 통해 역사적 기억을 재구성하며 국가와 사회의 관계에서 세밀하게 짜인 상징 권력의 그물망을 형성해왔다. 문화적 영역과 주민들의 일상에서 확장된 상징 권력을 통해 유격대국가는 자신의 정치적 정당성을 확보할 수 있었다. 기울어가는 유격대국가의 자존심을 회복하고 3대 세습으로 이어진 권력을 정당화하기 위해 기획된 극장국가의 파노라마는 김일성, 김정일의 유격대국가를 계승하여 21세기 강성대국으로 승화되는 '불멸의 태양민족'을 형상화한 것이다. '상징'을 통해 '주권적인 권력의 신성함'을 드러낸 국가적 의례라고 할 수 있을 것이다.[17]

이렇듯 수많은 인명 손실, 탈북의 물결, 숙청과 처벌의 악순환이 서구와 남한의 언론매체에 오르내릴 때 시작된 〈아리랑 축제〉는 민족의 수난사와 두 태양의 리더십을 기리며 불멸의 태양민족과 21세기 강성대국을 이상화한 상징의 향연이었다. 이러한 이상과 상징의 정치는 기아의 현실, 폭압의 정치와 모순적으로 양립하고 있다. 세습 체제의 현실은 '정치적 어버이'를 넘어 '영생의 시조'를 재구성하는 상징의 과정에서 정당화되었고,[18] 경제난의 위기에서 유격대국가의 후신으로 이어져 전체주의적 폭력을 행사한 정규군국가는 21세기 극장국가와 다시 결합되었다.[19] 북한의 유격대국가는 전체주의적 폭력을 행사하면서도 사회에 깊숙이 침투하여 일상에서 주민들과 교섭하며 지배의 정당성을 추구하는 감성과 장관의 정치를 실현했다. 이렇듯 권력의 모순적 공존은 북한 외부의 시각으로는 이해될 수 없는 가상과도 같은 현실일 수 있다. 하지만 이런 모습 자체가 실재와 상상의 얼굴이 '유격대국가의 극장국가화'를 통해 합일되는 과정을 보여준다.[20] 이로써 일견 모순되는 듯한 폭력과 상징, 실재와 상상의 국가가 하나로 합일되는 북한의 모습을 보게 되는 것이다.

김일성의 현지지도 역시 반대파의 도전과 숙청의 도가니에서 국가의 물리적 폭력이 진행되는 가운데 어버이다운 리더십을 아래로부터 강화하는 상징적 과정에서 구축된 것으로, 이는 다시금 폭력과 상징의 앙상블로서 북한의 국가를 상기시킨다.[21] 공개처형의 폭력과 죽어도 살아 있는 찬란한 태양왕의 형상을 중첩시키며 유격대국가 북한은 식량난과 가혹한 처벌의 정치하에서 극장국가의 공연과 의례를 재창조하고 있다. 반북 인사들이 주장하듯이, 모순적인 두 얼굴의 앙상블은 어찌 보면 내적 모순 혹은 외적인 충격에 의해 쉽게 파열될 수도 있다. 그러나 심화된 모순 속에서 그 모순을 재구성하는 북한만의 내재적인 힘에 주목할 필요가 있다. 벼랑끝 전술에서도 '비합리성의 합리성'을 추구하는 북한 나름의 내적 논리가 무엇인지 성찰해야 한다.

8장

경제난의 시련

8장에서는 경제난의 시련을 거치며 변화한 북한 사회의 모습을 분석한다. 유격대국가, 가족국가, 극장국가 등의 얼굴을 드러낸 북한의 체제는 1990년대 중반 주민들의 대량 아사와 탈북 사태를 빚은 식량난이라는 급격한 변화를 맞이하게 되는데, 이로써 북한 체제에 중요한 분기점이 형성된다. 유격대국가의 폭력성이 노골화되고 가족국가의 세포가족이 이탈하면서 철옹성 같은 반미 권력이 이완되기 시작한 것도 모두 이 때문이었다. 이 책의 인터뷰 응답자들 대부분은 식량난 이후에 북한을 탈출했고, 순수하게 경제적인 이유로 탈북한 응답자들이 전체의 반을 차지한다. 8장에서는 경제난의 여파와 함께 변화된 북한의 사회상을 살펴보고, 이런 상황에서 주민들의 삶과 정체성이 어떻게 변화했는지에 주목하고자 한다.

1

식량난

1980년대 이후 북한 경제는 과다한 군비 지출 및 계획경제의 구조적인 한계로 인해 급격한 하강 곡선을 그리고 있었다.• 설상가상으로 1980년대 말 소비에트 체제가 붕괴하고 1994년 김일성이 사망함에 따라 북한은 그야말로 독자 생존의 길을 걸어야 했다. 이에 더해 1990년대 중반 몰아닥친 식량 위기는 수많은 주민들의 삶을 앗아갔다. 한 연구는 1990년대 말부터 2000년대 초반까지 아사한 북한 주민들의 수가 100만 명을 넘어선 것으로 추정하기도 했다.[1] 이러한 현실은 '이밥과 고깃국을 먹으며 비단 옷을 입고 기와집에서 살 수 있을 것'이라는 김일성의 오랜 약속과는 배치되는 것이었

• 북한은 1962년 4대 군사 노선을 공포하며 군사비를 증가시켰고 이 군비 지출이 전체 인민경제의 30~40퍼센트를 차지했던 것으로 알려져 있다. 또한 1970년대에 아프리카 등 제3세계 국가들에 대한 원조를 시행했고 급기야는 1976년부터 남한의 경제에 뒤처지기 시작했다. 각종 김일성 동상 건설은 물론 1982년 개선문 및 주체사상탑 건립, 1989년 세계청년학생축전 경기장 건설, 1987년 시공에 들어갔다가 중단된 105층 류경호텔 건설 등으로 인해 북한의 경제는 1980년대에 급격히 기울었다. 그러다가 1994년에 재해, 기근과 함께 식량난을 맞게 되었다.

거의 완성되어가고 있는 류경호텔의 모습으로 2011년에 촬영된 것이다. 지상 101층, 지하 4층으로 총 105층 건물인 류경호텔은 김일성의 80회 생일을 기념하기 위해 1987년 평양 보통강 구역에서 건설되기 시작했으나 자금과 자재 부족으로 인해 두 차례에 걸쳐 중단되어 현재에 이르고 있다. 한때 류경호텔은 건물의 안정성이 의심되기도 했고, 밤이 되면 노숙자들이 점거하는 곳으로 조롱을 받았다. 북한이 벌인 낭비 경제의 대표적인 실례로 꼽힌다.

다. 한 탈북자에 의하면, 1990년대 중반 정부의 표준 배급량은 급격히 감소했고 이에 따라 시장의 쌀 가격이 1980년대에 비해 거의 서너 배로 뛰었다고 한다. 1997년에 북한을 탈출한 최수련은 당시의 경제 상황을 다음과 같이 진술했다.

> 80년대 중반까지 입쌀 20%에 강냉이 80% 주던 것이 90년대부터는 입쌀 없이 강냉이만 줬죠. 입쌀은 김일성 생일이나 김정일 생일 같은 명절 때나, 그것도 한 끼분을 주었죠. 입쌀을 받았을 적에도 세대주만 입쌀을 먹어보지, 다른 사람은 입쌀밥을 평생 못 먹어봐요. …… 근래에 와서는 식량난은 농촌이 더 심해요. 식량 분배

를 절반으로 깎았거든요. 일 년치를 준다는 게 석 달을 못가요. 죽을 쒀 먹고 아주 아껴도 다섯 달을 못 먹어요. …… 나가서 산에 가서 풀뿌리도 캐고 칡뿌리도 캐고 나무껍질도 베껴서 죽을 쒀 먹고 그렇지 않으면 먼 데로 걸인이 돼서 방랑생활을 하지요. 온 가족이 걸인이 돼서 댕기는 사람들도 많아요. 그러다 참다못하면 집단자살을 하는 거지요. 우리 큰딸도 94년도에 죽었어요. 무산에서 서른여섯 살에 굶어 죽었어요. 그때부터 굶어 죽는 사람들이 있었어요.[2]

최수련의 증언처럼 과도한 군비 지출과 연이은 자연재해 및 기근으로 인해 1980년대부터 북한의 경제는 나락으로 떨어지기 시작했고, 1994년에는 식량난이 닥쳐 굶어 죽어가는 사람들이 급증했다. 배급량이 지속적으로 줄다가 이내 끊기면서 개인들은 스스로 살 길을 찾아야 했고 그렇지 못한 사람들은 아사하거나 자살의 길을 택하게 되었다. 국경 지역의 많은 굶주린 북한 주민들은 풀뿌리와 작물 찌꺼기로 연명하는 경우가 허다했고, 영양실조로 사경을 헤매는 어린아이들의 장면이 남한과 서구의 언론매체에 오르내리기 시작했다. 한 탈북자(여, 72세)는 대부분의 탈북자들이 단지 식량을 구하기 위해 고향을 등지는 것이라고 단언했다. 그녀는 "죽만 먹을 수 있어도 북한을 떠나지 않았을 거예요. 과연 누가 뭣 때문에 정든 자기 고향을 등지겠어요?"라고 반문하기도 했다.

특히 시장 바닥을 떠도는 부모 없는 '꽃제비'의 존재는 비참한 현대 북한의 실상을 적나라하게 보여준다. 혜산시의 경우만 해도 혜산역과 아파트 밑에서 비닐박막을 덮고 사는 꽃제비의 수가

1,000명이 넘는다는 증언이 나왔다.[3] 언론매체에 이미 무수히 노출된 꽃제비의 실체는 식량난 이후 북한이 직면한 위기와 참상을 드러낸다. 한 탈북자는 구술 기록에서 함흥의 꽃제비들이 지어 부른 다음과 같은 노래를 술회했다.

> 아버지란 그 이름 부르고 싶었어요.
> 잠잘 때도 남몰래 눈물도 흘렸어요.
> 우리 아버지 김정일 장군님.
> 아버지 아버지 우리 아버지.
> 부모 없는 아이들은 고아라 하였지만
> 햇빛 안고 사는 우린 고아가 아닙니다.
> 우리 아버지 김정일 원수님.
> 아버지 아버지 우리 아버지.[4]

함흥 역전의 사람들은 꽃제비들이 굶어 죽어가면서도 김정일 장군에 대한 숭배심을 버리지 못한 것에 감복해 이 노래를 들으면서 모두 울었다고 한다. 그러나 식량난이 장기화되며 이러한 충성심 역시 약화되었고, 결국 다수의 주민들은 국가를 뒤로한 채 자신의 살 길을 찾아나서게 되었다.

2

장마당의 등장과 사적 경제 활동

식량난과 함께 북한 사회에서 가장 두드러진 변화는 경제 시스템의 변화라고 할 수 있을 것이다. 무엇보다도 임금 지급과 배급 시스템이 붕괴되어 장마당 등 사적인 경제 활동이 움트기 시작했다. 장마당은 배급이 끊기자 주민들이 살기 위해 자신들의 물건을 내다 팔거나 이윤을 남기기 위해 타지에서 물건을 들여와 팔기 시작하면서 활성화되었다. 한 탈북자는 1994년 식량난이 일자 주민들이 알아서 장사에 나섰다고 진술했다. 식량난 초기만 해도 '우리식 사회주의'를 지키겠다는 주민들의 열의는 상당히 높았고, 배급이 끊겨도 위에 손을 내밀 게 아니라 스스로 살아보자는 분위기가 강했다는 것이다.[5] 그러나 식량난이 지속됨에 따라 이마저도 변화할 수밖에 없었다.

경제난 이후 주민들의 삶의 터전이 된 장마당은 기존의 암시장이 확대된 북한의 시장을 통칭한다. 전국에 약 300개 이상의 상설 시장이 형성된 것으로 알려진 가운데 북한 정권은 1990년대 중반 이후 확산된 장마당에 대해 정책적 필요에 따라 묵인, 양성화하거나 때론 강하게 통제하기도 했다. 원칙적으로 사회주의 국가에서 사적 농산물을 거래하는 것은 금지되어 있지만 식량난에 의해 국가의 배급과 공급이 중단되자 주민들은 자구적 생계 활동의 일환으로 장마당을 활성화했다. 식량 위기로 늘어난 장마당이 통제할 수 없는 수준에 이르자 김정일 정권은 2003년 불법적 장마당을 종합시장으로 개편하여 일부 합법화하는 조치를 강구하기도 했다. 이것은 상설화된 장마당을 일일이 통제할 수 없는 북한 정부의 불가피한 조치인 동시에 시장의 합법화를 통해 시장 임대료와 국가 납부금을 징수하는 등 부족한 재원을 마련하려는 현실적인 조치이기도 했다. 이는 2002년 7월 1일 공포한 '7·1 경제관리개선조치'의 일환으로 진행되었다. 김정일의 지시로 발표된 7·1 조치는 독립채산제 강화 및 공장·기업소의 자율성 확대와 함께 식량, 공산품, 집세, 전력 등 물가 전반을 현실에 맞게 인상하고 식량, 소비재, 주택 등을 무상이 아닌 유상으로 매매하도록 하기 위해 사회 보장 체계와 배급제를 전면적으로 개편한 개혁이었다. 북한 정권은 7·1 조치를 시행하여 계획경제의 틀 내에서 시장경제 기능을 일부 도입하고 경제 위기를 타개하고자 했던 것이다. 그러나 이 조치는 공급부족의 근본적 한계와 급속한 물가 상승으로 인해 경제 혼란을 심화했고, 결과적으로 실패하고 말았다.

이러한 혼란 속에서도 북한 주민들은 생계를 위해 장마당에서 장사와 거래를 이어갔고 토지, 주택 등을 사고팔며 국유화의 제도적 기반을 흔들어놓았다. 이에 북한 정권은 2008년 장마당에서 벌어지는 사적 경제 활동을 '비사회주의의 온상'으로 비난하고 종합

시장을 철폐하기에 이르렀다. 충청도 출신으로 국민학교 2학년 때 집안 사정이 어려워 함경도에 양딸로 와 살게 되었다는 탈북자 최순희는 통제 불가능한 장마당을 다음과 같이 묘사했다.

> 장마당도 꽃제비 장마당이에요. 뭐 좀 조금씩 팔면 꽃제비들이 훔쳐 먹는 장마당이에요. 장마당에 육사그루파와 안전원이 있는데 막 뺏고 하루에 몇 번씩 장마당을 휘둘러놓아 수라장을 만들어요. 육사그루파는 안전원들만으로는 질서 위반자를 다 단속을 못하니까 안전부가 각 직장에 몇 명 내라 해서 안전부 지시를 받게 하는 거예요. …… 안전부가 오늘은 시장에서 중국 옷을 몽땅 회수해라 하면, 그날은 그것을 뺏느라 시장이 뒤집히고 울음판이 벌어져요. 말로는 뺏어서 갖지 않고 국가에 낸다고 하는데, 별난 것 다 뺏어요. 어떤 사람은 안전원에게 얼마 주고 보따리를 찾기도 해요. 그러니까 다 먹자는 거예요.[6]

이 진술에서 나타나듯 당, 보위부, 안전부로 구성된 통합 공안기구의 탄압에도 꽃제비와 장사꾼들이 넘쳐나는 장마당은 사라지지 않았다. 중국 제품은 물론 남한 제품이 유통되는 장마당의 거래를 중앙정부가 쉽게 통제하지 못하게 된 것이다. 꽃제비를 관리하는 927그루빠, 장마당의 자본주의 거래를 단속하는 64그루빠, 비사회주의 풍속을 단속하는 청년동맹 비사그루빠, 한류문화 콘텐츠를 적발하는 109그루빠, 북중 접경지대에서 불법 휴대폰을 단속하는 1110그루빠 등 다양한 공안기구의 활동이 중앙당 지도사업의 일환으로 가동되었지만 장마당의 풀뿌리 자본주의를 근절하지는

2015년 10월 조선로동당 창건 70주년을 맞아 평양에서 기념 공연을 펼치고 있는 모란봉 악단의 모습. 이들 역시 한류의 영향으로 변화된 북한 여성들의 현대화된 패션을 보여준다.

못했다.

다수의 탈북자들 역시 시장을 완전히 없애려는 북한의 조치는 성공하지 못했다고 입을 모았다. 당이 배급을 주지 못하는 상황에서 주민들은 시장 거래를 통해 자신의 삶을 책임지게 되었다. 돈맛을 본 주민들이 자본주의 경제 활동을 터득하게 된 것이다.[7] 실제로 '남편 세대주는 사회주의를 하고 아내는 자본주의를 해야 먹고 산다'는 말이 나올 정도로 경제난 이후 북한 사회에는 커다란 변화가 일었다. 예를 들어, 식량난이 일자 탈북자 안혜경은 양잿물과 쌀 장사를 하며 처녀 사업가로 탈바꿈했다. 나진, 선봉 지역까지 가서 장사를 시도했던 안혜경은 북한이 이미 자본주의 단계로 접어들었다고 평가했다.

북한은 지금 사회주의지만 자본주의로 들어가는 단계라고 생각해요. 장사하는 것도 기초잖아요. 그 기초에서 무엇을 하면 수지가 맞겠는가를 재깍 간파해서 그때그때 바꾸는 거예요. 양잿물, 쌀, 콩기름 장사 중에서 기름 장사할 때 제일 돈을 잘 벌었어요. 북한은 먹고 살기 힘드니까 먹는 장사가 제일 낫겠다고 생각했던 거죠.[8]

이처럼 주민들의 경제생활에서 장사를 통한 자본주의적 흐름은 피할 수 없는 것이었다. 장마당에서 거의 모든 상품이 거래되었고, 거래 참여자도 농민에서 노동자와 일반 주민들로 확대되면서 장마당은 점차 자본주의적 시장의 성격을 띠기 시작했다. 이로써 경제난과 함께 사회주의 중앙 통제의 계획경제와 음성적인 장마당의 자본주의적 흐름이라는 이중적인 경제 체계가 형성되었다.

3

국가 통제의 약화와 사회적 아노미

북한의 극심한 식량난과 대량 아사 사태는 2000년대 초반 들어 소강 국면에 접어들었지만 경제 상황은 크게 호전되지 않았다. 특히 국경 지역은 식량난으로 인해 국가의 배급 체계가 거의 마비되었고 주민들은 장마당에서 장사와 거래에 참여하며 밀수, 국경 도강, 탈북에 자신들의 목숨을 걸었다. 탈북자들에 따르면, 적어도 국경 지역에서는 일부 고위급 관료들을 제외한 주민들 대부분이 아래로부터 음성적으로 성장한 시장의 체계에 적응하고 있다고 한다. 청진, 신의주, 혜산을 중심으로 한 국경 지역의 사회 변화에 대해 분석한 한 연구를 참고하면, 장마당에서 소규모 상품 거래, 국경 밀수, 외화 벌이 등이 활발해졌고, 중국을 통해 중국과 남한의 상품들이 북한으로 쉽게 유입되었다.[9] 1960년대 초 일본에서 이주한 북송 교포 출신 탈북자 부부 역시 2006년 탈북 전까지 일본에 거주하는 친척에게 송금을 받아 중국에서 들여온 삼성 DVD를 통해 남한의 대표적인 인기 드라마 〈올인〉 등을 비밀리에 즐겨 보았다고 한다.

이러한 현상들은 모두 경제난과 함께 한 국가의 약화된 통제력과 이완된 사회 모습을 보여준다. 단적인 예로 과거에 위세를 떨쳤던 인민반장마저도 장마당에 나가 장사를 하는 판국이라 주민들이 이제 인민반장을 맡는 것을 오히려 꺼린다고 한다. 1997년에 탈출한 한 탈북자는 자신이 탈북하기 직전 한 해 동안 인민반에서 생활총화를 한 번도 열지 않았을 정도였다고도 했다. 이러한 상황에서 북한 사회는 식량난으로 인한 범죄와 일탈 행위로 골머리를 앓고 있다. 먼저 여행, 이사, 입학, 취직, 입당, 재판, 수감, 징역 및 탈북 등에서 뇌물이 성행해왔다. 대부분의 탈북자들은 탈북을 위해 가재도구를 팔아 인민반장에게 뇌물을 주고 여행 허가를 받았고, 이후 기차역 관리와 경비초소 근무자들에게 뇌물을 주어 두만강을 건널 수 있었다고 진술했다. 또한 당 국가기관과 학교 등에서 관리, 교사들의 부패 행위가 성행하고 있다. 각종 뇌물을 받아 챙기는 관료들이 증가하는 것은 물론 학교에서도 월급을 받지 못하는 교사들이 학생들의 성적을 올려주거나 추천서를 잘 써주며 부모들에게 뇌물을 받는 행위가 공공연하게 벌어지고 있다는 것이다. 한 인터넷 신문은 당원이 되기 위해서는 1,000달러에서 1만 달러에 달하는 뇌물 상납이 필요하다고 보도했다.[10] 이뿐만 아니라 여성들의 성상납이 비일비재하여 한때 중앙당에서 인사 권한이 있는 당 비서들의 사무실에 있는 침대를 모두 없애라는 지시가 하달된 적도 있다고 했다. 또한 이 신문은 교화소에 간 가족을 구명하기 위해서는 최소 1만 달러를 바쳐야 병보석으로 가석방이 가능하다고 보도했다.

이러한 부조리와 함께 시민사회에서 절도, 강도, 강간, 비행, 살인 등 범죄 현상이 현저하게 증가하고 있다. 탈북자들에 따르면, 식량난에 따른 생계형 단순절도는 물론 강도 행각이 늘어났고 굶주린 군인들의 범죄 역시 만연한 상황이라고 한다. 한 탈북자(남, 78세)는 인민의 모범으로 존경받던 군인들이 식량난과 함께 '인민의 도적'으로 전락했다고 한탄하기도 했다. 또한 다수 탈북자들이 전하기를, 대도시를 중심으로 범죄 조직이 형성되어 암시장에서 생필품을 밀매하고 자릿세를 갈취하고 나아가 보위부, 안전부 등과 부패 고리를 형성하여 담배, 술, 의류, 의약품 등의 밀수에 개입하고 있다. 이러한 범죄 조직은 정부의 통제가 약화된 틈을 타 굶주린 꽃제비들을 모아 앵벌이를 시키며 활동한다. 원산, 함흥 등 항구 및 대도시를 중심으로 증가하고 있는 청소년 절도, 강도, 강간 역시 북한에서 큰 사회문제 중 하나이다. 이러한 비참한 상황은 영아 살해 등으로 극에 달하기도 했다. 한 탈북자(남, 78세)에 따르면, 이웃의 한 여인이 기아에 허덕이다 이웃집 두 살배기 어린아이를 잡아 그 인육을 먹었고 이러한 사실이 보위부에 적발되어 비밀리에 처형당했다고 한다. 믿기 어려운 이 끔찍한 사건은 '현대판 카니발리즘'으로 극단화되고 있는 북한의 현실을 극명하게 보여주는 것이다.

또한 이러한 범죄 현상은 사회적 일탈과 도덕적 타락을 가속화하고 있다. 많은 탈북자들은 경제난 이후 버스에서 제 몸을 가누지 못하는 노인들을 힐난하고 몸을 팔아 돈을 버는 젊은 여성들의 도덕적 타락에 대해 한탄했다. 사회주의 미풍양속, 엄격한 부화방탕죄 처벌 등 높은 도덕성을 요구했던 사회상이 급격히 무너진 것이다. 평양의 음식점에서 남성 동창들끼리 인민학교 동창회를 가졌다는 한 탈북자는 각각 간호사, 교사 등 전문직 여성 파트너를 돈

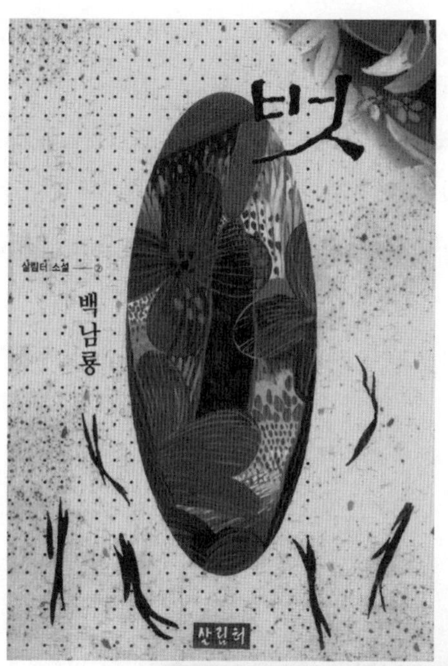

백남룡의 중편소설 《벗》(1988)의 표지(위)와 2001년 북한 TV 드라마 〈가정〉의 한 장면(아래). 2001년 10월 조선중앙텔레비전이 방영한 〈가정〉은 이혼과 가정 문제를 다룬 백남룡의 《벗》을 원작으로 북한 사회에서 금기시된 부부 간 불륜과 갈등을 그린 TV 드라마이다. 당초 10부작으로 제작된 이 드라마는 이혼재판으로까지 치달은 부부 갈등에 대해 결론을 내리지 못한 채 9부로 막을 내렸을 정도로 당시 북한 주민들에게 상당한 충격을 주었다고 한다. 이 드라마의 흥행은 경제난 이후 이완되어가는 북한 가정의 모습을 간접적으로 보여준다.

을 주고 데리고 와 키스 타임을 가지며 놀았던 경험을 자랑 삼아 이야기하기도 했다. 또 다른 탈북자는 신의주 역전에서 월세방을 얻어 남성들을 유혹하여 화대를 받아 생활비를 벌었다고 한다. 더욱 비참한 것은 그녀의 남편은 추운 겨울 아내가 몸을 팔 때 밖에 나가 기다리며 포주나 삐끼 역할을 했다는 사실이다.

마지막으로, 경제난과 함께 세대주 남편 대신 주부들이 보따리 장사에 나서 돈을 버는 것이 보편화되면서 가족의 이산 및 부부간 갈등, 별거, 이혼 등 가정 해체가 사회문제로 부상하고 있다. 여성들이 실질적인 세대주로 활동하면서 성별 분업에 변화가 생기고 가부장적인 남편의 지위에 도전하며 부부싸움을 하거나 이혼을 하는 사례가 증가하고, 돈벌이를 위한 장기적인 외출과 별거로 인해 부부 관계가 소원해져 가정불화가 생기는 경우가 많다는 것이다. 더욱이 집에 남겨진 자식들의 교육 문제는 물론 굶주린 자식들이 꽃제비로 전전하는 것 역시 심각한 상황이다. 북한 정권은 2001년 10월 1988년 출판된 백남룡의 베스트셀러 중편소설 《벗》을 각색한 TV 연속극 〈가정〉을 방영하여 이혼과 가정 문제를 심각하게 다루기도 했다.• 충효를 앞세우며 세포가족의 이탈을 막고 있는 북한 정권 역시 식량난 이후 사회가 이완되고 가족 해체의 위기가 닥쳤음을 느끼고 〈가정〉과 같은 연속극을 방영하며 주민들의 통합과 체제 단속에 나선 것이다.

• 《벗》은 1960년대 이후 북한에서 창작된 작품 중 처음으로 이혼 문제를 다룬 소설로서 부부 갈등, 가정폭력 및 이로 인한 자녀들의 고통을 묘사한 작품이다. 북한은 해방 정국 남녀평등권에서 자유이혼을 보장했으나, 이혼율이 증가하자 1956년 내각결정 제24호에 의거 재판에 의한 이혼만을 인정하고 있다. 경제난 이후 남편의 실직과 가정불화 등의 이유로 이혼이 증가하는 추세이다.

4

경제난과 젠더

식량난으로 인한 북한 사회의 큰 변화들 중 하나는 젠더 문제일 것이다. 여성들의 장사 활동, 성별 분업의 변화, 가족 해체와 탈사회주의적 이완 속에서 기존의 젠더 관계와 질서는 변화할 수밖에 없었고, 이것은 현대 북한의 체제에 큰 영향을 미쳤다. 해방 정국부터 1960년대까지 북한의 여성 정책은 제도적인 면에서 남한의 그것보다 진보적이었고, 북한의 역사에서도 가장 급진적인 개혁을 이루었다고 평가할 수 있다. 그러나 법적, 제도적 개혁에도 불구하고 여성해방 담론은 실질적으로 여성 노동력을 활용하기 위한 책략으로 변화했고, 따라서 전통적인 성별 분업과 남녀 차별 및 여성의 종속적 지위는 변하지 않았다.

이러한 상황은 김일성의 '공산주의 어머니' 담론에서 극명하게 드러났다. 1961년 11월 16일 전국어머니대회에서 김일성은 "모든 녀성들을 공산주의 어머니로, 후세들에 대한 훌륭한 공산주의 교양자로 만들며 그들을 사회주의 건설에 적극적으로 참가하게 하는 것"이 중요한 과업임을 강조하고 여성들이 가정 밖에서 전투적인 산업역군이, 가정 내에서는 후세들을 양육하는 '공산주의 어머니'가 되어야 한다고 역설했다.[11] 이러한 공산주의 어머니 담론은 전후 복구에 시급했던 노동력 부족을 해결하는 과정에서 사회주의 이념과 배치되는 전통적 유산의 딜레마를 극복하기 위해 제기된 것이었다.[12] 따라서 전통적인 성별 분업은 현대화된 형태로 유지될 수 있었고, 여성이 차지하는 지위와 역할은 크게 바뀌지 않았다. 북한 여성들 또한 이러한 위계구조와 사회문화를 내재화하면서 그러한 삶 자체를 당연하고 자랑스러운 것으로 여겼다.[13]

한국여성단체연합 부회장인 이미경은 1992년 9월 북한 방문에 대해 회고하며 나이를 떠나 북한 여성들에게서는 항시 정숙하고 강한 조선 어머니의 냄새가 났다고 진술했다. 현대에 와서도 북한의 여성은 조선의 어머니와 같은 존재였고 이것은 현대판 현모양처 이데올로기를 반영하는 것이었다.[14] 따라서 북한 여성의 정체성은 모성motherhood으로 대표되는 반면 진정한 여성성womanhood의 가치는 부재하게 된 것이다.[15] 가정 내 성별 분업 및 차별뿐 아니라 사회적 공간에서도 여성의 차별과 종속은 불가피했다. 여성의 사회 참여가 증가하고 여성 관리가 늘어났다고 해도, 길거리에서 담배를 피운 여성이 처벌받는 것이 지극히 자연스럽게 여겨질 정도로 문화적 정향에서 남녀 차별의 이데올로기가 팽배했던 것이다.[16] 이러한 분위기에서 '바지를 입지 마라' '길거리에서 담배 피우지 마라' '요리는 여자의 몫이다' '남자와 겸상은 말도 안 된다' '남자 앞을 가로질러 가지 마라' 등 남녀 차별의 담론과 관습이 정당화될 수 있었다. '전통의 재봉건화'로 불릴 수 있는 북한의 젠더 정치는 사적 가부장제가 국가적 가부장제에 용해되는 과정에서 강화되었고, 이러한 과정에서 하위주체subalternity로서 여성들은 젠더화된 질서에 종속되고, 주변화되었던 것이다. 그러나 경제난은 견고한 가부장적 사회구조와 여성의 정체성에 적지 않은 변화를 일으켰다.

'적극적 생산주체'로서의 여성

식량난은 북한 사회의 변화에 가장 큰 영향을 준 요인이었다. 특히 자본주의 및 여성의 삶과 의식의 변화가 두드러졌다. 이 두 변화 양상은 사실상 상호 관련된 것인데, 북한의 풀뿌리 자본주의를 이끈 주체가 바로 중하층 여성들이었기 때문이다. 이에 가족 부양의 실질적인 주체로서 여성들의 역할이 주목받기 시작했고, 하위주체로서 여성들의 삶은 '적극적인 생산자'의 정체성을 보여주었다.

한 연구에 따르면, 북한 여성의 70퍼센트 이상이 장사에 종사하고 있는 것으로 알려졌다.[17] 공장 가동이 중단되고 세대주 남편이 배급을 받지 못해 '집안 멍멍이'로 전락하게 되자 여성들이 실질적인 세대주가 되어 가정의 경제 활동을 이끌었다. 남자들 역시 시키지 않아도 집안일을 거드는 등 가정 내 성별 분업과 위계구도에 변화가 일어났다. 예를 들어, 청진시 여성들에 대한 심층면접 조사에서는 응답자 24명 중 14명이 부부가 공동으로 생계를 책임지는 것으로 나타났고, 가사일에서는 10명의 응답자가 남편과 공동으로 분담했다고 밝혔다.[18] 그러나 경제난으로 인해 엄격한 성별 분업이 이완된 것은 분명한 사실이지만 가정 내 가부장적 질서가 근본적으로 와해된 것은 아니었다. '세대주를 받들어야 한다'는 전통적인 논리를 고수하는 여성들에게서 남편은 여전히 가장으로서 가정을 이끄는 중심이며, 비록 돈을 벌지 못할지라도 기를 펴고 살 수 있게끔 여자가 희생해서 도와주어야 하는 존재인 것이다. 남한에 와서 이혼한 경력이 있는 탈북 여성들조차 북한에서 경험했던 이런 젠더 관계를 내재화하고 있다는 사실이 이를 잘 방증해준다. 이혼한 전남편을 거의 '폭군'으로 묘사한 한 탈북 여성은 이렇게 말했다.

> 북한의 남녀 관계는 조선시대만큼 봉건사회와 다를 바 없어요. 전 물론 그게 싫어서 여기 와서 이혼한 것이고 북에 있을 때도 싫었고 이따금 맞기도 했지만 그래도 사회가 그러니깐 그게 여기서처럼 크게 이상하거나 뭐 그런 건 아니었어요. 때론 내가 잘못하는 건가 하는 생각도 많이 했구요. 아마도 제가 탈북하지 않았다면 싫었어도 전 남편과 같이 살았을 거예요.

남한에 와서 여성성을 회복하고자 했던 이 응답자는 북한에서 젠더화된 하위주체로서의 정체성을 어느 정도 내재화하고 있었다. 이는 분단 반세기 이상 국가 권력이 주조한 젠더화된 사회구조를 반영하는 것이었다. 식량난, 성별 분업의 변화, 가족 해체라는 거대한 충격에도 이러한 사회질서의 근간은 흔들리지 않았던 것이다. 이와 관련해 박경애는 북한 여성의 지위를 세 가지 측면, 즉 재산property, 지위position, 구조force 권력의 측면에서 평가했다.[19] 경제난 이전 북한 여성들은 재산과 지위의 권력에서 일부 진전된 모습을 보였지만, 실제로 세 가지 권력 모두에서 괄목할 만한 개혁이 이루어지지는 못했다. 경제난 이후에는 '적극적인 생산자'로서 적어도 '재산의 권력' 측면에서 큰 변화를 이룬 것이 사실이지만, 지위와 구조의 권력 측면에서 여성은 여전히 무기력한 존재였다. 여성이 돈을 벌어 큰소리를 치고 더 쉽게 이혼할 수 있는 풍조가 생기기는 했지만, 젠더화된 사회의 근본 질서가 바뀌지는 않았다. 아무리 능력이 있어도 여성으로서는 사회에서 할 수 있는 것도 없고, 또한 사회가 그들에게 해주는 것도 없기 때문에 여성의 사회적 지위를 향상시키는 변화는 거의 불가능했다.[20]

이처럼 경제난 이후 여성이 경제적 가장으로 등장하면서 가정 내 성별 분업에서 변화가 나타났지만, 아내와 남편 사이의 권력 관계는 근본적으로 바뀔 수 없었고 가정과 사회의 가부장적 질서 역시 변화하지 못했다. 따라서 경제난 이후 증가한 여성의 경제 활동은 사실상 여성 자신의 자아실현과는 거리가 먼 생계 유지를 위한 불가피한 선택으로 보아야 할 것이다. 하지만 그럼에도 이러한 불가피한 선택이 이후 북한 여성들의 삶과 의식의 변화에 중대한 영향을 끼쳤다는 점은 부정할 수 없다.

9장

탈북과 한국 정착

1990년대 이후 북한의 식량 위기는 동북아시아에 수많은 탈북 난민을 양산해왔고 이들 대부분은 한국으로 이주하기 위해 부단히 노력했다.* 2017년 현재 약 3만 명의 북한 이탈 주민들이 한국 사회에 정착하고 있다. 대한민국 헌법 제3조에 명시되어 있듯이 한국 정부는 북한을 대한민국의 일부로 규정하고 있으며, 이에 따라 한국에 입국하는 탈북자들은 한국의 법적 시민권을 부여받고 있다. 그러나 법적, 정치적 시민권의 문제와는 별개로 탈북자들은 국가와 개인의 상호작용 측면에서 더 복잡한 사회적 과정을 거치며 실질적인 한국 시민이 된다. 혈통을 중심으로 한 법적 시민권과 별개

---

* 현재 유엔난민기구(United Nations High Commissioner for Refugees)가 관심을 두고 있는 전 세계의 난민 수는 1,000만 명을 넘어선 것으로 알려져 있다. 2013년 유엔난민기구의 집계에 따르면, 난민의 범주에 포함될 수 있는 탈북자 수는 1,542명이었고, 이 중 법적인 보호를 받는 난민의 수는 1,052명이었다. 현재 국제법상 탈북자들은 유엔난민기구가 포괄적으로 정의하는 '위임난민(mandate refugees)'의 지위를 갖고 있지만 이러한 지위는 실제적인 법적 효력이 없을뿐더러 각국의 이해관계의 영향을 받아 불안정한 상태를 유지하고 있다.

로 실제 현실에서 탈북자들의 사회적 시민권은 다양한 방식에서 변화하고 있는 것이다.

냉전에 기반을 둔 남북 관계가 지배적이었던 1990년대 초반까지 한국 정부는 '자유귀순용사'로서 탈북자들을 정치적으로 환영하는 정책을 펼쳤지만, 그 이면에서는 '괴뢰 적성국가'의 국민에 대한 감시와 통제를 병행했다. 그러나 식량난 이후 급증한 탈북자들에 대한 한국 정부의 거버넌스governance에 중요한 변화가 일었다. 1990년대 중반 이후부터 현재에 이르기까지 탈북자들에 대한 경제적 보상은 계속 축소되었지만 대신 정부와 시민사회의 협력 체계를 바탕으로 탈북자들의 자립적 정착을 지원하는 거버넌스가 새롭게 모색되었다. 소수의 정치적 망명자들에 대한 기존의 보안기관 중심의 하향식 지배 방식에서 벗어나 정부-시민사회의 확장된 네트워크 안에서 탈북자 개인의 삶을 관리하는 미시적 규율의 방식으로 전환한 것이다.[1] 9장에서는 이러한 거버넌스하에서 한국 사회에 정착한 탈북자들의 정체성을 동화, 통합, 혼돈, 저항의 네 가지 유형으로 구분하여 분석한다.

1

시민권과 정체성

브루베이커Rogers Brubaker는 시민권의 정치를 '이해interests의 정치'보다는 '정체성identity의 정치'로 바라보았다.[2] 시민권의 정치는 정치경제적 이해관계에 따라 변화하는 것이라기보다는 개인들의 집합적인 소속감과 문화적 실천으로 규정되는 국민성nationhood에 의해 좌우된다는 것이다. 역사적으로 한국인들은 순수한 혈통의 단일민족 신화를 고유의 전통적 가치로 존중했고, 이러한 국민적 가치는 국적과 시민권의 혈통 중심적 규정에도 그대로 반영되었다. 그러나 1999년 8월 제정된 '재외동포 출입국과 법적 지위에 관한 법률'에서 드러나듯이, 최근 한국의 시민권의 정치는 정체성의 정치를 근본으로 하면서도 정치경제적인 이해의 정치를 반영하고 있다.[3] 이 법안에서 조선족을 법률적 국민의 범주에서 제외한 것이 그 대표적인 예가 될 수 있다.

탈북자들의 시민권은 법적인 측면에서는 다르지만 실질적인 사회적 시민권의 차원에서는 조선족과 크게 다르다고 볼 수 없는 실정이다. 한국의 탈북자 정책은 동일한 법적 시민권을 부여하는 혈통주의적 정체성의 정치에 기반을 두지만 변화한 남북 관계와 급증한 탈북자에 따른 경제적 비용으로 인해 정체성의 정치와 정치경제적 이해의 정치를 동시에 고려하고 있다. 따라서 탈북자들은 형식적인 법적 시민권을 부여받았음에도 사회적 시민권을 온전히 보장받지 못하고 있으며 실질적인 시민권의 이원화된 불일치를 경험하고 있다. 이러한 현상은 시민권의 정치가 단지 고정된 법적, 제도적 차원을 넘어서 이해의 정치와 정체성의 정치가 맞물린 하나의 사회적 과정으로 이해되어야 함을 보여주는 것이다.

일찍이 마셜Thomas Marshall은 시민권을 "완전한 사회의 구성원으로 인정되는 권리"로 정의한 바 있다.[4] 마셜은 현대 복지국가가 부여하는 사회적 권리에 의해 시민사회의 불평등이 극복되고 사회의 통합이 달성될 수 있을 것이라고 보았다. 그러나 '자유주의적 시민권'의 개념은 시민권이 사회경제적인 변화에 의해 쉽게 영향을 받는다는 점에서 문제가 된다.[5] 이주 집단 혹은 난민 집단은 주류 사회에서 배제되고, 이러한 맥락에서 소수 집단의 사회적 권리가 위협받기 때문이다. 다문화적 소수 집단의 권리를 옹호하는 '문화적 시민권' 개념은 이런 점에서 한국 사회에 정착하고 있는 탈북자 집단의 소외된 상황과 지위를 설명하는 데 유용할 수 있다.[6] 그러나 '문화적 시민권' 혹은 '다문화주의 시민권'의 개념 역시 평등주의에 입각해 소수 집단의 권리와 지위를 보장하는 것에 치중했을 뿐 주류와 비주류 혹은 국가와 개인 사이의 교섭 과정에서 형성되는 시민권의 모습에는 주목하지 못했다. 따라서 소수자 집단에 대한 주류 사회의 수용과 배제의 논리를 넘어서 개인 주체들의 적극적인 실천과 교섭 과정에 주목할 필요가 있다.

이때 시민권의 정치를 지위 혹은 권리의 고정된 틀이 아니라 이를 포괄하는 국가와 개인 주체의 상호작용에서 재구성되는 복합적인 정체성의 정치로 평가하는 것이 중요하다. 이러한 배경에서 옹Aihwa Ong은 "시민권이란 감시, 규율, 통제, 행정의 전략을 통한 동의의 기제들과 함께 주체적인 정체성의 형성self-making과 집단적인 정체성의 형성being-made이 맞물려 형성되는 것으로서 푸코적인 의미에서 주체화subjectification의 문화적 과정"이라고 설명했다.[7] 시민을 만드는 과정은 국가와 시민사회의 관계에서 다양한 주체의 정체성이 구성, 재구성되는 과정에 위치한다. 이로써 시민권의 정치는 법적, 정치적 권리에서 경제적, 사회적, 문화적 권리로 그리고 위로부터의 권리에서 아래로부터의 정체성의 개념으로 발전하는 것이다. 이런 관점에서 소수자 집단 주체들은 국가의 거버넌스를 실천하면서 자신들의 사회문화적 경계를 교섭, 확장하는 적극적인 행위자가 될 수 있으며 반드시 국가나 주류 사회의 피해자로만 인식되지는 않는다. 이러한 시각은 한국의 규율적인 거버넌스에서 분화되는 탈북자들의 다양한 정체성을 설명하는 이론적 기반을 제공해준다.•

• 기존 연구들은 남한과 북한, 성공한 자본주의와 실패한 사회주의, 부와 빈곤, 자유와 속박이라는 대립적인 이항 관계 속에서 탈북자 집단을 관찰해왔다. 이런 관점에서 기존 연구들은 탈북자들의 적응/부적응 양태나 사회문화적 차이 혹은 한국 사회의 차별과 구별짓기 등을 주요 이슈로 다루었다. 그러나 탈북자들의 정체성 변화는 단순히 부적응의 측면에서만 평가되는 것이 아니라 적극적인 삶을 개척하는 '자율적인 행위자'의 관점에서도 이해할 수 있다(이희영, 〈새로운 시민의 참여와 인정투쟁: 북한이탈주민의 정체성 구성에 대한 구술 사례연구〉, 《한국사회학》 44집 1호, 한국사회학회, 2010년 2월; Hae Yeon Choo, "Gendered Modernity and Ethnicized Citizenship: North Korean Settlers in Contemporary South Korea", *Gender and Society* Vol.20, No.5, 2006).

2

한국의 탈북자 정책

식량난이 가중되자 북한 주민들은 식량을 구하기 위해 국경을 넘나들었고 이들 중 적지 않은 수가 중국 또는 제3국을 경유하여 한국으로 탈출해왔다. 중국 내 탈북 난민들 1,346명에 대한 서베이 연구 결과에 따르면, 전체 응답자 1,248명 중 802명이 남한으로 이주해 정착하기를 원하는 것으로 드러나기도 했다.[8] 그러나 2011년 통계 결과에 의하면, 2,376명의 탈북자들이 한국에 입국한 반면 나머지 1,194명의 탈북자들은 미국과 유럽 등 다른 선진국으로 망명한 것으로 드러났다.[9] 과거와 달리 서구 선진국에서 경제적 풍요를 꿈꾸는 탈북자들이 증가하고 있으며, 이는 한국의 탈북자 지원 감소와 민족 차별에 등을 돌리고 있는 탈북자들의 현주소를 보여주는 것이기도 하다.

1990년대 초반까지 한국 정부는 이데올로기적인 선전 수단으로 탈북자들을 '귀순용사'로 환영하는 정책을 펼쳤다. 실제로 1960년대 귀순자들 중 약 72퍼센트가 정치적, 이데올로기적인 이유로 북한을 탈출한 것으로 평가되었다.[10] 1962년 한국 정부는 법률 제1053호 '국가유공자 및 월남귀순자 특별원호법'을 제정했고 이 법에 따라 탈북자들의 주거와 생활비 등 정착에 있어서 특혜를 보장했다. 1978년에는 법률 제3156호 '월남귀순용사 특별법'을 제정하여 귀순한 소수의 탈북자들에게 금전적 보상 및 주거, 차량, 교육에 관한 여러 특혜를 부여했다. 예를 들어, 1983년 2월 25일 미그 19기를 몰고 귀순한 북한 조종사 리웅평 상위는 개별 보상금과 전투기 보상금을 합쳐 15억여 원의 보상금과 고급 아파트 및 여러 특혜를 보장받았다.

그러나 냉전에 기반을 둔 남북한의 대립 관계가 청산되고 1990년대 이후부터 탈북자 수가 급증함에 따라 이들의 정치적 유용성은 감소하기 시작했다. 탈북자들의 지위가 '정치적 망명자'보다는 '경제적인 난민'으로 그 성격이 변화한 것이다. 이러한 배경에서 1993년 한국 정부는 1978년 제정된 특별법을 개정해 탈북자 문제를 관할하는 주무 부처를 국가보훈처에서 보건복지부로 이관했다. 또한 귀순자를 '국가유공자'에서 생활 능력이 결여된 '생활보호대상자'로 격하했고, 탈북자들을 위한 정착금을 하향 조정하는 등 지원 규모를 대폭 축소해왔다. 그러나 탈북자들의 정착 지원에 관한 정책은 좀 더 효율적인 방식을 추구했는데, 이를 잘 보여주는 것이 1997년 법률 제5259호로 제정, 공포된 '북한이탈주민의 보호 및 정착지원에 관한 법률'이다. 탈북자들에 대한 '보호'와 '지원'을 강조하는 이 법률에서 주목할 만한 것은 정부가 시민사회와의 협력적인 거버넌스 시스템을 제도적으로 마련했다는 점이다. 이 법률을 통해 탈북자 교육을 담당하는 정부 보조기관 '하나원'을 설립했고, 정부와 민간단체의 협력기관인 '북한이탈주민후원회'를 설립하여 사회 보장, 고용 촉진, 교육 문제 등을 위한 다양한 지원 프로그램을 시행했다. 이로써 한국 정부는 탈북자들에 대한 단순한 금전적 보상 방식에서 벗어나 사회 적응 상담, 직업 훈련 등을 통해 탈북자들의 '자활 능력'을 배양하는 정책을 모색했다.

3

한국인과 탈북자

1978년 제정된 한국 정부의 '월남귀순용사 특별법'은 조선민주주의인민공화국을 '북괴'로 규정했다. 따라서 특별법에 의거 귀순용사들은 '자유투사'로서 정치적인 환대를 받고 경제적인 특권을 누렸지만, 다른 한편으로는 '북괴'의 세뇌된 주민으로서 사상적인 감시와 통제 대상이 되었다. 안전기획부 요원으로 활동했던 한 응답자는 정치적 귀순자들의 일거수일투족을 감시하며 보호라는 명목으로 귀순자들의 사생활까지 깊숙이 개입했다고 진술했다. 직장생활, 결혼, 친척 방문, 강연 등에서부터 사소한 쇼핑에 이르기까지 모든 것을 세세히 감시했다는 것이다. 이러한 감시는 강압적인 방식으로, 즉 체제 위협의 요소를 제거하는 보안의 차원에서 획일적으로 이루어진 것이었다.

이러한 보안 기능은 1990년대 이후 탈냉전의 분위기에도 약화된 형태로 유지되고 있다. 국내 입국 시 정부-보안기관의 합동수사, 하나원의 국가 교육, 하나원 퇴소 이후 정착지에서 이루어지는

2007년의 북한 사회를 배경으로 제작되어 2008년에 개봉된 〈크로싱〉은 폐결핵에 걸린 아내의 약을 살 돈을 벌기 위해 두만강을 건넜다가 어쩔 수 없이 한국에 정착하게 된 한 탈북자가 생사를 넘나드는 우여곡절 끝에 자신의 아들과 극적으로 상봉하게 되는 여정을 그린 영화이다.

담당 보안경찰의 감독 활동 등이 그것이다. 그러나 탈냉전 시대에 탈북자 보안 정책은 과거보다 인간적이고 합리적인 방식으로 바뀌고 있는 것이 사실이다. 서울의 한 지구대 소속 경찰관은 "탈북자 수는 이제 우리가 지하철에서 그들 사투리를 흔히 접할 정도로 많아졌습니다. 과거처럼 소수의 보안기관원들이 이들을 관리하는 것은 불가능하고 옳은 방법도 아니라고 생각합니다. 저희 경찰들은 탈북자들의 정착을 돕기 위해 열심히 노력하고 있습니다. 우리가 하는 것은 감독과 지원입니다. 우린 모두 한 배를 탄 것이죠. 우린 특별한 존재로서 탈북자들을 존중해주어야 한다고 생각합니다"라고 진술했다. 서울에서 활동 중인 한 복지사 역시 탈북자들을 '특별한 존재'로 인식하고 배려해주어야 한다고 강조했다. 유사한 맥락에서 교회에서 탈북자 지원 업무를 담당하는 한 사역자는 종교적 차원에서 자신의 사명을 다음과 같이 이야기했다.

> 탈북자들 역시 동등한 대우를 받아야 하지만 이건 매우 어려운 일이죠. 아마도 행정적이거나 물질적인 것으로 풀 수 없는 것일 수도 있어요. 유일한 해답은 한국 사회가 신의 은총으로 탈북자들을 보살피고 어두운 과거를 치유해야 하는 것이지요. 마치 구제되어야 할 한 마리 어린 양과 마찬가지로요.

이러한 진술은 탈북자들에 대한 연민의 시각을 반영하면서도 여전히 우리 사회가 탈북자들을 특별한 신분이라는 시각에서 치유해야 할 대상으로 간주하고 있는 현실을 드러낸다. 이렇듯 탈북자들은 감시와 치유라는 한국 사회의 이중적인 잣대 속에서 이질적인 사회와 문화에 적응하는 데 큰 어려움을 느끼고 있다.

실제로 사회 차별에 관한 한국인들의 의식에 관한 한 설문조사에서 탈북자 집단은 다른 소수자 집단들과 유사한 형태로 차별을 받는 것으로 드러났다. 탈북자들을 자신의 자녀의 배우자로 받아들일 수 있는가에 대한 한국인들의 긍정적인 응답률은 8.6퍼센트였는데, 이는 조선족(7.0퍼센트), 장애인(6.2퍼센트), 외국인 노동자(4.8퍼센트)에 대한 긍정적 응답률과 크게 다르지 않은 수준이었다.[11] 이러한 결과는 그동안 언론매체에서 많이 다루었듯이 탈북자들에 대한 한국인의 무관심과 냉대를 반영하는 것이다. 서울시 양천구에 위치한 탈북자 밀집 지역의 정부 임대아파트에 거주하고 있는 한 주부는 자신의 경제적 지위가 탈북자들과 크게 다를 것이 없는데 '가난하고 더러운 탈북자들'과 같은 아파트에 살고 있는 것이 불쾌하다고 이야기했다. 한 중소기업 사장은 탈북자들이 제대로 일도 하지 않으면서 불평만 하고 자본주의 경쟁 시스템을 잘 이해하지 못하고 이해하려고 노력도 하지 않는다며 주위 동료 사업가들에게 탈북자들을 고용하지 말 것을 권고해왔다고 했다. 이에 대해 한 탈북자(남, 78)는 아파트 공유지에 누군가 버린 쓰레기의 범인으로 자신이 지목당한 경험을 이야기하면서 가시적/비가시적으로 행해지고 있는 한국 사회의 탈북자 차별에 대해 불만을 토로했다.

이러한 차별 이외에도 탈북자들은 언어, 교육, 직업 능력의 차이로 인해 고통받고 있고 이념적 체제와 문화적 이질감으로 심리적 압박에 시달리며 가정 해체 및 사회 범죄 등 정착 과정의 어두운 단면을 드러내고 있다. 일례로 한 탈북자(여, 64세)의 남편은 아파트 경비원에 지원했다가 외래어를 이해하지 못한다는 이유로 면접에서 탈락한 경험이 있었다. 장기적인 분단체제로 인한 언어적 이질감은 탈북자들의 구직 장벽을 높이는 주요 요인이 된다. 또한 2006년 기준으로 탈북자들의 범죄율은 9.1퍼센트에 달했는데, 이는 한국인들의 범죄율의 두 배에 가까운 수치였다.[12] 무엇보다도 이질적인 사회문화로 인한 탈북자들의 가족 해체 현상이 큰 사회문제로 확산되고 있다. 한국에 정착한 탈북 여성들 가운데 상당수는 전근대적인 가부장적 사고에 젖어 사회 적응을 못하는 북한 출신 남편과 심각한 갈등을 겪고 있으며, 이에 따라 가정폭력, 별거, 이혼 사례가 증가하고 있다.[13] 경제난 이후의 북한 사회 그리고 이질적인 한국 사회에서 경험하는 젠더 관계는 부부 갈등과 가정 해체로 이어져 한국 사회에서 탈북자 집단이 맞닥뜨리게 되는 중요한 사회문제로 인식되고 있는 것이다.

이처럼 한국 정부의 규율적 거버넌스하에서 탈북자들은 다양한 영역에서 다양한 방식으로 자신의 정체성을 형성해왔다. 이러한 정체성의 분화를 북한의 정체성을 부정하고 남한의 정체성에 동화하는 유형, 남북한의 정체성을 모두 인정하고 통합하는 유형, 남한과 북한 사이에서 혼돈된 정체성을 유지하는 유형, 북한과 남한의 정체성을 모두 거부하는 도전의 유형으로 구분하여 이해해볼 수 있다.

4

탈북자들의 정체성 분화

동화: 정상적인 한국인

한국 사회의 거버넌스는 사회적 소수자인 탈북자들의 안정적인 정착을 지원하고 이들을 한국 시민으로 재사회화하는 것을 목표로 한다고 할 수 있다. 민족 분단의 지속과 이질적인 자본주의 체제라는 사회구조적 배경에서 탈북자들을 수용하는 한국 정부의 거버넌스는 정상적인 시민을 육성하는 규율화를 강조해왔다. 이에 대해 탈북자들이 보이는 첫 번째 대응 방식은 북한의 정체성을 포기하고 한국의 거버넌스를 적극적으로 수용, 실천하는 동화형에 해당한다. 적대적인 타자로서 북한의 정체성을 부정하고 새로운 '우리'의 정체성을 받아들이는 탈북자들은 가족의 숙청 등 비극적인 가족사를 경험했거나 남한 출신의 가족을 두었다는 이유로 북한 사회에서 적대계층으로 차별받았던 경우가 다수였다. 또한 이와 상관없이 남한 사회에 적극적으로 동화하기 위해 북한의 정체성을 의식적으로 포기하는 경우도 많았다.

우익 탈북자 인권단체의 고문으로 활동하고 있었던 한 탈북자(남, 49세)는 가족이 숙청된 경험이 있는 적대계급 출신으로 북한 정권에 대해 극단적인 반감을 갖고 있었고, 동시에 '한국인이 된 것' 그리고 '한국인인 것'에 대한 강한 자부심을 갖고 있었다. 그는 "내 나라는 한국이고 북한은 더 이상 내 조국이 아닙니다. 항상 한국 정부와 국민들에게 감사한 마음을 갖고 있어요"라고 말했다. 특히 남한에 고향을 둔 부모 슬하의 탈북자들은 한국인으로서 갖는 자부심과 소속감이 남달랐다. 한 탈북자(여, 34세)는 "제 아버진 남쪽 출신이셨고 북한에서 차별을 받았기 때문에 한국에 대한 선망이 항상 있었어요. 지금 물론 그래서 항상 한국을 제 조국으로 생각해요. 탈북자들이 많은 차별과 어려움을 겪는 것을 이해하고 저도 그렇지만 그래도 전 개의치 않아요. 전 원래 한국인이었고 한국인이고 앞으로도 그럴 것이니까요"라며 자신의 정체성을 한국인과 동일시했다.

이러한 유형에 속하는 탈북자들은 일부 탈북자들이 한국 사회를 비판하는 것에 동의하지 않았다. 한 탈북자(남, 54세)는 "우린 이미 한국인이에요. 북한이 싫어서 왔고 한국인이 됐어요. 뭐가 더 필요한가요?"라고 반문했다. 또 다른 탈북자(남, 44세)는 "정말로 죽도 못 먹고 살다 온 놈들이 한국 와서 차별받는다고 떠드는 것은 은혜를 모르는 소리"라고 거칠게 주장하면서 극심한 차별 속에서 성실하게 일하는 조선족의 자세를 배워야 한다고 주장했다. 주부로 정착하여 살고 있는 또 다른 탈북자(여, 69세)는 이렇게 말했다.

많은 탈북자들이 남한 사회에서 차별당한다고 느끼며 자신들이 사회의 하층이라고 느끼는 것이 사실이에요. 그렇지만 전 이런 차별조차도 당연한 것이라고 생각해요. 한국인들 안에서도 다양한 계층이 있고 다 차별받아요. 오히려 열심히 일해서 더 나은 삶을 살려고 노력하는 게 중요하죠. 얼마든지 할 수 있으니깐요. 중요한 건 우리도 똑같은 한국인이라고 자각하는 것이죠.

위의 진술들에서 드러나듯 동화형에 속하는 탈북자들은 스스로를 동일한 한국인으로 규정짓고 여러 난관을 헤쳐나가고 있다. 한 탈북자(여, 50세)는 취직을 위해 외래어와 컴퓨터를 배우는 일에 분주했고 그녀의 목표는 오로지 '보통의 한국인'으로 사는 것에 있었다. 특히 시대적 변화에 민감한 젊은 탈북자들은 동화의 의지와 실천 정도가 남달랐다. 대학생인 한 탈북자(여, 24세)는 인터뷰 과정에서 어떠한 북한 사투리와 억양도 드러내지 않았다. 그녀는 TV 뉴스를 보고 여자 아나운서의 말을 따라 하면서 표준어를 익히고 북한 말투와 억양을 교정했다고 한다. 한국인 남자친구와 교제하고 있다는 그녀는 북한 친구들보다도 남한 친구들이 더 많을 정도로 한국 사회에 빠르게 적응하고 있었다. 그녀는 이렇게 이야기했다.

정상적인 한국인이 되기 위해선 관계를 잘 풀어야 한다고 믿었고 이를 하기 위해선 말이 중요한 것이라고 생각했어요. 우선 말이 통하고 비슷해야 서로 같아진다고 느꼈어요. 실제로도 그렇고요. 정말로 한국 사람이 되고 한국 사람과 친해지려고 많이 노력했어요.

이 응답자는 한국과 북한은 다르다는 것 그리고 기존의 것을 버리고 새로운 것을 받아들이는 자세를 몸소 실천하고 있었다. 말씨와 억양이라는 작은 차이에서도 동화하려는 적극적인 노력을 보여줌으로써 한국 사회의 성원으로 인정받고 있는 것이다. 이는 남북 언어의식에 관한 한 설문조사에서도 드러난다. 해당 조사에서는 탈북자들의 81.3퍼센트가 남한 사람처럼 말하기 위해 노력한다고 응답했다.[14] 이러한 결과들은 정상적인 한국인으로 인정받기 위해 고군분투하는 탈북자들의 인정투쟁을 보여주며, 정상을 모형화하는 한국 사회의 거버넌스에 탈북자들이 적극적으로 참여하고 있다는 사실을 드러낸다.

통합: 남과 북을 인정하는 한국 시민

동화형과 함께 통합형에서도 분단 현실, 경제적 빈곤 및 사회 차별 등 한국 사회의 다양한 구조적 문제에 있어 다수의 탈북자들이 한국 사회에 적응하기 위해 적극적으로 노력하고 있음을 알 수 있다. 그러나 통합형 탈북자들은 분단 현실을 인정하며 자신들의 과거 경험과 가치를 인정한다는 점에서 동화형과는 차이가 있다. 이때 북한의 정체성은 열등한 과거나 망각되어야 할 기억이 아니라 현재의 정체성에 녹아 있는 또 다른 삶의 원천인 것이다.

북한에서 외교기관의 자문위원으로 일했던 한 탈북자(남, 59세)는 "어디 가나 완벽한 사회는 없는 것이고 사람들은 언제나 불만을 갖죠. 전 북한이 싫어서 한국에 왔습니다. 그래도 제 북한 정체성은 변하는 것이 아니죠. 한국 사회에 충성하면서 살아야 하지만 북한 사회의 좋은 점도 배워야 한다고 봅니다"라고 말했다. 아버지가 중국 조선족 출신이자 이주민으로서 북한에서 차별받았던 또 다른 탈북자(여, 53세) 역시 남과 북의 정체성을 인정하며 다음과 같이 말했다.

> 북한에서의 삶이 어려워 탈북했지만 북한 사회에도 좋은 점이 많아요. 도덕적으로 깨끗하고 서로를 보듬어주니까요. 남한 TV를 보면 이혼이다 사기다 젊은 여자애들이 남자 뺨따기나 때리고 정말로 꼴불견이에요. 남한과 북한 모두 서로를 배울 필요가 있어요. 자유와 민주주의도 좋은 것이지만 여러 문제들도 다 같이 바꿔나가는 것이 좋은 것이라고 생각해요.

이 탈북자는 한국인으로 살고 있는 현재에 만족하면서도 북한 정체성의 긍정적인 측면을 현재의 정체성과 통합하려는 모습을 보여준다. 한쪽을 버리고 다른 한쪽에 동화하는 긍정성이 아니라 양쪽을 모두 인정하는 긍정성을 보여준 것이다. 북한에서 문예 활동을 한 핵심계층에 속해 있었고 남한에서도 방송작가로 활동하던 한 탈북자(남, 45세) 역시 남과 북 두 체제의 장점을 살려 조국이 통일되기를 희원했고, 이러한 통일 조국에서 비판적인 문예인으로 기여하고 싶다는 포부를 밝히기도 했다. 이러한 정체성은 북한을 버리고 남한에 동화하려는 정체성과는 구분되며, 미래의 통일 한국에서 이들이 담당할 역할이 결코 작지 않음을 시사한다.

혼돈: 미래 통일 한국의 시민

통일 이후 동독의 주민들은 동·서독의 정체성 사이에서 불안정한 정체성을 드러내왔다. 다수의 동독인들은 낙후한 경제와 민족 차별을 겪으며 '하나 된 독일 민족의 신화'가 깨지는 것을 목격했고 '독일인인 것'에 대해 스스로 반문했다. 한국의 사례에서도 많은 탈북자들이 남과 북 사이에서 혼돈된 정체성을 유지하고 있다는 것이 드러난다. 특히 적지 않은 탈북자들은 숙청과 수용소 생활 혹은 경제난으로 인한 이산의 과정에서 가족이 자연스럽게 흩어지는 경우가 많았고 따라서 북한에 가족을 두고 온 경우가 적지 않았다. 한 탈북자(여, 64세)는 이산가족의 현실에서 남과 북 사이에서 분열, 혼돈된 정체성을 유지하고 있었다.

> 전 남한 사회에 항상 감사하고 좋아요. 진정한 한국 사람으로 살아보려고 노력도 해보았지만 그게 쉽지가 않아요. 북에 두고 온 가족만 생각하면 밤잠을 잘 수가 없어요. 항상 우울해요. 몸은 여기에 있는데 마음은 항상 저쪽에 가 있는 거죠. 몸과 마음이 따로 놀고 제 마음 둘 곳이 없어 항상 불안한 거죠.

이처럼 가족을 북한에 두고 온 탈북자들은 남과 북 사이에서 자신들의 정체성을 확립하지 못하고 있다. 북한에 처와 아들을 두고 온 또 다른 탈북자(남, 54세) 역시 유일한 희망이 한국에서 돈을 벌고 출세하는 것이 아니라 북한에 두고 온 가족과 재결합하는 것이라고 말했다. 그는 먼 미래일지라도 돈을 많이 벌어서 가족을 탈출시키거나 통일 조국에서 가족과 재결합하는 것을 꿈꾸고 있었다. 이런 그에게 정체성의 문제는 답할 수 없는 질문이었다. 또한 탈북자들이 분열된 정체성을 유지하며 한국인의 정체성을 유보하는 것은 분단으로 인한 이산가족의 현실 때문이기도 하지만, 다른 한편에는 한국 사회에서 겪는 차별의 구조적인 문제도 존재한다. 이와 관련해 한 젊은 탈북자(남, 32세)는 자신의 정체성을 '반半한국인'으로 규정했다.

> 전 많은 한국인 친구를 갖고 있어요. 나름대로 성공적인 정착을 해왔다고 자부하고요. 그래도 제가 한국인이라고 말하는데 아직까지 자신이 없어요. 그냥 반한국인이라고 할까요. 아마도 제가 진정 한국인이 된다고 할 땐 남과 북이 통일이 될 때겠지요. …… 차별 같은 것도 어디 가나 있는 것이지만 그게 내 일이 될 땐 달라지죠. 제가 아무리 잘한다고 할지라도 올라갈 수 있는 한계가 있을 거예요.

표면적으로는 한국 정착에 성공했음에도 이 응답자는 여전히 북한의 정체성을 어느 정도 고수하고 있었다. 그에게서 한국인이라는 것은 절반의 의미만을 갖는 것이다. 그는 현재의 자신과 탈북자 집단의 정체성을 온전하지 못한 그 무엇으로 평가했고 이러한 불완전성이 통일 이후에나 극복될 수 있을 것이라고 믿었다.

이러한 혼돈형의 정체성은 '특별한 한국인'으로서 남과 북을 초월하여 자신의 우월성을 과시하는 형태로 발전하기도 했다. 북한의 특권계층에서 성장해 탈북 후 한국의 명문 사립대를 다니며 한국인 여자친구와 교제하고 있었던 한 탈북자(남, 29세)는 자신의 정체성을 '특별한 한국인'으로 규정했다.

> 탈북자들은 한국 사회에서 아웃사이더이자 소수자이죠. 그러나 전 우리 탈북자들이 남한 사람들보다 더 잘될 수 있다고 봐요. 얼마든지 기회가 주어져 있고 본인 역량에 따라 다른 것이라 생각해요 …… 전 북한 출신의 특별한 한국인이라고 생각해요. 이것은 절반은 북한, 절반은 한국 이런 식으로도 생각할 수 있지만 이런 걸 넘어 특별한 존재라는 것이죠.

이 응답자는 남과 북 사이에서 고민하는 것을 뛰어넘어 남과 북을 초월하는 우월한 존재로서 자신의 정체성을 규정했다. 이렇듯 열등한 현실에서 우월성을 과시하는 모순된 정체성은 남과 북을 넘어서는 또 다른 미래를 향하고 있었다. 이러한 형태는 한국 사회의 거버넌스에 쉽게 동화하지 않는 균열된 정체성을 반영하는 것이다.

저항: 사회적 타자가 된 이등 시민

마지막 유형으로는 한국 사회의 차별에 도전하며 한국 정부의 거버넌스에서 이탈하는 저항형이 있다. 언론매체에 자주 등장하듯이 탈북자 집단에 대한 주류 사회의 차별에 대해 일부 탈북자들은 스스로를 열등한 존재로 평가하며 부적응의 양상을 드러내왔다. 한 탈북자(남, 58세)는 한국에 정착하는 과정에서 경험한 다음과 같은 일화를 들려주었다.

> 언젠가 골목길에서 차를 운전하다가 사장 차와 정면으로 마주친 적이 있었죠. 사장이 하는 말이 '너 같은 거지 같은 탈북자들이 뭔 티코야. 그냥 걸어 다녀' 그랬어요. 탈북자들은 싼 차도 몰 수 없는 거지 같은 존재라는 거죠. 정말로 그때 그 사장 놈을 죽여버리고 싶었어요. 결국 그 공장에서 나왔죠.

이 응답자는 한국 사회가 탈북자들을 비정상으로 몰아간다고 느꼈고, 스스로도 이러한 인종주의적 편견을 자조적으로 받아들였다. 이러한 부정적인 자아 인식 탓에 일부 탈북자들은 북한과 남한 모두를 그들의 조국으로 받아들일 수 없었다. 통일 조국의 긍정적인 미래 역시 존재하지 않았다. 탈북자 신분을 속여온 한 응답자(여, 63세)의 사례 역시 부정적인 정체성 형성의 일면을 보여준다. 그녀는 "탈북자 신분을 드러내면 여러 문제가 발생하더라고요. 괜히 또 절 피하는 것 같기도 하고. 그래서 그냥 숨기거나 아니면 조선족이라고 답해요. 차라리 조선족으로 사는 것이 전 낫다고 생각해요"라며 한탄했다. 그녀는 자신의 북한 정체성 때문에 남한 사회에서 차별받고 배제되는 것이라 믿었고 따라서 자신의 과거와 현재의 정체성을 모두 부정하게 되었다.

탈북자들의 이러한 부정적인 대응 양상은 언론 보도의 단골 메뉴로 등장했다. 탈북자 사회의 어두운 단면은 이미 한국인들에게 익숙하게 여겨진다. 한 보도에 따르면, 탈북자 서재석은 자녀의 체벌 문제로 한국 사회의 차별에 염증을 느껴 미국으로 망명했다.[15]

자신의 아들이 납득하기 어려운 이유로 초등학교 담임교사로부터 매를 맞아 항의하러 간 적이 있는데, 그때 그에게 돌아온 것은 인격적인 모독뿐이었다. 담임교사가 '거지 같은 탈북자'들은 항의할 자격조차 없다고 힐난했던 것이다. 이것은 그의 가족으로 하여금 분노를 폭발시켰고 이들은 자신들이 정상적인 한국 시민이 될 수 없다는 것을 깨닫고는 바로 미국으로 망명을 신청했다. 망명 허가를 받은 뒤 서재석은 한국 사회의 차별을 비판하며 자신을 '이등 한국 시민'으로 규정했다.

저항형의 모습을 보여주는 또 다른 형태는 한국의 지원 정책에 실망을 느껴 제3국으로 망명 또는 이민을 가는 사례들이다. 필자는 미국 여행 중에 시카고의 한 대형마트에서 일하는 40대 남성 탈북자와 우연히 만나 대화를 나눈 경험이 있다. 적지 않은 탈북자들이 이미 미국에 정착하기 시작했으며, 이들은 한국에서 살아본 뒤 다시 이민을 오거나 아니면 탈북 후 제3국에서 난민 신분으로 미국에 정착한 경우에 해당한다. 그는 다음과 같이 탈북자들의 최근 동향에 대해 이야기했다.

> 중국 등지에 있는 탈북자들은 요즘 다 돌아가는 실정을 알아요. 한국에 와봤자 돈도 별로 못 벌고 같은 민족으로부터 차별받고 신분적으로도 불안하고요. 그래서 한국에 왔다가 바로 미국, 영국, 일본, 호주 선진국 국가로 가거나 아니면 제3국에서 바로 가는 경우도 많지요. 전 한국에서 다시 온 경우인데, 여기 생활이 말도 안 통하고 어렵긴 하지만 한인 타운에 있으니깐 그래도 괜찮고 또 한국에서 겪는 그런 것보단 낫겠죠.

이 탈북자는 경제적 보상 감소와 민족 차별 등의 이유로 한국에서 다시 미국으로 이주했다. 북한도 남한도 그에게는 더 이상 삶의 보금자리가 될 수 없었던 것이다. 이러한 경향은 최근 한국으로 입국하는 탈북자 수가 줄어들고 3분의 1 이상의 해외 체류 탈북자들이 미국, 캐나다, 영국, 프랑스, 독일, 호주 등의 선진국으로 망명하는 사실에서도 확인된다.[16] 실제로 2008년 7월 기준으로 영국에 입국하여 난민 지위를 획득하거나 그 절차를 밟은 탈북자의 수는 850명에 이르렀다.[17] 더욱이 한국에 정착해 보상 혜택을 모두 누린 뒤 제3국으로 허위 망명을 신청하는 경우도 적지 않은 것으로 드러났다. 이는 한국 정부의 거버넌스가 효과적으로 작동하지 않는 역기능을 드러낸 것이었다. 한국 시민임을 거부하고 선진국을 선택해 이주, 망명하거나 사기를 치면서까지 한국을 떠나는 탈북자들의 모습은 한국의 거버넌스에 저항하는 형태를 반영하는 것이다.

10 장

한국과 북한

10장은 분단체제와 남북 관계라는 틀에서 한국과 북한의 문제를 다룬다. 냉전과 탈냉전의 역사적 굴곡을 거치며 북한은 남한과 화해, 협력을 추구하면서도 경쟁하고 반목해왔다. 1972년 남북공동성명과 2000년 남북정상회담의 성과에도 불구하고 최근 핵실험에서 촉발된 갈등에서 드러나듯 남북한은 여전히 분단정치의 후유증에서 벗어나지 못하고 있다. '뿔 달린 공산 괴뢰'와 '미제 승냥이 놈들'에 대한 상호 간 악마화는 한반도의 냉전적 분단체제를 상징하는 것이었고 이러한 어두운 그림자는 2000년대 초반 남북 화해와 통일의 열기에도 불구하고 핵실험과 개성공단 폐쇄를 낳은 신냉전 상황을 조성하고 있다. 10장에서는 냉전과 탈냉전을 거친 남북 관계 및 민족 갈등과 화해의 문제를 다루며 동아시아의 국제 관계에서 북한의 인권 문제를 성찰하고 21세기 다문화 한국의 변화에서 탈북자들이 갖는 사회적 의미를 생각해본다.

1

적대적인 분단체제와 종족적 민족주의

남북한의 역사와 사회 변동에서 '단일민족'의 신화는 현재에 이르기까지 개인들의 다양하고 이질적인 정체성을 국가 권력으로 묶어주는 집합적인 힘으로 기능해왔다. 하나의 영토에서 오랜 역사 동안 하나의 집합체를 구성해온 '한민족'의 정체성은 민족주의를 활용하는 역대 정권의 정치적 수단이자 대중들을 응집시키는 권력으로 작동했다. 역사적으로 단일민족의 신화를 바탕으로 한 한국의 민족주의는 일제강점기에는 종족적 순수성을 민족 통합의 힘으로 응집시키며 강력한 저항 이데올로기를 발산시켰다. 그러나 네이션nation 혹은 민족의 정체성을 지향하며 종족을 정치적 기제로 활용하는 '종족적 민족주의ethnic nationalism'는 해방과 분단 이후 냉전 체제를 정당화하며 남북 쌍방의 정체를 부정하는 적대적인 이데올로기로 변질되었다.[1] 단일민족이라는 순수한 종족성의 이데올로기는 민족통일보다는 체제와 정권의 옹호 수단으로 변화되었고 이 과정에서 종족의 통합이 아닌 갈등이 증폭되며 반세기 이상 분단체제가 지속되었다.

'검은 양 효과'의 사회 정체성 이론에서 드러나듯이, 민족 밖의 적보다는 내부의 반역자들을 배제, 처벌하며 사회를 통합하려 했던 역사적 과정이 바로 분단 시대 종족적 민족주의의 정치였다.[2] 이러한 분단정치에서 남북 간 라이벌 정권은 순수하고 단일한 민족을 분열, 왜곡시키는 민족의 반역자로 배제된 반면, 상대 인민은 한겨레, 한민족의 불쌍한 형제자매로서 포용되었다. '이산가족'의 개념에서 드러나는 민족 담론 역시 남북한 정권 모두 이산가족의 상봉을 통해 종족적 순수성과 통합을 주장하면서도 라이벌 정권은 민족통일을 가로막는 이물질로 배제하는 이중적 담론을 보여주었다.[3] 민족주의란 본성 그 자체에서 진보적이면서도 반동적인 양면성을 갖고 있다.[4] 이러한 양면성은 상이한 체제의 분단국가가 서로 다름을 주장하면서도 결국엔 같은 모습의 정치를 보여주는 형국에서 더욱 분명해질 수 있다. 남북한의 분단정치는 공산주의와 자본주의라는 이질적인 형태에서도 종족적 민족주의를 통해 상대 정권을 악마화하고 적대적인 분단교육을 강화한 것에서 닮은꼴을 이루었다. '인민'과 '국민' 만들기라는 상호 대립된 국가 형성에서 종족의 순수성은 대중들의 중요한 사회적 관념이자 통치 담론의 기제였고, 이것을 통해 종족적 민족주의의 정치는 민족의 통합보다는 남북 간 대립과 갈등을 조장해왔다.

이러한 종족적 민족주의의 정치를 통해 남북한은 '문명과 야만' '선과 악'이라는 이분법적 흑백논리를 주입하며 사회를 동원했다. 1948년 8월 15일 건국기념사에서 이승만은 독립을 위한 민족주의가 민주주의에 기반을 둔 것이며 따라서 '반공적 일민주의'가 민주주의의 유일한 토대라고 강조했다.[5] 하나의 백성이 하나의 이데올로기를 통해 하나의 국가를 이룬다는 일민주의는 결국 반공을 통해 한반도를 일색화하겠다는 의지를 표명한 것이다. 〈학생 제군에게〉라는 연설에서도 이승만은 "러시아 사람들이 우리나라 반을 점령하고 강제로 공산당을 확장시키며 선동자들을 이남에 보내어 한편으로는 거짓말로 선전하여 무식한 사람들을 꾀여서 소련의 속국을 만들려 하며 또 한편으로는 살인방화와 모든 야만 행동을 감행하여 사람이 못할 일을 다 하고 있으니 공도는 그냥 방관하지 않을 것"이라며 소련과 북한의 공산주의를 야만의 사상으로 매도했다.[6] '문명과 야만'의 이분법에서 북한 정권은 한민족의 형제자매인 북한 동포를 '꾀여' 선동하는 야만의 수괴가 되었던 것이다. 이러한 적대적 담론은 한국전쟁을 통해 강화되었고 이후 분단 반세기 이상 한국 사회의 지배 담론과 아동교육을 지배했다. 한국전쟁 당시 서울을 점령한 북한군은《공산주의 도덕》이라는 교재를 만들어 학교 교과서로 활용했는데, 서울을 수복한 뒤 이에 대한 남한의 적대적인 대응에서 나온 것이 바로 1951년 문교부의 〈전시하 교육특별조치요강〉 공포와 전시 교재의 편찬이었다.

> 탱크가 앞으로 나아갑니다.
> 국군이 총을 쏘며 따라갑니다.
> 태극기가 바람에 휘날립니다.
> 중공 오랑캐들이 막 달아납니다.[7]

국민학교 1·2학년 전시교재에 실린 위의 동시는 한국전쟁에서 국군의 용맹을 통해 중공 오랑캐를 무찌르는 쾌거를 형상화하고 바람에 휘날리는 태극기를 통해 반공적 애국주의를 심화시켰다. 전쟁과 학살을 거치면서 남북한의 이념적 대립과 갈등은 더욱 극단화되었고 반공과 반미라는 이름으로 자신의 사회를 동원했다.

1965년 초등학교 4학년《승공》교과서가 "폭력, 살인 및 방화를 일삼고 세계 평화를 해치려는 공산주의 국가들의 만행을 우리들은 잘 막아내고 온 세계 사람들이 우리 단군 할아버지의 거룩한 사상을 본받아 세계 평화를 위하여 자기의 몸과 마음을 받칠 수 있는 사람이 되도록 노력하여야 할 것이다"라고 주장했듯이, 박정희 정권 역시 이승만의 반공적, 종족적 민족주의를 계승하며 반공교육을 강화했다.[8] 더욱이 반공적 분단교육의 심화 속에서 이분법적 사고와 공격적인 적대 담론은 북한뿐만 아니라 타민족에 대한 배타성으로 쉽게 이어졌다. 예를 들어, 같은 교과서에서 "중국 집에서 10년을 살면 아편 중독자 안 되는 사람이 없고, 일본 사람 집에서 10년을 살면 사기꾼으로 몰려서 감옥살이 안 하는 사람이 별로 없지만, 한국 사람 집에서 10년을 살면 반드시 장가 보내주고 집을 지어준다는 말이 있다"는 주장은 반공의 논리를 넘어 배타적인 인종주의로 극단화된 것이라 할 수 있다.[9] 이것은 반공과 결합한 종족적 민족주의의 배타성이 타국가, 타민족에 대한 공격적인 인종주의로 발전한 사실을 보여주는 것이며 분단교육의 혈통주의적 폐쇄성이 극단화된 것이라고 평가할 수 있다.

흔히 남북한의 분단정치와 민족주의는 '동질이형同質異形'의 산물이라고 일컬어진다.[10] 즉, 닮은꼴의 분단정치에서 북한 역시 남한과는 형식에서 다르나 본질에서는 같은 행보를 보여준 것이다.

공식 역사와 학교 교육에서 북한 당국은 스스로 일으킨 한국전쟁을 '조국해방전쟁'이라 칭했고 미국의 잔인한 전쟁 행위를 선전하는 데 주력했다. 친일파를 숙청하고 각종 사회주의 개혁을 완수한 북한은 '민주기지론'에 입각해 남한을 압박했고 급기야는 한국전쟁을 벌여 이것을 '정의의 전쟁'으로 미화했다.[11] '자유의 전쟁'을 주장한 이승만의 '문명과 야만'의 이분법은 이제 '정의의 전쟁'을 주장하는 김일성의 '선과 악'의 이분법과 대비되는 것이다.

이러한 배경에서 남북한의 분단교육은 민족주의의 '기억과 망각'의 정치를 통해 지배 담론을 주조하고 이에 부응하는 국민성을 형성해갔다.[12] 기억되며 동시에 망각되는 전쟁과 학살, 역사적 기억이 창조, 재창조되는 교육, 이러한 기억의 정치와 교육이 사회적으로 확산되는 기념물과 언론매체의 작동은 종족적 민족주의에 기반을 둔 분단교육이 만들어낸 정치적, 사회적 산물이었다. 1968년 북한의 무장공비에 의해 사망하여 '나는 공산당이 싫어요!'라는 유명한 반공적 모토를 재생산시킨 '이승복'의 이야기나 한국전쟁 25주년을 기념하여 1975년 6월부터 매주 토요일에 방영한 KBS TV 인기 드라마 〈전우〉는 남한의 방식대로 반공을 통해 국민성을 형성해간 과정이었다. 북한 역시 학교 교육에서 신천학살 등 미군의 범죄만을 가르쳤고 북한이 벌인 학살과 폭력에 대해선 침묵하며 반미를 통해 국민성을 주조했다. 결국 남과 북의 분단교육은 상호간의 얼굴을 반추하는 거울이었다.

돌격나팔 울린다.
어서 빨리 나가자.

원쑤 미제 족치며
용감하게 나가자.[13]

1972년도 인민학교 1학년 국어 교과서의 동시 〈군대놀이〉는 앞서 예시한 남한의 전시 교재에 수록된 동시와 형식과 내용 측면에서 거의 유사하다. '원쑤 미제'와 '중공 오랑캐'라는 악마화된 대상이 다를 뿐 반공을 주조하는 이데올로기적 극단성에서 거의 흡사한 것이었다. 간결하고 운율적인 동시에서 전쟁을 통한 증오의 극대화는 종족적 민족주의를 통해 강화된 분단교육의 극단치를 보여주었고, 이러한 적대적인 지배 담론은 전 사회의 군사적 동원으로 이어졌다. 1968년 푸에블로호 사건과 1976년 판문점 사건 직후 북한 사회에서는 "미제의 각을 뜨자" "원쑤 미제 족쳐버리자"와 같은 극단적인 구호가 국가의 정치 담론과 대중정치에서 노골화되었다. 특히 4대 군사 노선과 함께 교도대, 로농적위대, 붉은청년근위대로 확장된 북한의 군사화는 베트남 참전과 함께 향토예비군, 민방위, 교련 과목으로 극단화된 남한의 군사화와 대비되는 것이다.

이와 같이 남북한의 분단정치는 한민족의 순수성과 통합을 주장하면서 적대적 국가와 정권을 공격하는 종족적 민족주의를 자신의 정치적 정당성의 기제로 삼았다. 그러나 이러한 정치 담론과 교육의 기제는 실제로 종족적 통합과 민족통일보다는 남북 간 대립과 갈등을 조장하며 분단정치를 고착시켰다. 남북한은 1972년 7·4 남북공동성명을 통한 일시적인 화해 무드에도 불구하고 1968년 청와대 습격 및 푸에블로호 사건, 1976년 판문점 사건에서 군사외교적으로 대립했고, 이후 1986년 금강산댐 사건, 1983년 버마 아웅산묘지 폭파 사건, 1987년 KAL기 폭파 사건을 거쳐 장기적인 불신과 적대 관계를 이어갔다.

2

남북 화해와 갈등

냉전시대 분단정치에서 남북한은 상호 간 정권을 악마화하며 이데올로기적 동원과 교육을 강화했다. 남한의 반공교육과 북한의 반미교육은 적대적인 분단교육의 닮은꼴을 이루며 반세기 이상 분단정치를 지탱했던 것이다. 1970년대의 청와대 습격과 판문점 사건을 거쳐 1980년대 아웅산묘지 폭파 사건, 금강산댐 사건, KAL기 폭파 사건 등에서 남한의 반공주의는 최고조로 상승되었고, 이른바 '북괴'에 대한 정권과 대중의 적대감은 하늘을 찌르게 되었다. 1976년 판문점 사건 직후 박정희가 "미친개는 때려잡아야 한다"는 유명한 말을 남긴 것도 이러한 배경에서 가능한 것이었다. 1946년부터 2014년까지 발간된《동아일보》에 관한 한 빅데이터 분석에서도 1950년대부터 1980년대까지 '괴뢰'와 '북괴'란 단어가 핵심어의 최상위권에 위치함으로써 북괴에 대한 증오가 분단 반세기를 점령해왔다는 사실을 보여주었다.[14]

그러나 20세기 후반 들어 국내외 정세는 급격히 변화하기 시작했다. 한국 사회는 장기적인 군사독재 체제가 무너지고 1987년 이후 민주주의가 성장한 반면, 북한 사회는 1990년대 중반 이후 식량난을 맞아 경제 시스템이 붕괴되어 탈북 행렬이 줄을 잇게 되었다. 1989년 베를린 장벽 붕괴와 1991년 소련 해체를 맞아 한국은 중국, 소련과 외교 관계를 수립했고 북미 간 핵 갈등이 증폭되는 가운데서도 북한과 교류하며 남북 화해 무드를 진작시켰다. 특히 2000년 대한민국 제15대 대통령 김대중과 조선민주주의인민공화국 국방위원회 위원장 김정일이 평양에서 만나 정상회담과 6·15 남북공동선언을 이끈 것은 적대적인 분단체제를 종식하고 남북 간 화해와 협력 및 교류의 물꼬를 튼 사건이었다. 이후 이산가족 상봉, 금강산 관광, 스포츠 행사 교류 등 민간 교류 사업이 본격화되었다. 이러한 배경에서 북한이 '주적'이 아닌 민족의 동반자적 관계로 전환되고 북한에 대한 호칭 역시 '북한 공산집단'에서 '북한'으로 바뀌었다. 학교 교육에서도 민족의 동질성 회복과 통일 의지가 강조되면서 반공교육의 단골 메뉴였던 '6·25'에 대한 직접적인 언급이 사라지고 '이승복 이야기'는 1997년부터 교과서에서 자취를 감추었다.

그럼에도 김대중, 노무현 정권이 추구한 햇볕정책과 대북포용정책은 보수 진영의 '퍼주기' 논란을 일으켰고 북한의 인권 및 핵 문제와 연동되어 '남남 갈등'의 사회적 파열음을 냈다. 실제로 2002년 연평도 해전, 2008년 금강산 관광객 피격, 2010년 천안함 피격 및 연평도 포격 사건 등은 2000년, 2007년의 남북 화해 무드를 경색시키고 이명박, 박근혜 보수정권의 대북 강경책을 불러일으켰다. 이것은 대외적으로는 개성공단 폐쇄와 같은 남북 간 긴장 및 대결 구도를 낳고 북한으로 하여금 핵실험을 강행하게 함으로써 북미 간 군사외교적 마찰을 심화시켰다. 또한 대내적으로는 '퍼주기' '친북좌파' '종북' 등 1980년대 '좌경용공'의 해묵은 이념적 프레임이 재생산되면서 한국 사회 내 이데올로기적, 정치적 논란과 갈등이 심화되었다.

먼저 2000년 남북정상회담 이후 현대 그룹의 대북송금 특검 수사가 진행되어 퍼주기 논란이 가속화되었고 연평도 해전과 천안함 피격 사건에 이어 북한의 연이은 핵실험에 의해 햇볕정책에 대한 우려와 회의가 일기 시작했다. 더욱이 인도적 지원을 통한 남북교류 사업이 결과적으로 북한의 핵무기 개발을 도운 양상으로 비쳐지면서 보수 진영은 물론 일반 대중들 사이에서도 대북 지원 정책의 효용성과 당위성에 의문을 제기하는 흐름이 형성되었다. 이른바 '통일무용론'이 확산되는 가운데 북한의 연이은 핵실험에 대응하여 박근혜 정권이 2016년 개성공단을 폐쇄함으로써 2000년대 초반 일군 햇볕정책과 남북 화해 무드는 급격히 소강 국면에 접어들었다. 이러한 가운데 한국 사회 역시 이념 문제와 남북 관계에 따른 여러 사회적 갈등을 노출했다. 여중생 미군 장갑차 사망 사건, 광우병 파동은 물론 국가보안법 개정, 송두율, 강정구 교수 사건, 전시작전권 반환 문제, 한총련의 맥아더 동상 철거 사건, 이라크 파병 반대 시위, RO 및 통합진보당 해산 사건 등 한국의 국내 정치에서도 북한 및 남북 관계와 관련된 보혁 갈등이 첨예화되었다. 특히 2002년 효순, 미선이 사건과 2008년 광우병 파동 등에서 반미적 급진 노선이 돌출하기도 했고 RO 사건과 통합진보당 해산 사건에서는 진보 진영 내에서 보수 진영의 '친북' 논리와 닮은 '종북' 프레임이 만들어져 북한의 핵 및 인권 문제가 비판을 받았다.

이러한 남남 갈등과 함께 남북 관계를 중심으로 한 대외 관계에 영향을 미친 핵심적인 사항은 북한의 핵 문제였다. 북한은 1985년 우라늄 농축 시설을 에너지 생산으로만 제한했던 NPT에 서명했지만 이후 은밀히 핵무기 제조 기술을 발전시켰다. 1990년《워싱턴 포스트》는 북한의 영변 핵시설을 대대적으로 보도했고 이에 따라 북미 간, 남북 간 핵 문제가 첨예한 군사외교적 이슈로 등장했다. 21세기에 들어서기 전까지 북한은 대외적인 공격적 수사에도 불구하고 대미, 남북 관계를 개선하고 경제적 실리를 추구하는 협상 카드로 핵 문제를 활용하고자 했다. 1990년대 초 사회주의권 붕괴와 한중, 한소 수교로 인해 고립된 북한은 핵카드를 활용하며 북미 관계 개선에 적극 나섰고 이를 통해 당면한 정치경제적 위기를 극복하고자 했다. 이에 북한은 1992년 IAEA의 영변 핵사찰에 합의했다. 그러나 북한은 1993년 재개된 한미 팀스피릿 훈련을 구실 삼아 NPT 탈퇴를 시도하고 IAEA의 핵사찰을 거부하며 '벼랑 끝 외교'를 통해 경제적 실리와 주권적 자존심을 지키려 했다. 이후 국제 사회는 외교적 실랑이를 거쳐 1994년 10월 '북한의 IAEA 안전조치 이행 및 특별사찰 수용' '북한 내 경수로 제공' '북한에 중유 50만 톤 제공'을 보장하는 '제네바 합의'를 이끌어냈다. 그러나 북한은 다시 '남북한 동시 핵사찰'을 제기하며 미국과 지루한 줄다리기 외교를 벌였고 이러한 시간 끌기와 벼랑 끝 전술을 통해 핵사찰을 방해했다.

이러한 난맥상에서 북한 정권은 2001년 9월 11일 테러에 자극받은 부시 정권의 주요한 공격 타깃이 되어 2002년 '악의 축' 리스트에 오르게 되었다. 이에 대해 북한은 2003년 NPT 탈퇴로 맞섰고, 부시 정권은 북한에 대한 군사 공격을 고려하기까지 했다. 이러한 대치 국면을 해결하기 위해 국제 사회는 2003년 8월 한국, 러시아, 미국, 일본, 북한, 중국이 주축이 된 6자 회담을 벌였지만 2005년 북한이 6자 회담을 포기하고 '핵 보유'를 선언함으로써 결실을 맺지 못했다. 급기야 2006년 10월 9일 북한이 1차 핵실험을 감행했고 미국과 유엔은 북한의 해외자금을 동결하는 제재를 조치했다. 그러나 북한이 핵 보유를 선언하고 핵실험을 감행한 이상 결과적으로 국제 사회는 북한의 핵 프로젝트를 효과적으로 제어하지 못했다. 국제 사회는 2007년 6자 회담을 다시 열어 '한반도 비핵화' '북한 핵개발 포기' '대북 지원 모색'이라는 합의를 이끌어냈지만, 2008년 미국이 북한에 대해 테러 지원국 해제를 거부하고 바로 북한이 '핵 불능화 중단'을 선언하면서 6자 회담의 합의는 무위로 돌아갔다. 오바마가 집권한 2009년에도 북한은 미국의 '대량살상무기확산방지Weapons of Mass Destruction Proliferation Security Initiative' 구상안에 반발하여 핵 탑재가 가능한 '대륙간탄도미사일Intercontinental Ballistic Missile' 발사 실험을 경고한 뒤 2차 핵실험을 감행했다. 이에 2011년 북미 간 고위급 회담이 열려 '북한의 우라늄 농축 프로그램 유예' '한반도 비핵화' '대북 식량 지원'에 합의했지만 북한은 2013년 출범한 박근혜 정권의 대북 강경 노선에 반발하며 3차 핵실험을 감행하고 '남북불가침 합의 폐기'를 선언했다. 급기야는 2016년 1월 북한이 4차 핵실험을 이어가고 이에 대응하여 한국 정부는 2월 개성공단을 폐쇄하기에 이르렀다. 이후에도 2016년 9월과 2017년 9월에 북한의 핵실험이 지속되었고 2017년 12월 대륙간탄도미사일 발사 실험으로 북미 간, 남북 간 관계는 악화일로를 걷고 있다.

이와 같이 21세기에 들어 조성된 남북 데탕트 무드는 분단 반세기 이상 지속된 적대적인 남북 관계와 군사적 긴장을 완화하고 한국 사회의 반공주의를 허무는 데 크게 기여했다. 그럼에도 북한의 악화된 경제 상황과 핵 문제를 둘러싼 북미 간 군사외교적 긴장은 남북 관계의 경색으로 이어져 핵실험을 중심으로 한 신냉전 상황이 조성되고 있다. 이러한 신냉전 상황에서 핵 문제와 함께 북한의 인권 문제가 국제 사회뿐만 아니라 한국 사회의 주요한 정치적 관심사이자 사회적 논쟁이 되고 있다.

3

북한 인권

1990년대 중반 이후 기근, 재해와 함께한 북한의 식량난은 수많은 아사자와 탈북자를 양산했고 중국을 중심으로 한 불법체류 탈북자들의 인권 문제가 국제 사회의 핫이슈로 등장했다. 중국, 남한, 북한은 물론 아시아 주변국들의 복잡한 이해관계가 얽혀 있는 가운데 중국 등 아시아 국가들에 산재해 있는 탈북 난민들의 불법적인 체류는 심각한 인권 문제를 야기해왔다. 무엇보다도 북한의 입장에서 탈북 난민의 문제는 '지상낙원'의 국가에서는 존재할 수 없는 민족적 재앙이자 수치로 이해될 것이다. 중국 입장에서도 탈북자 문제는 동북아의 긴장 국면을 조성하고 내적으로도 강절도, 강간, 인신매매, 강제결혼, 여권 및 공문서 위조, 불법체류자 확대와 같은 문제를 일으키는 골칫거리로 인식되었다. 이에 중국 정부는 탈북자들과 관련된 문제에 대해 한반도의 내정에 휘둘리지 않는 중립적인 외교 정책을 표방해왔지만, 전통적인 북한과의 우호 및 협력 관계에 따라 모순된 입장을 보여왔다. 실제로 중국과 북한은 1998

년 불법체류 탈북자들에 대한 협약을 체결했고, 이 협약에 근거하여 중국 정부는 수많은 탈북자들을 북한으로 송환해왔다. 한편 한국의 입장에서도 탈북자 문제는 하나의 외교적, 사회적 딜레마이다. 햇볕정책과 대북포용정책을 표방한 김대중, 노무현 정권은 동북아의 데탕트 무드에서 탈북자들로 인한 국제적 마찰을 원하지 않았고 따라서 무분별한 탈북자 수용을 경계, 제한하는 정책을 펼쳤다. 이러한 정책 기조는 표면적으로 북한의 인권 문제를 강조하며 탈북자들의 인도적 수용 확대를 주장한 이명박, 박근혜 정권하에서도 크게 바뀌지 않았다.

여기서 북한의 인권 문제는 북한 주민들은 물론 중국과 아시아를 거쳐 한국 및 서구 선진국가로 향하고 있는 탈북자들의 지위 문제와 연계되어 있다. 북한 정권은 명목상 사회주의 국가로서 마르크스주의의 인권 개념을 따르고 있다. 마르크스는 프랑스대혁명에서 제기된 천부인권론의 기본 내용을 인정하면서도 '사적 소유 철폐'를 근본적인 인권 개념으로 제시한 바 있다. 따라서 현실 사회주의 국가의 인권 개념은 부르주아적 인권 개념과 자본주의 착취를 타파하는 마르크스의 인권 개념이 혼합된 것이라 할 수 있다. 북한의 인권 개념 역시 근대 서구의 보편적 인권 개념의 테두리 안에서 '사회주의적 집단주의'를 강조하고 있다. 예를 들어, 1972년 신헌법 제49조를 보면 "조선민주주의인민공화국에서 공민의 권리와 의무는 '하나는 전체를 위하여, 전체는 하나를 위하여'라는 집단주의 원칙에 기초한다"며 '공민권'의 개념을 제시했다. 또한 제50조에서 "국가는 모든 공민에게 참다운 민주주의적 권리와 자유, 행복한 물질문화 생활을 실질적으로 보장한다. 조선민주주의인민공화국에서 공민의 권리와 자유는 사회주의 제도의 공고 발전과 함께 더욱 확대된다"며 공민권의 개념을 보편적 인간 권리로 정의했다. 그러나 북한의 인권 상황은 이러한 인권 개념의 레토릭과는 정반대로 흘러왔다. 재판 없는 공개처형 등에서 보이듯 북한은 가장 반인권적인 국가로 평가되고 있는 것이 사실이다. 실제로 2009년 북한 형법은 반국가 및 반민족 범죄를 강하게 처벌하는 것을 규정했다.

> 62조 조국반역죄
> 공민이 조국을 배반하고 다른 나라로 도망쳤거나 투항, 변절하였거나 비밀을 넘겨준 조국 반역 행위를 한 경우에는 5년 이상의 로동교화형에 처한다. 정상이 특히 무거운 경우에는 무기로동교화형 또는 사형 및 재산몰수형에 처한다.
>
> 67조 민족반역죄
> 조선 민족으로서 제국주의의 지배 밑에서 우리 인민의 민족해방운동과 조국 통일을 위한 투쟁을 탄압하였거나 제국주의자들에게 조선 민족의 리익을 팔아먹은 민족 반역 행위를 한 자는 10년 이상의 로동교화형에 처한다. 정상이 특히 무거운 경우에는 무기로동교화형 또는 사형 및 재산몰수형에 처한다.

위의 형법 조항에서 알 수 있듯이 북한 정권에 반하는 행위는 '민족반역죄' 혹은 '조국반역죄'로 다스려지며 최고 사형에 처해진다. 따라서 북한 사회에서는 보편적 인권 개념의 레토릭과 반인권적 형법이 공존하고 있는 것이다. 더욱이 실제 형법 실행에서 자의적, 반인권적 처벌이 만연하고 있다. 단순한 도강과 중국 체류가 한국으로의 탈출로 간주되어 '중앙당 시범 케이스'에 걸려 극형에 처해진 탈북자들의 사례를 쉽게 접할 수 있다. 또한 중국에 거주하는 많은 탈북자들은 체포 및 강제 송환의 위협과 함께 삶의 기본권이 박탈되는 인권의 사각지대에 놓여 있다. 유엔난민기구의 2010년 통계에 따르면, 탈북 여성에게서 태어난 2~3만 명가량의 무국적 탈북 아동들이 시민권, 의료보험 및 공식 교육 혜택을 받지 못하고 있는 것으로 밝혀졌다.[15]

또한 아시아 주변국들에서 겪는 탈북자들의 인권 상황 역시 열악하다. 일례로 2007년 100명을 수용할 수 있는 태국 방콕의 이민국 수용소에서 300여 명의 탈북자들이 수용되었고 이들은 화장실 2개를 번갈아 사용해야 했다.[16] 그럼에도 탈북자들이 이런 고통을 감수하는 것은 이것이 한국 또는 서구로 이주할 수 있는 유일한 통로이기 때문이다. 현재 대부분의 아시아 국가들은 탈북자들을 북한으로 송환하지 않는 대신 제3국으로 추방하거나 불법체류자로 일정 기간 감금한 후 한국 대사관의 협력자들에게 인계하는 정책을 펴고 있다. 이들 국가에서 탈북자들의 지위는 '불법체류자' 혹은 '국경 침입자'로 규정되며, 따라서 탈북자들은 일정 기간 수용소 생활을 경험하게 된다. 이러한 험난한 여정을 거쳐 한국으로 입국하게 되는 탈북자들의 사회적 지위는 9장에서 분석했듯이 그리 녹록지 않은 현실을 보여준다.

더욱이 해외로 이주하는 탈북자들의 지위는 더욱 불안정하다. 2012년 기준으로 2,376명의 탈북자들이 한국에 입국한 반면, 1,194

명은 서구 선진국으로 이주한 것으로 드러나 탈북자들의 최종 목적지가 과거와 크게 달라졌다.[17] 2014년 유엔난민기구 통계를 참고하면, 해외에서 난민 지위를 획득하거나 유지한 탈북자 수는 영국이 622명으로 가장 많았고 그다음으로 프랑스 146명, 캐나다 126명, 독일 104명, 벨기에 66명, 네덜란드 59명, 호주 30명, 미국 22명 등이었다.[18] 특히 가장 많은 탈북자들을 수용하고 있는 영국의 뉴맬든 지역 한인타운에는 600여 명의 '탈북자 타운'이 형성되어 한인 행사를 남과 북이 공동으로 치르는 등 새로운 공동체 문화를 형성하고 있다.[19] 그러나 실질적으로 해외 국가에서 탈북자들이 법적 난민 지위를 보장받아 시민권을 획득하는 것은 극히 어려운 실정이다. 여기에는 크게 두 가지 이유가 있다. 하나는 대부분의 관련국들이 '정치적 박해'를 중심으로 난민 개념을 엄격히 적용하는데, 대부분 경제적 목적으로 탈출하며 기본적으로 한국에서 시민권을 자동적으로 보장받을 수 있는 탈북자들의 경우 법적 난민 지위를 보장받기가 어렵다. 이러한 이유로 유엔난민기구는 '현장난민refugee sur place' 개념을 제기하며 경제적 목적의 탈북이지만 정치적 박해가 우려되는 탈북자들을 실질적 난민으로 인정해야 한다고 주장하고 있다. 또 다른 하나는 이미 한국에서 시민권을 획득한 탈북자들이 시민권 혜택을 다 누리고 허위 망명을 시도하는 경우가 증가했기 때문이다. 실제로 2004년부터 2010년까지 영국에서 난민 지위를 신청한 약 1,000명의 탈북자들 중 700명 정도는 허위 망명자로 밝혀졌고 이들 중 200여 명은 한국으로 추방되어 돌아갔지만 나머지 500여 명은 영국과 주변 유럽 국가에서 불법체류자로 머물고 있다.[20] 더욱이 한국 정부는 2009년부터 허위 망명을 시도하다 추방되는 탈북자들에 대한 재입국 규제를 강화하고 재입국이 허가된 탈북자들 역시 기존의 복지 혜택을 모두 무효화하는 조치를 시행하고 있다.

4

다문화 한국과 탈북자

한국 정부가 형식적으로 단일민족 이데올로기와 동포애적 박애주의에 입각해 탈북자들에게 대한민국의 시민권을 부여해왔지만 법적 시민권을 넘어 탈북자들의 실질적인 사회적 시민권이 한국 사회의 핵심 문제로 부각되고 있다.[21] 흔히 네이션의 단위는 동일한 이념과 문화를 공유하는 정치적 집단으로 간주되며 이러한 의미에서 네이션은 계급적 혹은 사회 내적 위계성에도 불구하고 기본적으로 수평적인 맥락에서 이해된다. 네이션의 개념을 한국의 사례에서 민족 개념으로 확대해 이해했을 때 현대 한국의 이주 조선족의 사례는 수직적이고 '계층화된 민족성hierarchical nationhood' 개념을 드러내준다고 할 수 있다.[22] 1999년 제정된 재외동포법에서 조선족은 법적인 한국 국민의 범주에서 배제되었고 이것은 한국 사회의 종족적 민족주의와 혈통 중심적 시민권 정치가 내적으로 변화되기 시작했음을 알리는 것이었다. 법적인 한국 국민의 지위를 배제당한 조선족은 여전히 한민족의 범주로 인식되면서도 한국 사회의 소수자 집단으로 인식되고 있다. 여기서 탈북자 집단은 한국 국민의 범주에 포함되어 시민권을 부여받고 있지만 실질적인 사회적 시민권의 향유 측면에서 보면 조선족의 상황과 크게 다르지 않다. 이것은 주류 한국 사회의 소수자 집단에 대한 무관심과 냉대를 보여주는 것이며,[23] 포괄적인 한민족의 정체성이 아니라 대한민국의 국가를 바탕으로 한 민족 정체성을 반영한 결과이기도 하다.[24] 다시 말하면, '대한민국 민족주의' 혹은 '대한민국의 정체성' 속에서 기존 한민족의 성원이었던 탈북자, 조선족 집단 역시 이제 계층화된 민족성의 하위 그룹이자 한국 사회 내 소수자 집단으로 자리매김된 것이다.

이처럼 20세기 말부터 탈북자들과 조선족의 이주 행렬이 끊이지 않고 있는 가운데 21세기 들어 외국인 노동자, 결혼 이민자들의 유입으로 인해 한국 사회는 인종적으로, 문화적으로 좀 더 다원화된 사회로 변모되고 있다. 이런 상황에서 한국 사회의 종족적 민족주의는 외래 인구와 문화의 유입으로 인한 내적 갈등과 긴장을 경험하며 새롭게 재편되고 있다. 과거와 달리 한국 정부는 불법체류하는 골칫거리들을 단순히 처벌하는 방식에서 벗어나 '확대와 포섭'의 기제를 통해 이주민들을 규율하고 한국 국가의 순혈주의를 재강화하려는 전략을 구사하고 있다.[25] 따라서 20세기에서 21세기로 전환되는 다문화의 변화에서 대한민국 중심의 국가 정체성이 강조되는 가운데 이념적, 경제적으로 열등한 것으로 취급된 이주 한인들과 종족적, 경제적으로 열등한 것으로 간주된 이주 외국인들이 다문화 한국 사회의 소수자 집단으로 자리 잡게 되었다. 이주 한인 및 외국인들의 물결 속에서 한국 사회의 지배 담론은 혈통 중심의 시민권 정치에서 부분적인 파열을 경험함과 동시에 이러한 내적 파열을 주류 사회 또는 계급의 논리로 위계화함으로써 내적 위기를 봉합하며 종족적 민족주의를 재구성하고 있는 것이다.[26]

결국 21세기 다문화 한국 사회에서 탈북자들의 지위는 탈냉전 시대 북한 주민들과 해외 체류 탈북자들의 인권 문제와 동떨어져 있지 않다. 법적 시민권의 혜택을 누리고 있지만 사회적 시민권에서 괴리된 탈북자들의 지위는 기본권을 침해받고 있는 북한 주민들과 법적인 난민 지위를 보장받지 못하고 불법체류자로 해외를 떠도는 탈북자들의 또 다른 거울인 것이다. 따라서 탈북자들의 온전한 시민권 문제는 북한 주민들과 해외 탈북자들의 인권과 지위를 고려하며 통일 한국의 미래를 생각하는 폭넓은 시야에서 성찰되어야 한다.

| 나가는 말 |

김일성은 1930년대 동북항일연군의 지휘관으로 일제에 투항하거나 체포되지 않고 공을 세운 몇 안 되는 조선인 지도자로서 소련의 후원 아래 정권을 잡고 한국전쟁을 지휘했다. 전후에는 반미주의와 주체사상을 공고화하며 자신의 체제를 달성할 수 있었다. 그러나 1960년대까지만 해도 중·소 원조에 힘입어 남한의 경제를 크게 앞질렀던 북한의 경제는 1970년대 후반부터 하강 곡선을 그리기 시작했고, 21세기를 목전에 둔 시점에서는 전대미문의 식량난을 맞아 스스로 칭한 지상낙원을 이탈하는 주민들을 양산해냈다. '비단옷을 입고 고깃국을 먹으며 기와집에서 살 수 있을 것'이라는 김일성의 약속이 끝내 지켜지지 못한 것이다. 오히려 배고픔에 옆집 두 살배기 아이의 인육을 먹고 총살당하거나 경계병에게 발각될 것이 두려워 두만강을 건너다 우는 아기의 숨을 틀어막아 죽여야 했던 탈북자들의 비극은 항일무장투쟁의 위용을 만방에 알리고자 한 현대 북한의 모습을 더욱 비참하게 만들었다. 그러나 이 와중에도 북한 정권에 대한 평양과 핵심계층의 지지는 여전히 견고해 보인다. 20세기 말을 거쳐 21세기 초에 이른 북한의 모습은 '총폭탄 정신'을 다짐하는 핵심계층 주민들의 함성과 배고픔에 지상낙원을 이탈하는 탈북자들의 행렬이 겹쳐지는 가운데 선군정치의 깃발 아래 반제투쟁의 전통을 되새기는 여전사의 모습과 공개처형된 가족의 주검 앞에서 오열하는 누더기 소년의 모습이 오버랩되는 모순된 현실 속에 위치한다.

1989년 베를린 장벽 붕괴와 1991년 소련 해체를 목격하면서 북한은 체제 위기를 극복하고자 외부와의 벽을 높이며 내부 통제를 강화해왔다. 항독영웅으로 추대되었지만 결국엔 인민들의 돌에 맞아 숨진 절친 차우셰스쿠의 운명을 지켜보았던 김일성은 기존의 독자 노선을 가속화하며 체제의 문을 걸어 잠갔고, 그의 아들 김정일은 '우리식대로 살아나가자!'는 정치적 구호를 앞세워 21세기 고난의 행군을 통해 식량난을 극복하고자 했다. 이러한 상황에서 국가는 개인의 생계를 가정에 떠넘겼고, 주부들은 직장을 잃은 세대주의 한숨 속에서 보따리 장사로 가족을 먹여 살려야 했다. 경제적 파탄이 유격대국가의 자존심을 훼손하고 급기야는 두만강을 건너는 자신의 백성들을 사살해야 하는 비극적 상황으로 치닫게 한 것이다. 이제 장마당, 꽃제비, 매춘, 인신매매, 강간, 절도, 부정부패, 영아 살해, 강제노역, 공개처형 등은 우리와 서구의 언론매체에 오르내리며 북한 체제를 상징하는 대표적인 수식어구들이 되어버렸다. 이에 더해 북한은 1980년대부터 비밀리에 핵을 개발하기 시작했고, 외교적 진통 끝에 여섯 차례의 핵실험을 감행했다. 이로 인해 고조된 북미 간, 남북 간 군사적, 외교적 긴장은 2000년, 2007년 남북정상회담에서 이뤄진 남북 화해의 무드를 무색하게 만들었다.

거의 한 세기 동안의 긴 역사적 변화 과정을 거쳤음에도 북한은 여전히 과거의 전통 속에서 살고 있는 몇 안 되는 현대 국가들 중 하나로 남아 있다. 보천보전투의 위용과 자부심은 김일성이 권력을 획득하고 국가를 경영하는 정치적 정당성의 토대가 되었고, 김정일은 아버지의 유격대국가를 정착시키고 주체사상을 제도화하며 일상에서 주민들을 규율하는 사업들을 벌였다. 김일성이 세우고 김정일이 가꾼 유격대국가는 민생단 사건과 한국전쟁을 거쳐 중·소 분쟁과 내부 파벌의 도전을 극복하며 주체 사회주의를 지향해왔다. 또한 '어버이 수령'의 카리스마적 리더십과 '대를 이어 충성하자'는 구호 아래 북한은 수령-당-대중의 혈연적 단결을 강조하는 가족국가의 형상을 구축했고, 선군정치와 전체주의적 폭력성을 노출하면서도 기울어가는 유격대국가의 자존감을 지키고자 분투했다. 수많은 인력과 자원을 동원해 〈아리랑 축제〉를 여는 등 극장국가의 면모를 과시한 것이 대표적인 예다. 이렇듯 북한의 국가는 다양한 얼굴을 드러내며 사회주의에서 민족주의로 자신의 정체성을 변화시켜왔다. 1972년 신헌법에서는 마르크스-레닌주의와 함께 주체사상이 통치 이념으로 격상되었고, 1992년 헌법 개정에서는 주체사상만이 유일한 지도 이념으로 공식화되었다. '사회주의는 과학이다'라고 주장한 김정일의 언설에서 이제 사회주의는 오로지 주체 사회주의만을 의미하는 것이었다.[1] 사회적 진보를 추구하는 근대 계몽의 기획으로서 마르크스와 레닌이 꿈꾸었던 사회주의는 현대 북한에서 '우리식 사회주의'와 '조선민족제일주의'로 변화했고, '사회정치적 생명체론'과 '충효사상'을 통해 전통적 가치를 정치적으로 호명하는 복고화로 극단화되었다. 이로써 세계체제에서 이탈한 현대 북한은 제국주의와 대립하며 자본주의적 진보의 역사를 거부하는 하나의 '은둔의 왕국'으로 남게 된 것이다.

폴라니Karl Polanyi는 근대가 낳은 자본주의적 시장경제를 거대한 변환의 '악마의 맷돌'로 묘사하며 이러한 자본주의적 근대성이 파시즘과 스탈린주의라는 양극으로 극단화된 것으로 평가했다.[2] 그러나 커밍스는 자본주의의 닮은꼴 사생아인 파시즘과 스탈린주의를 넘어 북한의 신사회주의적 조합주의neosocialist corporatism가 새로운 대안적 체제를 이루었다고 진단했다.[3] 근대 사회주의에서 20세기 북한의 모습은 사회주의, 민족주의, 유교문화가 한데 얽힌 복합적인 근대성의 산물이었다. 그러나 북한의 근대성 역시 문명과 폭력, 진보와 퇴행의 두 얼굴에서 벗어나지 못했고, 주체 사회주의의 근대적 기획은 민족 독립과 내적 독재라는 '민족주의의 야누스'를 답습했다. 역사와 현실의 파노라마에서 북한의 국가를 분석하는 이 책 역시 이러한 근대성의 명암에서 북한의 체제를 바라보고자 했다. 다양한 얼굴을 한 북한의 이미지는 기실 이러한 근대성의 야누스에서 자유롭지 못하다. 현실 사회주의의 역설은 스탈린과 김일성이 그러했듯 제국주의와 자본주의가 떠벌린 근대 문명을 자신들의 것으로 만드는 데 실패했다는 사실에 있다. 생산 관계에서의 혁명의 과제를 배제한 채 생산력 증진에 집착한 소련과 북한 모두 사회주의 문명국의 꿈을 포기하고 자신의 방식으로 변화를 모색했다. 하나는 체제를 무너뜨리고 자본주의로 탈바꿈하는 것이었고, 다른 하나는 과거의 전통을 호명하며 체제를 수호하는 것이었다. 주체 사회주의의 어두운 그림자는 항일무장투쟁에 기원을 둔 민족주의에서 예견되었고, 현대의 복고적 퇴행 역시 이미 암시되었다. 따라서 진보와 퇴행의 두 얼굴을 한 민족주의의 야누스는 20세기에서 21세기로 이어지는 북한의 역사와 정치에 반영된 것이었다. 다수의 제3세계 신생 독립국가들에서처럼 북한의 근대성은 독립을 위한 민족 자주의 길을 제시했으나, 국가 건설 이후에는 민족의 가치를 절대화하며 내부의 이단자를 탄압하는 독재의 길로 권력화되었다.

주체의 나라와 이해의 마음

무엇보다도 이 책은 1930년대 만주 항일무장투쟁부터 21세기 고난의 행군에 이르기까지 북한의 국가가 보여준 다양한 얼굴의 권력을 주민들의 변화한 정체성 속에서 살펴보았다. 주체를 통해 국가를 분석하는 전략에서 필자는 국가 권력의 동학을 주민들의 삶에서 찾고자 했다. 이를 위해 필자가 직접 면접한 탈북자들의 진술과 다른 출판물들에 나오는 탈북자들의 수기와 진술을 참고했다. 응답자 주체의 구술 기록을 활용하는 것은 질적 방법을 통해 국가 권력을 분석하는 전략이면서 동시에 거시와 미시를 연계하며 국가와 사회를 이해하는 중요한 방법론적, 분석적 전략이 되었다.

이러한 전략 속에서 필자는 북한 사회가 기본적으로 이해 가능하고 예측 가능한 사회라는 점을 전제했다. 어떤 사회를 이해하고자 하는 냉철하면서도 열정적인 마음과 관점을 갖지 않는다면 그 사회에 대한 수많은 계량적 연구 지표는 오히려 먹을 것은 없는 요란한 잔치로 끝날 가능성이 높다. 한 사회에 대한 이해의 학문은 연구자 개인의 위치와 가치를 벗어나 응답자와 응답자가 속한 사회의 내면으로 들어가 얻어낸 것을 객관화하는 작업이 되어야 한다. 이러한 의미에서 부르디외는 연구자 본인의 자아를 잊고 응답자의 경험과 사고에서 얻어지는 관점을 자신의 것으로 변형하는

'지적인 사랑'을 통해 이해의 방법을 추구해야 한다고 지적했다.[4] 또한 사회학자가 갖는 관점이란 기본적으로 다양한 연구 대상자들의 어느 한 관점에 대한 관점일 뿐이기 때문에 연구 대상자가 갖고 있는 각각의 관점을 이해하기 위해서는 가능한 모든 관점을 취할 수 있도록 열려 있어야 하며, 이로써 다양한 개별 연구 대상자들의 관점을 그대로 그려내고 이것을 개인들의 사회적 공간에 다시 위치시킴으로써 그 본연의 모습을 재구성할 수 있어야 한다는 것이다.[5] 이러한 '이해의 방법론'은 다양한 얼굴의 북한을 주체의 시선을 통해 탐색하는 이 책의 방법론적, 분석적 전략과 크게 다르지 않다. 오랜 방법론 논쟁의 한 줄기를 차지하고 있는 '이해의 사회학'도 이러한 관점에서 크게 벗어나 있지 않다. 따라서 북한의 국가와 사회를 이해하기 위해서는 편견을 거부하고 다양성을 인정하는 열린 마음에서 눈앞의 현상을 바라보아야 하며, 경험적 현상에서 추출되는 개념과 이론을 이러한 분석의 지평 위에 올려놓아야 한다. 경험적 관찰과 추상적 이론화를 거쳐 여러 시행착오를 통해 현상과 인식 사이의 괴리를 극복하면서 우리는 국가와 사회의 다양한 관계 맺음과 그 동학을 분석할 수 있는 것이다.

이런 맥락에서 우리가 북한을 이해 가능한 사회라고 전제하면 북한은 매우 예측 가능한 사회일 수 있다. 벼랑 끝 외교, 공개처형, 아편 재배, 핵실험, 요인 암살, 군사적 도발 등 예측 불가능해 보이는 북한의 행위들은 그 기원에서부터 잉태되어 자라난 역사이자 현실이며 예측 가능한 미래인 것이다. '왜 그런 것인가' '어떻게 그렇게 된 것인가'라는 근본적이며 성찰적인 물음을 갖는다면 우리는 이해의 사회학과 방법론으로 그 사회에 접근하고 그 사회 속으로 들어가야 한다. 따라서 필자는 북한의 다양한 얼굴을 드러내면서도 과거부터 현재에 이르며 미래를 지향해 나아가는 북한의 변함 없는 모습에 주목했다. 항일무장투쟁의 역사적 정당성을 현재화하면서 현재화된 전통을 미래를 향해 발사하는 북한의 정치는 복고적이지만 일관성이 있는 예측 가능한 산물이다. 비난과 조롱의 표적이 된 북한의 벼랑 끝 외교와 핵무장은 그들에겐 생존의 문제이자 자부심의 징표이기에 주민들은 그것을 자랑스럽고 당연한 권리이자 의무로 여길 수밖에 없는 것이다.

박한식은 그의 저서에서 주변의 우려와 조롱에도 불구하고 자신들만의 주체 이념을 가꾸고 이를 주민들의 삶의 방식으로 변화시킨 북한의 정치를 두고 '독특한 지혜의 정치the politics of unconventional wisdom'라 불렀고, 이를 책의 부제로 내세웠다.[6] 겉으로 볼 때는 이해 불가능하지만 그 사회와 주체의 내면으로 들어가봄으로써 이해가 가능해지고, 이에 더해 새로운 이해까지 얻어낼 수 있다는 것이다. 아마도 대다수 대중들이 북한에 관심을 갖는다면 핵무기와 인권 문제를 중심으로 신냉전으로 치닫고 있는 북한의 상황과 이에 대한 정치공학적인 치유에 더 관심을 갖게 될 것이다. 그러나 이러한 치유는 문제의 원인과 과정에 대한 이해 없이는 해결될 수 없고, 해결한다고 해도 큰 의미를 찾지 못하는 일이 될 것이다. 한국사회에 정착한 3만 명의 탈북자 집단이 겪는 고통과 이를 불안하게 바라보는 주류 사회의 따가운 시선은 왜곡된 치유의 방식이 낳은 폐단을 방증하고 있다. 북한 연구 역시 크게 다르지 않다. 북한은 핵실험으로 미국과 대적하고 있으며, 남한은 개성공단을 폐쇄하는 등 남북 관계는 악화일로에 있고, 일반 대중들 사이에서는 통일은 불가능하거나 필요 없는 망상이라는 인식이 확산되고 있다. 이러한 상황에서 우리가 인식하는 북한은 이제 강압적 흡수통일이라는 왜곡된 치유의 대상이 된다. 이뿐만 아니라 나와는 다른, 우리가 아닌, 함께할 필요가 없는 무관심과 냉대, 무지의 대상이 되어가고 있다. 이 책에서 필자는 북한 사회에 대한 냉대와 무지를 극복하며 북한을 치유하려는 우월감이 아니라 평등한 관계에서 북한과 함께하고자 하는 이해의 마음과 분석을 학문적, 실천적으로 제시하고자 했다. 주체의 깃발 아래 다양한 형체를 보여주는 국가 권력의 모습과 그 속에서 펼쳐지는 주민들의 삶의 세계를 분석하는 것도 이러한 맥락에서 이루어진 것이다.

민족주의와 그 뒤안길: 갈등과 화해

북한 사회는 주체과학, 주체예술, 주체농법, 주체의학, 주체체육 등 모든 것이 주체로 통하는 '주체의 나라'이다. 김정은 정권 역시 할아버지와 아버지의 권력을 이어받아 주체의 전통을 그대로 지속하고 있다. 3대가 만들고 가꾸고 있는 주체사상은 민생단 사건에서 비롯되어 해방과 전쟁을 거쳐 중·소의 외압과 내부 파벌을 척결하는 과정에서 김일성이 세운 이념이자 정치로서, 또한 김정일이 계승한 이론이자 과학으로서 김정은에게까지 계승되어 주민들의 일상에 침투한 신념 체계이자 규율된 정체성이다. 항일무장투쟁에서 주체 사회주의로 달려온 북한의 근대성에서 만주의 유격대 체제가 근대국가의 구조로 정착되었고, 세포가족이 가족국가에 통합되는 한편 적대계층에 대한 탄압과 전체주의적 폭압이 노출되기도 했다. 무엇보다도 한국전쟁의 집합적 기억을 주조하며 반미주의의 철옹성을 쌓은 북한은 경제난 이후에는 선군정치와 고난의 행군을 벌여 핵 위기와 경제 위기를 극복하고자 했고, 21세기 〈아리랑 축제〉의 향연을 통해 '불멸의 태양민족'의 후예로서 '강성대국의 건설'을 희원하고 있다.

이러한 북한을 '신전체주의 국가'로 본 매코맥은 각종 퍼레이드, 집단체조, 군중공연 등으로 구성된 극장국가의 모습을 '매스게임 사회주의'로 평가한 바 있다. 여기서 〈아리랑 축제〉는 주민들의 축제가 아니라 김일성, 김정일만을 위한 축제가 된다. 오공단 역시 '김일성민족'으로 극단화된 북한의 체제를 유교적 왕국과 전체주의적 사회주의가 결합한 국가로 정의하기도 했다.[7] 이러한 시선은 여전히 많은 국내외 학자들과 정치가들이 전체주의적 프리즘으로 북한을 평가하는 것과 결을 같이한다. 전체주의 국가로 북한을 묘사하는 스칼라피노와 이정식의 기념비적인 저서가 여전히 북한 연구에서 영향력을 발휘하는 것도 이와 무관하지 않다. 다른 한편, 1980년대 민주화의 봄과 함께 수정주의적 역사 해석으로 현대 한국사의 한 획을 그은 커밍스의 저작들은 전체주의에 함몰된 북한 연구의 우편향을 극복하는 데 기여했다. 그러나 세련된 탁견에도 불구하고 그의 좌편향은 냉전에 기반을 둔 북한 연구에 여전히 비판의 빌미를 제공하고 있는 것이 사실이다. 북한을 다시금 성찰하려 했던 시도였던 1980년대 말 북한 바로 알기 운동과 내재적 접근법 역시 친북적 딜레마와 색깔론의 시비에서 벗어나지 못했다.

이러한 상황에서 사료를 바탕으로 해방 정국의 북한 체제를 다양한 층위와 영역에서 분석한 암스트롱의 저서는 기존의 연구들을 뛰어넘는 야심 찬 기획이었다. 북한이 국가를 형성하는 역사적, 정치적 기원이 되는 1945~1950년을 다룬 그의 연구에서 북한의 체제는 '북한의 소비에트화'가 아니라 '소비에트 사회주의의 북한화'로 설명될 수 있었다.[8] 현대 북한 체제의 기원을 민족주의에서 찾고자 했던 암스트롱의 시도는 북한을 새롭게 바라보는 건설적인 시각을 제시해주었다. 하지만 그럼에도 역사적 과정에서 진화한 민족주의의 얼굴을 지나치게 일반화했다는 비판에서 자유롭지는 못했다. 신기욱의 지적대로 주체사상이 헤게모니화한 것은 1960년대 후반이며, 북한이 '사회주의 없는 사회주의 국가'로서 온전한 민족주의 국가로 탈바꿈한 것은 1990년대 초였다. 즉, 북한이 주체와 반미의 나라로 발돋움할 수 있었던 것은 해방과 전쟁을 거쳐 내외의 복잡한 정세와 시간의 흐름 속에서 다져진 결과였다. 다양한 얼굴의 국가 권력이 모순적으로 얽혀 나타났는데, 그 각각의 얼굴들 역시 역사적, 정치적 과정에서 진화한 산물이었다. 주체의 얼굴을 발전시키며 폐쇄적인 민족주의 국가로 치달은 북한의 여정은 우리가 본문에서 살펴보았던 유격대국가, 가족국가, 반미국가, 생명정치, 전체주의, 극장국가 등의 모습이 뒤엉켜 때로는 상호 간 상승 작용으로, 때로는 일부가 숨고 다른 것들이 부각되어 나타난 결과라 할 수 있다.

다수의 북한 주민들은 여전히 핵무기를 끌어안고 총폭탄이 되어 미제와 맞설 자세를 견지하고 있다. 이는 21세기를 훨씬 넘어선 지금 강제 수용소의 악몽을 떠올리며 김정일을 욕하는 탈북자들의 반응과는 상반되는 것이다. 아동학대의 오명 속에서도 끊임없이 진행되고 있는 21세기 극장국가의 파노라마는 북한은 곧 붕괴할 것이라는 서구와 남한 언론의 비웃음을 보기 좋게 뭉개며 그 건재함을 과시하고 있다. 이러한 모습들은 외부의 시선으로는 결코 이해될 수 없는 북한만의 독특한 정치이며 북한 주민들이 살아온 삶의 역사라 할 수 있다. 만약 이 모든 것을 세뇌와 감시의 산물로 치부한다면 우리는 다시 수수께끼의 원점으로 되돌아갈 수밖에 없다. 세뇌, 감시와 같은 부(-)의 효과와 함께 북한 사회의 내재적 변화에서 발산되는 정(+)의 효과를 함께 고려해야만 한다. 한 몸뚱이에서 나온 여러 얼굴의 외양과 내면을 함께 그리지 않는다면, 또한 그것을 변화와 지속의 기제 속에서 보지 못한다면 북한은 가까이하기엔 너무 먼 대상으로 여전히 남게 될 것이다. 이런 딜레마에 대한 해법을 필자는 민족주의에서 찾고자 했고, 그것을 통해 북한을 이해하고자 했다. 암스트롱이 분석했던 해방 정국에서 북한은 이미 민족주의의 씨앗을 품고 있었다. 민족주의는 한국전쟁 이후 주체 노선과 반미주의와 함께 발전했고, 소비에트 사회주의가 붕괴한 직후 그 빛을 발할 수 있었다. 그러나 민족의 얼굴을 한 주체 사회주의에 정착한 순간 북한은 많은 것을 희생해야 했다. 주변 강대국의 틈바구니에서 독자 노선을 추구하며 고립되어갔고, 장기적인 분단체제와 군사 경쟁으로 인해 경제가 기울었으며 외부의 적들과 싸우기 위해 내부 독재를 강화해야 했다. 두 얼굴의 민족주의에서 북한은 미래와 개방의 길이 아닌 과거와 폐쇄의 길을 택했다. 과거의 상처를 치유하고 미래를 향해 나아가기보다는 과거의 상처를 현재화하고 미래로까지 확장하려 했던 것이다. 한홍구가 언급한 '상처받은 민족주의wounded nationalism'의 뒤안길은 정일봉의 희화화와 공개처형의 비극으로 치달았다.

북한의 이런 민족주의는 사회를 복고화하고 민족통일을 가로막는 폐단을 낳았다. 북한은 여섯 번의 핵실험을 마치고 당당하게 핵보유국을 선언했지만, 굶주린 배를 움켜쥐며 반세기 이상 미제와 싸워온 주민들은 김일성이 약속한 진보의 사회주의와는 거리가 먼 갖가지 사회적 퇴행을 경험해야 했다. 남녀평등권과 여성의 사회 참여 등에서 남한보다 더 혁명적인 개혁을 펼쳤던 북한의 젠더 정치는 노동력 동원의 수단으로 변질되었고, 가사와 직업의 이중고에서 여성들을 해방하기는커녕 오히려 그들의 부담을 배가시켰다. 더욱이 국가 가부장제가 강화됨에 따라 사회는 보수화되었고, 여성은 사회에서 주변화되고 가정에서는 세대주의 보조자로 전락하고 말았다. 남편과 겸상을 하지 못하며 남자들이 앉아 있는 벤치 앞을 자연스럽게 지나가지 못하는 현대 북한 여성들의 모습은 조금 과장해서 말하면 현대판 신유교국가의 부활을 보여준다. 이것은 기본적으로 가족국가의 발전에 동반된 전통주의의 부활에서 설명될 수 있다. 사회의 복고화를 낳은 핵심적 배경에는 민족주의의 폐쇄성이 자리 잡고 있는 것이다.

이와 함께 북한의 민족주의는 장기적인 분단체제를 형성하는 한 축이 되었고 체제 경쟁과 통일 문제에서 남북한 모두의 희생을 초래했다. 남북한은 1972년 7월 4일 분단 이후 통일과 관련해 최초로 합의한 공동성명에서 자주, 평화, 민족대단결의 3대 통일 원칙을 천명하고 주한미군 철수와 군비 경쟁 축소를 약속했지만 이내 곧 무산되었다. 통일 방안과 관련해 북한은 1960년 '고려연방제'를 제안한 이후 1973년 '고려연방공화국안', 1980년 '고려민주연방공화국창립방안', 1991년 '느슨한 연방제'를 제안함으로써 연방제를 일관되게 제시해왔다. 남한 또한 1982년 '민족화합민족민주통일방안'에 이어 1989년 최초의 국가연합 통일안인 '한민족공동체통일방안'을 제안했고, 1994년에는 이를 일부 수정한 '민족공동체통일방안'을 제안했다. 여러 우여곡절을 거쳐 남북한은 2000년 남북정상회담과 함께 6·15 남북공동선언을 이끌어냄으로써 통일에 관해 큰 틀에서 합의를 보기도 했다. 그러나 남과 북은 남북연합과 연방제라는 (미묘하게 다른) 공통안을 가졌음에도 불구하고 실질적인 합의를 이끌어내지 못한 채 현재의 신냉전 상황과 마주하게 되었다. 이것은 1972년 남북공동성명의 실패 이후 쌓인 상호 불신 속에서 1983년 버마 아웅산묘지 폭파 사건, 1986년 금강산댐 사건, 1987년 KAL기 폭파 사건으로 이어진 냉전적 분단정치의 후유증을 보여준다.

핵무장으로 개성공단이 폐쇄된 현재의 상황 역시 북한의 민족주의가 의도한 결과이자 동시에 의도하지 않은 결과일 것이다. 과거의 전통을 부여잡으며 체제를 유지할수록 북한의 정치는 더욱 더 과거에 매달릴 수밖에 없다. 핵무장을 통해 자주의 원칙은 지켰지만 핵카드로 활용하려 했던 개혁 개방과 경제 지원에서는 멀어진 것이다. 이제 핵 문제를 풀고 신냉전을 끝내는 길은 미국이라는 변수를 통제한다면 남과 북의 결자해지에 달려 있다고 할 수 있다. 분단체제는 남과 북 모두에게 책임이 있기에 남한은 모든 잘못을 북한에 돌려서는 안 될 것이다. 북한 역시 미국과 남한의 보수정권의 공격 프레임에 대응해 과거에 집착하는 행태에서 벗어나 한반도 평화와 남북 주민 간 소통의 길을 모색해야 한다. 이것은 상처받은 민족주의가 낳은 원한과 갈등의 딜레마에서 벗어나 새로운 공존의 체제를 지향하는 양보의 길을 의미한다. 남북한은 이미 1991년 남북기본합의서와 2000년 남북공동선언에서 민족통일의 큰 그림에 합의했고, 1989년 남한이 제안한 남북연합의 통일안 역시 북한의 연방제안과 크게 다르지 않았다. 결국 이는 논리와 방식의 문제가 아니라 의지와 실천의 문제인 것이다. 남북한이 남북연합 혹은 연방제 형태로 통일의 접점을 찾고 상호 신뢰와 소통의 체제를 구축해간다면 통일의 문턱에 조금 더 다가서게 될 것이다. 이것은 또한 북한이 상처받은 민족주의를 치유하는 길이 될 수 있을 것이다.

| 미주 |

자료의 활용에 관하여

1 Clifford Geertz, *The Interpretation of Cultures*, Basic Books, Inc., 1973(한국어판: 《문화의 해석》, 문옥표 옮김, 까치, 2009).
2 Martin King Whyte, *Small Groups and Political Rituals in China*, University of California Press, 1974.
3 Robert M. Emerson, *Contemporary Filed Research: Perspectives and Formulations*, 2nd edition, Waveland Press, Inc., 2001, pp.299-300.
4 Jin Woong Kang, "North Korea's Militant Nationalism and People's Everyday Lives: Past and Present", *Journal of Historical Sociology* Vol.25, No.1, Spring 2012.
5 Mary Jo Maynes, Jennifer L. Pierce and Barbara Laslett, *Telling Stories: The Use of Personal Narratives in the Social Sciences and History*, Cornell University Press, 2008.
6 조정아 외, 《북한 주민의 의식과 정체성: 자아의 독립, 국가의 그늘, 욕망의 부상》, 통일연구원, 2010.

1장

1 김일성, 《세기와 더불어》 7권, 조선로동당출판사, 1996, 387쪽.
2 조선로동당 중앙위원회 당력사연구소, 《조선로동당 력사 교재》, 조선로동당출판사, 1964, 260쪽.
3 Gi-Wook Shin, *Ethnic Nationalism in Korea: Genealogy, Politics, and Legacy*, Stanford University Press, 2006, p.93(한국어판: 《한국 민족주의의 계보와 정치》, 이진준 옮김, 창비, 2009).
4 김일성, 《세기와 더불어》 4권, 조선로동당출판사, 1993, 18쪽.
5 같은 책, 22쪽.

6 같은 책, 69쪽.

7 같은 책, 72쪽.

8 Hongkoo Han, "Wounded Nationalism: The Minsaengdan Incident and Kim Il Sung in Eastern Manchuria", p.357.

9 김일성, 《세기와 더불어》 4권, 115쪽.

10 같은 책, 462쪽.

11 Tom Nairn, "The Modern Janus", *New Left Review* No.I/94, November-December 1975, p.16.

12 Partha Chatterjee, *Nationalist Thought and the Colonial World: A Derivative Discourse*, University of Minnesota Press, 1986(한국어판: 《민족주의 사상과 식민지 세계》, 이광수 옮김, 그린비, 2013).

13 로버트 영, 《포스트식민주의 또는 트리컨티넨탈리즘》, 김택현 옮김, 박종철출판사, 2005, 198~199쪽.

14 김일성, 〈청년들에 대한 사상교양사업은 민청단체들의 기본 임무, 북조선 민주청년동맹 제3차 대회에서 한 연설 1948년 11월 13일〉, 《김일성 선집》 2권, 학우서방, 1964, 287~288쪽.

15 김일성, 〈김구와 한 담화, 1948년 5월 3일〉, 《김일성 저작집》 4권, 조선로동당출판사, 1979, 299~300쪽.

16 《새조선》 2권 9호, 국립인민출판사, 1949, 46~47쪽.

17 Bruce Cumings, *The Origin of the Korean War: Liberation and the Emergence of Separate Regimes 1945-1947*, Princeton University Press, 1981, pp.401-402(한국어판: 《한국전쟁의 기원》, 김자동 옮김, 일월서각, 1986).

18 국사편찬위원회 편, 《북한 관계 사료집》 18권, 국사편찬위원회, 1994, 459쪽.

19 김일성, 〈사상사업에서 교조주의와 형식주의를 퇴치하고 주체를 확립할 데 대하여, 당 선전선동 일군들 앞에서 한 연설 1955년 12월 28일〉, 《김일성 선집》 4권, 학우서방, 1963, 326쪽.

20 같은 책, 348쪽.

21 이 연설의 제목은 《김일성 저작집》 11권에서 〈사회주의 진영의 통일과 국제공산주의 운동의 새로운 단계〉로 바뀌었다. 김일성, 〈사회주의 진영의 위대한 통일과 국제공산주의 운동의 새로운 단계, 조선로동당 중앙위원회 확대 전원회의에서 한 보고 1957년 12월 5일〉, 《김일성 저작집》 11권, 조선로동당출판사, 1981, 391쪽.

22 김일성, 〈쏘련을 선두로 하는 사회주의 진영의 위대한 통일과 국제공산주의 운동의 새로운 단계, 위대한 사회주의 10월 혁명 40주년 기념 경축 행사와 각국 공산당 및 로동당 대표들의 모쓰크바 회의에 참가하였던 당 및 정부 대표단의 사업에 관한 조선로동당 중앙위원회 확대 전원회의 보고 1957년 12월 5일〉, 《김일

성 선집》 5권, 학우서방, 1963, 236쪽.

23 Andrei Lankov, "Kim Takes Control: The 'Great Purge' in North Korea, 1956-1960", *Korean Studies* Vol.26, No.1, January 2002.

24 김일성, 〈조선민주주의인민공화국에서의 사회주의 건설과 남조선 혁명에 대하여, 인도네시아 알리 아르함 사회과학원에서 한 강의 1965년 4월 14일〉, 《김일성 저작집》 19권, 조선로동당출판사, 1982, 306쪽.

25 Charles Armstrong, *The North Korean Revolution, 1945-1950,* Cornell University Press, 2003, p.245(한국어판: 《북조선 탄생》, 김연철 외 옮김, 서해문집, 2006).

26 사회과학출판사 편, 《정치사전》, 사회과학출판사, 1973, 423쪽.

27 사회과학원 철학연구소, 《철학사전》, 사회과학출판사, 1985, 246쪽.

28 Robert A. Scalapino and Chong-Sik Lee, *Communism in Korea* Part I, II, University of California Press, 1972, p.873(한국어판: 《한국 공산주의 운동사》, 한홍구 옮김, 돌베개, 2015).

29 Hak Soon Paik, "North Korean State Formation, 1945-1950", Ph.D. Dissertation, University of Pennsylvania, 1993.

30 조선로동당 중앙위원회 당력사연구소, 《조선로동당 력사 교재》, 375쪽.

31 와다 하루키, 《북조선: 유격대국가에서 정규군국가로》, 서동만·남기정 옮김, 돌베개, 2002.

32 Sung Chull Kim, *North Korea under Kim Jong Il: From Consolidation to Systemic Dissonance*, State University of New York Press, Albany, 2006.

33 Craig Calhoun, *Nationalism*, University of Minnesota Press, 1997, p.46.

34 김정일, 〈주체사상에 대하여, 위대한 수령 김일성 동지 탄생 70돐 기념 전국 주체사상 토론회에 보낸 론문 1982년 3월 31일〉, 《친애하는 지도자 김정일 동지 문헌집》, 조선로동당출판사, 1992, 15쪽.

35 김정일, 〈주체사상 교양에서 제기되는 몇 가지 문제에 대하여, 조선로동당 중앙위원회 책임일군들과 한 담화 1986년 7월 15일〉, 《친애하는 지도자 김정일 동지 문헌집》, 조선로동당출판사, 1992, 160쪽.

36 김정일, 〈조선민족제일주의 정신을 높이 발양시키자, 조선로동당 중앙위원회 책임일군들 앞에서 한 연설 1989년 12월 28일〉, 《친애하는 지도자 김정일 동지 문헌집》, 조선로동당출판사, 1992, 249쪽.

37 같은 책, 267쪽.

38 김정일, 〈청년들은 당과 수령에게 끝없이 충실한 청년전위가 되자, 첫 청년절을 맞는 전국의 청년들과 사로청 일군들에게 보낸 서한 1991년 8월 26일〉, 《친애하는 지도자 김정일 동지 문헌집》, 조선로동당출판사, 1992, 383쪽.

39 김정일, 〈위대한 수령님을 영원히 높이 모시고 수령님의 위업을 끝까지 완성하자, 조선로동당 중앙위원회 책임일군들과 한 담화 1994년 10월 16일〉, 《김정일

선집》 13권, 조선로동당출판사, 1998, 427~428쪽.

40 같은 책, 427쪽.

41 Eric Hobsbawm and Terence Ranger eds., *The Invention of Tradition*, Cambridge University Press, 1983(한국어판: 《만들어진 전통》, 박지향·장문석 옮김, 휴머니스트, 2004).

2 장

1 Charles Armstrong, "Centering the Periphery: Manchurian Exile(s) and the North Korean State", *Korean Studies* Vol.19, 1995.

2 Ibid., p.9.

3 스즈키 마사유키, 《김정일과 수령제 사회주의》, 유영구 옮김, 중앙일보사, 1994, 211쪽.

4 한홍구, 《대한민국사》 2권, 한겨레신문사, 2003, 155~156쪽.

5 김일성, 〈량강도 당단체들의 과업, 량강도 당, 정권기관, 사회단체 일군들 앞에서 한 연설 1958년 5월 11일〉, 《김일성 저작집》 12권, 조선로동당출판사, 1981, 288~289쪽.

6 Dae-Sook Suh, *Kim Il Sung: The North Korean Leader*, Columbia University Press, 1988, p.34.

7 조선로동당 중앙위원회 당력사연구소, 《항일 빨찌산 참가자들의 회상기》 2권, 조선로동당출판사, 1967, 29쪽.

8 한홍구, 《대한민국사》, 154쪽.

9 같은 책, 162~163쪽.

10 문학예술종합출판사 편, 《백두산 전설집 1: 김일성 전설집》, 백수사, 1996, 118쪽.

11 Hongkoo Han, "Wounded Nationalism: The Minsaengdan Incident and Kim Il Sung in Eastern Manchuria", p.365.

12 Charles Armstrong, "Centering the Periphery: Manchurian Exile(s) and the North Korean State", ibid., p.10.

13 김일성, 〈조선인민군은 항일무장투쟁의 계승자이다, 조선인민군 324 군부대 관하 장병들 앞에서 한 연설 1958년 2월 8일〉, 《김일성 선집》 5권, 학우서방, 1963, 310쪽.

14 같은 책, 310, 314, 315쪽.

15 김일성, 《세기와 더불어》 3권, 조선로동당출판사, 1992, 279쪽.

16 Heonik Kwon, "North Korea's Politics of Longing", *Critical Asian Studies* Vol.42, No.1, March 2010, p.9.

17 김일성, 〈조선인민군은 항일무장투쟁의 계승자이다, 조선인민군 324 군부대 관하 장병들 앞에서 한 연설 1958년 2월 8일〉, 앞의 책, 309쪽.
18 조선로동당 중앙위원회 당력사연구소, 《조선로동당 력사》, 조선로동당출판사, 1991, 473~474, 485쪽.
19 김일성, 〈혁명가 유자녀들은 아버지, 어머니들의 뜻을 이어 혁명의 꽃을 계속 피워야 한다, 창립 스무돐을 맞는 만경대혁명학원 교직원, 학생 및 졸업생들 앞에서 한 연설 1967년 10월 11일〉, 《김일성 저작집》 21권, 조선로동당출판사, 1983, 430쪽.
20 같은 책, 431~433쪽.
21 Benedict Anderson, *Imagined Communities: Reflections on the Origin and Spread of Nationalism*, revised edition, Verso, 1991(한국어판: 《상상의 공동체: 민족주의의 기원과 전파에 대한 성찰》, 윤형숙 옮김, 나남출판, 2003).
22 《교원신문》, 1954.2.27.
23 이태섭, 《김일성 리더십 연구》, 들녘, 2001, 197쪽.
24 《교원신문》, 1959.8.5.
25 《교원신문》, 1959.11.14.
26 조은희, 〈북한의 답사행군을 통해 본 혁명 전통의 의례 만들기〉, 《현대북한연구》 10권 2호, 북한대학원대학교, 2007년 8월, 117~118쪽.
27 백봉, 《민족의 태양 김일성 장군》 4권, 인문과학사, 1987, 299~300쪽.
28 이태섭, 《김일성 리더십 연구》, 206쪽.
29 같은 책, 212~213쪽.
30 중앙일보사 특별취재반, 《한반도 절반의 상속인 김정일》, 40, 90쪽.
31 천현식, 〈'피바다식 혁명가극'과 감정훈련: '집단주의'와 '지도와 대중'을 중심으로〉, 《현대북한연구》 13권 3호, 북한대학원대학교, 2010년 12월.
32 강진웅, 〈북한의 항일무장투쟁 전통과 민족 만들기: 민족주의와 권력, 담론, 주체〉, 《한국사회학》 46집 1호, 한국사회학회, 2012년 2월, 49쪽.
33 여성한국사회연구소 편, 《북한 여성들의 삶과 꿈》, 여성한국사회연구소, 2001, 15~16쪽.
34 《대학생》 1981년 10호(90호), 금성청년출판사, 1981년 10월, 59쪽.
35 Suk-Young Kim, "Dressed to Kill: Women's Fashion and Body Politics in North Korean Visual Media (1960s-1970s)", *Positions: East Asia Cultures Critique* Vol.19, No.1, 2011, pp.177-183.
36 북한 정권은 숨은 영웅들의 모범을 따라 배우는 운동을 전 국민적으로 동원해왔다. 《조선녀성》 1980년 2호(374호), 근로단체출판사, 1980년 2월, 40~41쪽.
37 김형일, 〈긍정적 모범에 의한 감화는 공산주의 교양의 가장 힘 있는 방법〉, 《근로자》 1961년 6호(187호), 근로자사, 1961년 6월, 62쪽.

38 《조선녀성》 1980년 6호(378호), 근로단체출판사, 1980년 6월, 34쪽.

39 같은 책, 35쪽.

40 Hongkoo Han, "Wounded Nationalism: The Minsaengdan Incident and Kim Il Sung in Eastern Manchuria", p.20.

41 김철우, 《김일성 장군의 선군정치》, 48~49쪽.

42 《인민교육》 2005년 1호(608호), 2005년 2월, 31쪽.

43 와다 하루키, 《북조선: 유격대국가에서 정규군국가로》, 324쪽.

44 《로동신문》, 1998.2.12.

45 《신동아》 2013년 10월호, 동아일보사, 2013년 10월, 152~157쪽.

46 같은 책.

47 근로단체출판사 편, 《백두산전설》, 근로단체출판사, 1981, 10쪽.

48 스즈키 마사유키, 《김정일과 수령제 사회주의》, 217쪽.

49 《로동신문》, 1992.4.27.

50 김정일, 〈일군들은 '고난의 행군' 정신으로 살며 일해야 한다, 조선로동당 중앙위원회 책임일군들과 한 담화 1996년 10월 14일〉, 《김정일 선집》 14권, 조선로동당출판사, 2000.

51 《로동신문》, 2007.9.19.

3 장

1 스즈키 마사유키, 《김정일과 수령제 사회주의》, 183쪽.

2 Bruce Cumings, "The Corporate State in North Korea", ed. Ha-gen Koo, *State and Society in Contemporary Korea*, Cornell University Press, 1993; Bruce Cumings, *Korea's Place in the Sun: A Modern History*, W. W. Norton & Company, Inc., 1997(한국어판: 《브루스 커밍스의 한국현대사》, 이교선 외 옮김, 창비, 2001); Mun-Woong Lee, "Rural North Korea under Communism: A Study of Sociocultural Change", Ph.D. Dissertation, Rice University Press, 1975.

3 김일성, 〈북조선의 남녀평등권에 대한 법령, 1946년 7월 30일〉, 《김일성 저작집》 2권, 조선로동당출판사, 1979, 327~328쪽.

4 Anna Louise Strong, *Inside North Korea*, Montrose, 1949, pp.36-37.

5 John W. Riley and Wilbur Schramm, *The Reds Take a City: The Communist Occupation of Seoul*, Rutgers University Press, 1951, pp.159-168.

6 김일성, 〈녀성들을 혁명화, 로동계급화할 데 대하여, 조선민주녀성동맹 제4차 대회에서 한 연설 1971년 10월 7일〉, 《김일성 저작집》 26권, 조선로동당출판사, 1984, 381쪽.

7 사회과학원 언어학연구소, 《현대조선말사전》 2판, 과학, 백과사전출판사, 1981, 35쪽.

8 《조선민주주의인민공화국 과학원통보》 1960년 4호, 과학원출판사, 1960년 8월, 52~53쪽.

9 《문화유산》 1960년 4호, 과학원출판사, 1960년 8월, 65쪽.

10 《문화유산》 1960년 5호, 과학원출판사, 1960년 10월, 37쪽.

11 이문웅, 〈북한의 가족과 친족제도: 연속과 변용〉, 《경북대 평화연구》 14호, 경북대 평화문제연구소, 1989, 73쪽.

12 《천리마》 1964년 4호(67호), 군중문화출판사, 1964년 4월, 53쪽.

13 Charles Armstrong, *The North Korean Revolution*, 1945-1950, pp.97-98.

14 《청년생활》 1964년 10호, 금성청년출판사, 1964년 10월, 50~51쪽.

15 군중문화출판사 편, 《공산주의 례의도덕 교양》, 학우서방, 1964, 88쪽.

16 김일성, 〈민족문화 유산 계승에서 나서는 몇 가지 문제에 대하여, 과학교육 및 문학예술부문일군협의회에서 한 연설 1970년 2월 17일〉, 《김일성 저작집》 25권, 조선로동당출판사, 1983, 25쪽.

17 김일성, 〈사회주의 농촌 건설에서 이룩한 위대한 성과를 더욱 공고 발전시키자, 전국농업대회에서 한 연설 1974년 1월 10일〉, 《김일성 저작집》 29권, 조선로동당출판사, 1985.

18 《조선중앙년감》 1966-1967년, 조선중앙통신사, 1967, 174쪽.

19 국토통일원, 《북한개요》, 국토통일원, 1979, 45쪽.

20 국토통일원, 《북한주민 의식구조 변화실태: 의식구조 이질화 및 개방가능성》, 국토통일원, 1983, 41쪽.

21 김남식, 〈북한의 공산화 과정과 계급 노선〉, 앞의 책, 204쪽.

22 Mun-Woong Lee, "Rural North Korea under Communism: A Study of Sociocultural Change", pp.208-209.

23 여성한국사회연구소 편, 《북한 여성들의 삶과 꿈》, 325쪽.

24 〈세대주의 임무〉, 《천리마》 1969년 1호(121호), 문예출판사, 1969년 1월, 121쪽.

25 김일성, 〈녀성들을 혁명화, 로동계급화할 데 대하여, 조선민주녀성동맹 제4차 대회에서 한 연설 1971년 10월 7일〉, 앞의 책, 381쪽.

26 문예출판사 편, 《조선단편집》 2권, 문예출판사, 1978.

27 《로동신문》, 1966.11.26, 3쪽.

28 《로동신문》, 1966.11.28, 1쪽.

29 《로동신문》, 1969.1.27, 4쪽.

30 《로동신문》, 1969.1.28, 2쪽.

31 《로동신문》, 1970.5.9, 6쪽.

32 《천리마》 1970년 4호(135호), 문예출판사, 1970년 4월, 53쪽.

33 Louis Althusser, *Lenin and Philosophy and Other Essays*, Monthly Review Press, 1971(한국어판:《레닌과 철학》, 이진수 옮김, 백의, 1997).
34 여성한국사회연구소 편,《북한 여성들의 삶과 꿈》, 7~8쪽.
35 리정숙,《먼 해구에서》, 조선문학예술총동맹출판사, 1965, 159쪽.
36 문학예술출판사 편,《조선노래 대전집》, 문학예술출판사, 2002, 810쪽.
37 김정일, 〈주체사상 교양에서 제기되는 몇 가지 문제에 대하여, 조선로동당 중앙위원회 책임일군들과 한 담화 1986년 7월 15일〉, 앞의 책, 160쪽.
38 같은 책, 160쪽.
39 같은 책, 160쪽.
40 김정일, 〈주체의 혁명관을 튼튼히 세울 데 대하여, 조선로동당 중앙위원회 책임일군들과 한 담화 1987년 10월 10일〉,《친애하는 지도자 김정일 동지 문헌집》, 조선로동당출판사, 1992, 203쪽.
41 여성한국사회연구소 편,《북한 여성들의 삶과 꿈》, 76쪽.
42 김정일, 〈청년들은 당과 수령에게 끝없이 충실한 청년전위가 되자, 첫 청년절을 맞는 전국의 청년들과 사로청 일군들에게 보낸 서한 1991년 8월 26일〉, 앞의 책, 382쪽.

4장

1 Mayfair Mei-hui Yang, "The Modernity of Power in the Chinese Socialist Order", *Cultural Anthropology* Vol.3, No.4, November 1988.
2 Anthony Giddens, *The Nation-State and Violence*, University of California Press, 1985, p.302(한국어판:《민족국가와 폭력》, 진덕균 옮김, 삼지원, 1993).
3 Robert O. Paxton, *The Anatomy of Fascism*, Alfred A. Knopf, 2004, p.218(한국어판:《파시즘: 열정과 광기의 정치 혁명》, 손명희·최희영 옮김, 교양인, 2005).
4 Stephen Kotkin, *Magnetic Mountain: Stalinism as a Civilization*, University of California Press, 1995, p.23.
5 Michel Foucault, "Preface", eds. Gilles Deleuze and Félix Guattari, *Anti-Oedipus: Capitalism and Schizophrenia*, Viking, 1983, p.xiii(한국어판:《안티 오이디푸스: 자본주의와 분열증 1》, 김재인 옮김, 민음사, 2014).
6 Félix Guattari, *Molecular Revolution: Psychiatry and Politics*, Penguin, 1984(한국어판:《분자혁명: 자유의 공간을 향한 욕망의 미시 정치학》, 윤수종 옮김, 푸른숲, 1998).
7 《조선중앙년감》 1951-1952년, 조선중앙통신사, 1952, 106쪽.
8 Stephen Endicott and Edwar Hagermann, *The United States and Biological Warfare:*

Secrets from the Early Cold War and Korea, Indiana University Press, 1999(한국어판:《한국전쟁과 미국의 세균전》, 안치용·박성휴 옮김, 중심, 2003).

9 Commission of International Association of Democratic Lawyers, *Report on U.S. Crimes in Korea*.

10 박명림,《한국 1950 전쟁과 평화》, 628쪽.

11 고재의,《수학: 인민학교 2》, 교육도서출판사, 1986, 29쪽.

12 북한연구소,《북한총감》, 1301쪽.

13 《로동신문》, 1968.10.2.

14 여성한국사회연구소 편,《북한 여성들의 삶과 꿈》, 340쪽.

15 Gilles Deleuze and Félix Guattari, *A Thousand Plateaus: Capitalism and Schizophrenia*, University of Minnesota Press, 1987, pp.213-214(한국어판:《천 개의 고원: 자본주의와 분열증 2》, 김재인 옮김, 새물결, 2001).

16 Nikolas Rose, *Powers of Freedom: Reframing Political Thought*, Cambridge University Press, 1999, p.26.

17 Gilles Deleuze and Félix Guattari, *A Thousand Plateaus: Capitalism and Schizophrenia*, p.213.

18 《조선녀성》 1963년 7호, 문학예술출판사, 1963, 23~24쪽.

19 《조선녀성》 1958년 5호, 문학예술출판사, 1958, 24쪽.

20 Kathryn A. Manzo, *Creating Boundaries: The Politics of Race and Nation*, Lynne Rienner Publishers, 1996, p.3.

21 Bruce Cumings, *North Korea: Another Country*, The New Press, 2004; Ralph C. Hassig and Kongdan Oh, *The Hidden People of North Korea: Everyday Life in the Hermit Kingdom*, Rowman and Littlefield Publishers, Inc., 2009.

22 《로동신문》, 1997.5.2.

23 《로동신문》, 1993.3.18.

24 《로동신문》, 1993.1.15.

25 이수혁, 〈북한 핵 문제 북한 주민들은 어떻게 보고 있는가?〉,《북한》 379호, 북한연구소, 2003년 7월.

26 《인민교육》 2005년 1호(608호), 교육신문사, 2005년 2월, 32쪽.

27 Albert O. Hirschman, *Exit, Voice, and Loyalty: Responses to Decline in Firms, Organizations, and States*, Harvard University Press, 1970, pp.77-78.

28 Bradley K. Martin, *Under the Loving Care of the Fatherly Leader: North Korea and the Kim Dynasty*, Thomas Dunne Books, 2004, p.391.

29 여성한국사회연구소 편,《북한 여성들의 삶과 꿈》, 316쪽.

30 Andrei Lankov, *The Real North Korea: Life and Politics in the Failed Stalinist Utopia*, Oxford University Press, 2013(한국어판:《리얼 노스코리아: 좌와 우의 눈이

아닌 현실의 눈으로 보다》, 김수빈 옮김, 개마고원, 2013).

5장

1 북한연구소, 《북한총감》, 893쪽.
2 Michel Foucault, *Security, Territory, Population: Lectures at the College de France, 1977-1978*, Palgrave Macmillan, 2007, p.104(한국어판: 《안전, 영토, 인구: 콜레주 드 프랑스 강의 1977~1978년》, 심세광 외 옮김, 난장, 2011).
3 김일성, 〈녀맹 조직들 앞에 나서는 몇 가지 과업에 대하여, 조선민주녀성동맹 제3차 대회에서 한 연설 1965년 9월 2일〉, 《김일성 저작집》 19권, 조선로동당출판사, 1982, 428~429쪽.
4 《교원신문》, 1956.1.25.
5 Michel Foucault, Security, *Territory, Population: Lectures at the College de France, 1977-1978*, p.1.
6 김재한, 《어린이보육교양 경험》, 사회과학출판사, 1986, 114쪽.
7 같은 책, 109쪽.
8 조선녀성사, 《전국어머니대회 문헌집》, 조선녀성사, 1962, 314~317쪽.
9 홍순원, 《조선보건사》, 과학, 백과사전출판사, 1981, 584쪽.
10 지면식, 〈인민보건사업 발전의 새로운 단계〉, 《근로자》 1960년 3호(172호), 근로자사, 1960년 3월, 55쪽.
11 홍순원, 《조선보건사》, 578쪽.
12 지면식, 〈위생문화사업의 혁신을 위하여〉, 《근로자》 1959년 11호(168호), 근로자사, 1959년 11월, 56~57쪽.
13 《교원신문》, 1959.10.3.
14 리일경, 〈경제사업에서의 유일관리제와 당적 통제의 강화를 위하여〉, 《근로자》 1955년 9호(118호), 근로자사, 1955년 9월, 54~55쪽.
15 이태섭, 《김일성 리더십 연구》, 209쪽.
16 《인민》 4권 2호, 1949년 2월, 9쪽.
17 《근로자》 22호, 근로자사, 1948년 12월, 89쪽.
18 김하광, 〈사회주의 경제 관리 운영에서 통계의 역할〉, 《근로자》 1965년 23호(285호), 근로자사, 1965년 12월, 27, 30쪽.
19 장익모·리성근, 〈대안 체제와 새 인간의 형성〉, 《근로자》 1963년 1호(215호), 근로자사, 1963년 1월, 20쪽.
20 조정아, 〈북한 중등학교 규율과 학생문화〉, 북한연구학회 편, 《북한의 교육과 과학기술》, 경인문화사, 2006, 301~302쪽.

21 《교원신문》, 1955.12.7.
22 《교원신문》, 1956.10.6.
23 《교원신문》, 1956.2.25.
24 《교원신문》, 1956.11.10.
25 《교원신문》, 1956.11.10.
26 김일성, 〈사회주의 교육에 관한 테제, 조선로동당 중앙위원회 제5기 제14차 전원회의에서 발표 1977년 9월 5일〉, 《김일성 저작집》 32권, 조선로동당출판사, 1986, 374쪽.
27 김기수, 〈체육을 전 군중적으로 발전시키기 위하여〉, 《근로자》 1964년 23호(261호), 근로자사, 1964년 12월, 15, 17쪽.
28 《조선중앙년감》 1976년, 조선중앙통신사, 1976, 366~367쪽.

6장

1 Michel Foucault, *Power/Knowledge: Selected Interviews and Other Writings 1972-1977*, The Harvester Press, 1980, pp.134-145.
2 Jan Plamper, "Foucault's Gulag", *Kritika: Explorations in Russian and Eurasian History* Vol.3, No.2, 2002.
3 Michel Foucault, *Society Must Be Defended: Lectures at the College de France, 1975-1976*, Picador, 2003, pp.254-256(한국어판: 《사회를 보호해야 한다: 콜레주 드 프랑스 강의 1975~1976년》, 김상운 옮김, 난장, 2015).
4 Ibid., p.259.
5 김창순, 《조지 오웰 〈1984년〉의 실체 북한》, 신기원사, 1984; Kongdan Oh and Ralph C. Hassig, *North Korea Through the Looking Glass*, Brooking Institution Press, 2000 등.
6 Carl J. Friedrich and Zbigniew Brzezinski, *Totalitarian Dictatorship and Autocracy*, Harvard University Press, 1956, pp.9-10.
7 Robert A. Scalapino and Chong-Sik Lee, *Communism in Korea*.
8 Gavan McCormack, "Kim Country: Hard Times in North Korea", *New Left Review* No.I/198, March-April 1993.
9 Hannah Arendt, *The Origins of Totalitarianism*, Harcourt, Brace, and World, 1951(한국어판: 《전체주의의 기원》 1·2, 박미애·이진우 옮김, 한길사, 2006).
10 김창순, 《조지 오웰 〈1984년〉의 실체 북한》, 117쪽.
11 Bruce Cumings, *The Origin of the Korean War: Liberation and the Emergence of Separate Regimes 1945-1947*, p.416.

12 김석형,《나는 조선노동당원이오!》, 선인, 2001, 140쪽.

13 Antonio Gramsci, *Selections from Prison Notebooks*, International Publishers, 1971(한국어판:《그람시의 옥중수고 1: 정치편》, 이상훈 옮김, 거름, 1999).

14 북한연구소,《북한총감》, 927~930쪽; 김석형,《나는 조선노동당원이오!》, 247~249쪽.

15 Robert A. Scalapino and Chong-Sik Lee, *Communism in Korea*, p.1022.

16 오영진,《소군정하의 북한: 하나의 증언》, 중앙문화사, 1952.

17 Charles Armstrong, *The North Korean Revolution, 1945-1950*, p.189.

18 Erik Van Ree, *Socialism in One Zone: Stalin's Policy in Korea, 1945-1947*, Berg Publishers Ltd., 1989.

19 Hak Soon Paik, "North Korean State Formation, 1945-1950", p.303.

20 Charles Armstrong, *The North Korean Revolution, 1945-1950*, p.208.

21 Wilbur Schramm and John W. Riley, "Communication in the Sovietized State, as Demonstrated in Korea", *American Sociological Review* Vol.16, No.6, 1951, p.765.

22 John W. Riley and Wilbur Schramm, *The Reds Take a City: The Communist Occupation of Seoul*, p.110.

23 김석형,《나는 조선노동당원이오!》, 143쪽.

24 Robert A. Scalapino and Chong-Sik Lee, *Communism in Korea*, pp.833-834.

25 조선로동당 중앙위원회 당력사연구소,《조선로동당 력사》, 481쪽.

26 Gavan McCormack, "North Korea in the Vice", *New Left Review* No.18, November-December 2002, p.15.

27 《동아일보》, 2009.10.17.

28 Http://www.rfa.org/korean/in_focus/mine_prison-01182011162014.html, 2016년 10월 25일 접속.

29 여성한국사회연구소 편,《북한 여성들의 삶과 꿈》, 29쪽.

30 Http://www.dailynk.com/korean/read.php?num=88980&cataId=nk00100, 2016년 10월 25일 접속.

31 Chol-hwan Kang and Pierre Rigoulot, *The Aquariums of Pyongyang: Ten Years in a North Korean Gulag*, Basic Books, 2001, p.162.

32 여성한국사회연구소 편,《북한 여성들의 삶과 꿈》, 65쪽.

33 같은 책, 61쪽.

34 조창호,《돌아온 사자》, 지호, 1995, 271쪽.

35 여성한국사회연구소 편,《북한 여성들의 삶과 꿈》, 248~249쪽.

36 좋은벗들,《북한 사람들이 말하는 북한 이야기》, 정토출판, 2000, 235쪽.

37 여성한국사회연구소 편,《북한 여성들의 삶과 꿈》, 90쪽.

38 같은 책, 90쪽.

39 성혜랑, 《등나무집》, 지식나라, 2001, 340쪽.

40 Http://nk.chosun.com/news/articleView.html?idxno=5297, 2016년 10월 23일 접속.

41 Michel Foucault, *Discipline and Punish: The Birth of the Prison*, Vintage, 1977(한국어판: 《감시와 처벌》, 오생근 옮김, 나남출판, 2003).

42 United States Senate, *Life Inside North Korea*, United States Senate, 2003.

7장

1 George Steinmetz ed., *State/Culture: State-Formation after the Cultural Turn*, Cornell University Press, 1999.

2 Bob Jessop, *State Theory: Putting the Capitalist State in Its Place*, Polity Press, 1990(한국어판: 《전략 관계적 국가이론》, 유범상·김문귀 옮김, 한울, 2000).

3 Thomas Blom Hansen and Finn Stepputat eds., *States of Imagination: Ethnographic Explorations of the Postcolonial State*, Duke University Press, 2001.

4 Pierre Bourdieu, "Rethinking the State: Genesis and Structure of the Bureaucratic Field", ed. George Steinmetz, *State/Culture: State-Formation after the Cultural Turn*, Cornell University Press, 1999, p.55.

5 Clifford Geertz, *Negara: The Theatre State in Nineteenth-Century Bali*, p.13.

6 Gavan McCormack, "Kim Country: Hard Times in North Korea", ibid., pp.46-47.

7 Ibid., p.47.

8 Clifford Geertz, *Negara: The Theatre State in Nineteenth-Century Bali*, pp.18-19.

9 Pierre Bourdieu, "Rethinking the State: Genesis and Structure of the Bureaucratic Field", ibid., pp.61-63.

10 Thomas Blom Hansen and Finn Stepputat eds., *States of Imagination: Ethnographic Explorations of the Postcolonial State*, pp.5-6.

11 스즈키 마사유키, 《김정일과 수령제 사회주의》, 211, 218쪽.

12 같은 책, 223쪽.

13 전영선, 〈북한 '아리랑'의 현대적 변용 양상과 의미〉, 《현대북한연구》 14권 1호, 북한대학원대학교, 2011년 4월, 49, 53쪽.

14 권헌익·정병호, 《극장국가 북한: 카리스마 권력은 어떻게 세습되는가》, 86쪽.

15 와다 하루키, 《북조선: 유격대국가에서 정규군국가로》, 156쪽.

16 같은 책, 301쪽.

17 Clifford Geertz, *Local Knowledge: Further Essays in Interpretive Anthropology*, Basic Books, 1983, p.123.

18 Heonik Kwon, "North Korea's Politics of Longing", ibid., p.18.

19 와다 하루키, 《북조선: 유격대국가에서 정규군국가로》, 301, 317쪽.

20 강진웅, 〈'문화적 전환' 이후의 국가론: '실재'와 '상상'의 앙상블로서의 국가〉, 《한국사회학》 48집 1호, 한국사회학회, 2014년 2월.

21 Carol Medlicott, "Symbol and Sovereignty in North Korea", *SAIS Review* Vol.25, No.2, 2005, pp.75-77.

8 장

1 임순희, 《식량난과 북한 여성의 역할 및 의식 변화》, 통일연구원, 2004.

2 여성한국사회연구소 편, 《북한 여성들의 삶과 꿈》, 308~309쪽.

3 좋은벗들, 《북한 사람들이 말하는 북한 이야기》, 173쪽.

4 같은 책, 64쪽.

5 같은 책, 61쪽.

6 여성한국사회연구소 편, 《북한 여성들의 삶과 꿈》, 271쪽.

7 Andrei Lankov and Seok-hyang Kim, "North Korean Market Vendors: The Rise of Grassroots Capitalist in a Post-Stalinist Society", *Pacific Affairs* Vol.81, No.1, 2008.

8 여성한국사회연구소 편, 《북한 여성들의 삶과 꿈》, 51쪽.

9 이미경·구수미, 〈경제 위기 이후 북한 여성의 삶과 의식: 청진, 신의주, 혜산 지역을 중심으로〉, 《북한연구학회보》 8권 2호, 북한연구학회, 2004.

10 Http://www.dailian.co.kr/news/view/478594, 2016년 12월 13일 접속.

11 김일성, 〈자녀교양에서 어머니들의 임무, 전국어머니대회에서 한 연설 1961년 11월 16일〉, 《김일성 저작집》 15권. 조선로동당출판사, 1981, 351쪽.

12 Suzy Kim, "Revolutionary Mothers: Women in the North Korean Revolution, 1945-1950", *Comparative Studies in Society and History* Vol.52, No.4, 2010.

13 Jon Halliday, "Women in North Korea: An Interview with the Korean Democratic Women's Union", *Bulletin of Concerned Asian Scholars* Vol.17, No.3, July-September 1985, p.53.

14 《말》 1992년 10월호(76호), 1992년 10월, 213쪽.

15 Sonia Ryang, "Gender in Oblivion: Women in the Democratic People's Republic of Korea (North Korea)", *Journal of African and Asian Studies* Vol.35, No.3, 2000.

16 Jon Halliday, "The North Korean Enigma", *New Left Review* No.I/127, May-June 1981, p.48.

17 안인해, 〈김정일 체제의 경제와 여성〉, 《한국정치학회보》 35권 2호, 한국정치학회, 2001.

18 이미경·구수미, 〈경제 위기 이후 북한 여성의 삶과 의식: 청진, 신의주, 혜산 지역을 중심으로〉, 앞의 책, 176~177쪽.
19 Kyung Ae Park, "Women and Revolution in North Korea", *Pacific Affairs* Vol.65, No.4, Winter 1992/93, p.540.
20 조정아 외, 《북한 주민의 의식과 정체성: 자아의 독립, 국가의 그늘, 욕망의 부상》, 343쪽.

9 장

1 강진웅, 〈한국 시민이 된다는 것: 한국의 규율적 가버넌스와 탈북 정착자들의 정체성 분화〉, 《한국사회학》 45집 1호, 한국사회학회, 2011년 2월.
2 Rogers Brubaker, *Citizenship and Nationhood in France and Germany*, Harvard University Press, 1992, p.182.
3 Hyun Choe, "National Identity and Citizenship in the People's Republic of China and the Republic of Korea", *Journal of Historical Sociology* Vol.19, No.1, 2006.
4 Thomas H. Marshall, *Citizenship and Social Class*, Cambridge University Press, 1950, p.8.
5 Bryan S. Turner, "The Erosion of Citizenship", *British Journal of Sociology* Vol.52, No.2, 2001.
6 윌 킴리카, 《다문화주의 시민권》, 장동진 외 옮김, 동명사, 2010; Renato Rosaldo, "Cultural Citizenship, Inequality, and Multiculturalism", eds. William V. Flores and Rina Benmayor, *Latino Cultural Citizenship: Claiming Identity, Space, and Rights*, Beacon Press, 1997.
7 Aihwa Ong, "Cultural Citizenship as Subject-Making: Immigrants Negotiate Racial and Cultural Boundaries in the United States", *Current Anthropology* Vol.37, No.5, 1996, p.737.
8 Stephan Haggard and Marcus Noland eds., *The North Korean Refugee Crisis: Human Rights and International Response*, U.S. Committee for Human Rights in North Korea, 2006, p.22.
9 Jin Woong Kang "Human Rights and Refugee Status of the North Korean Diaspora", *North Korean Review* Vol.9, No.2, Fall 2013, p.12.
10 Kelly Koh and Glenn Baek, "North Korean Defectors: A Window into a Reunified Korea", eds. Kongdan Oh and Ralph C. Hassig, *Korea Briefing 2000-2001: First Steps Toward Reconciliation and Reunification*, An East Gate Book, 2002, p.211.
11 박수미 외, 《차별에 대한 국민의식 및 수용성 연구》, 한국여성개발원, 2004, 118쪽.

12 *The Korean Times*, 2008.7.23.

13 Http://www.kpinews.co.kr:444/news/articleView.html?idxno=42883, 2016년 11월 10일 접속.

14 고려대학교 민족문화연구원·한국리서치, 《2016 남북언어의식 조사 보고서》, 한국리서치, 2016.

15 《조선일보》, 2006.5.2.

16 Jin Woong Kang, "Human Rights and Refugee Status of the North Korean Diaspora", ibid., p.5.

17 《동아일보》, 2008.8.27.

10 장

1 Gi-Wook Shin, *Ethnic Nationalism in Korea: Genealogy, Politics, and Legacy.*

2 Gi-Wook Shin, James Freda, and Gihong Yi, "The Politics of Ethnic Nationalism in Divided Korea", *Nations and Nationalism* Vol.5, No.4, 1999, p.479.

3 Roy R. Grinker, *Korea and its Future: Unification and the Unfinished War*, St. Martin's Press, 1998, p.100.

4 Tom Nairn, "The Modern Janus", ibid.

5 김광섭 편, 《이대통령 훈화록》, 중앙문화협회, 1950, 22, 135쪽.

6 같은 책, 114~115쪽.

7 문교부, 《전시생활 1-1 비행기》(국민학교 1·2학년용), 국정교과서, 1951, 7쪽.

8 문교부, 《승공 4》, 국정교과서, 1965, 28쪽.

9 같은 책, 27~28쪽.

10 김정훈, 《남북한 지배담론의 민족주의 비교 연구: 역사적 전개와 동질이형성》, 연세대학교 박사학위 논문, 1999.

11 조선로동당 중앙위원회 당력사연구소, 《조선로동당력사 교재》.

12 Roy R. Grinker, *Korea and its Future: Unification and the Unfinished War*, p.128.

13 교육도서출판사, 《국어 1-1》 (인민학교 제1학년용), 교육도서출판사, 1972, 42쪽.

14 강진웅·이도길·김일환, 〈동아일보 키워드를 통해 본 분단체제 정체성과 이념 갈등: 동아일보 빅데이터를 기반으로〉, 《Journal of Korean Culture》 37권, 한국어문학국제학술포럼, 2017년 5월, 44쪽.

15 Sylvia Kim and Yong Joon Park, *Invisible Children: The Stateless Children of North Korean Refugees*, European Alliance for Human Rights in North Korea, 2015, p.7.

16 Radio Free Asia, 2007.3.13.

17 《한겨레》, 2012.1.23.

18 Http://popstats.unhcr.org/en/persons_of_concern/3HnZdh, 2017년 8월 3일 접속.

19 *The Times*, 2016.2.12.

20 VOA, 2010.9.15.

21 강원택·이내영, 《한국인, 우리는 누구인가? 여론조사를 통해 본 한국인의 정체성》, 동아시아연구원, 2011.

22 Dong-Hoon Seol and John D. Skrentny, "Ethnic Return Migration and Hierarchical Nationhood", *Ethnicities* Vol.9, No.2, 2009, p.150.

23 황정미 외, 《한국사회의 다민족다문화 지향성에 대한 조사연구》, 한국여성정책연구소, 2007.

24 강원택·이내영, 《한국인, 우리는 누구인가? 여론조사를 통해 본 한국인의 정체성》, 20쪽.

25 이혜경, 〈한국 이민 정책의 수렴 현상: 확대와 포섭의 방향으로〉, 《한국사회학》 42집 2호, 한국사회학회, 2008년 4월.

26 강진웅, 〈대한민국 민족 서사시: 종족적 민족주의의 전개와 그 다양한 얼굴〉, 《한국사회학》 47집 1호, 한국사회학회, 2013년 2월, 211~212쪽.

나가는 말

1 《로동신문》, 1994.11.1.

2 Karl Polanyi, *The Great Transformation: The Political and Economic Origins of Our Time*, Beacon Press, 2001(한국어판: 《거대한 전환: 우리 시대의 정치, 경제적 기원》, 홍기빈 옮김, 길, 2009).

3 Bruce Cumings, "The Corporate State in North Korea", ibid., p.201.

4 Pierre Bourdieu, "Understanding", Pierre Bourdieu et al., *The Weight of the World: Social Suffering in Contemporary Society*, Stanford University Press, 2000, p.614(한국어판: 《세계의 비참》 1~3, 김주경 옮김, 동문선, 2000~2002).

5 Ibid., p.625.

6 Han Sik Park, *North Korea: The Politics of Unconventional Wisdom*, p.3

7 Kongdan Oh and Ralph C. Hassig, *North Korea Through the Looking Glass*, p.9.

8 Charles Armstrong, *The North Korean Revolution, 1945-1950*, p.241.

| 참고문헌 |

1. 국내 자료

강원택·이내영,《한국인, 우리는 누구인가? 여론조사를 통해 본 한국인의 정체성》, 동아시아연구원, 2011.

강진웅,〈한국 시민이 된다는 것: 한국의 규율적 가버넌스와 탈북 정착자들의 정체성 분화〉,《한국사회학》45집 1호, 한국사회학회, 2011년 2월.

___〈북한의 항일무장투쟁 전통과 민족 만들기: 민족주의와 권력, 담론, 주체〉,《한국사회학》46집 1호, 한국사회학회, 2012년 2월.

___〈대한민국 민족 서사시: 종족적 민족주의의 전개와 그 다양한 얼굴〉,《한국사회학》47집 1호, 한국사회학회, 2013년 2월.

___〈'문화적 전환' 이후의 국가론: '실재'와 '상상'의 앙상블로서의 국가〉,《한국사회학》48집 1호, 한국사회학회, 2014년 2월.

강진웅·이도길·김일환,〈동아일보 키워드를 통해 본 분단체제 정체성과 이념 갈등: 동아일보 빅데이터를 기반으로〉,《Journal of Korean Culture》37권, 한국어문학국제학술포럼, 2017년 5월.

고려대학교 민족문화연구원·한국리서치,《2016 남북언어의식 조사 보고서》, 한국리서치, 2016.

고재의,《수학: 인민학교 2》, 교육도서출판사, 1986.

교육도서출판사,《국어 2-2》(인민학교 제2학년용), 교육도서출판사, 1968.

___《국어 1-1》(인민학교 제1학년용), 교육도서출판사, 1972.

___《우리말 유치원용》, 교육도서출판사, 2000.

국사편찬위원회 편,《북한 관계 사료집》18권, 국사편찬위원회, 1994.

국토통일원,《북한개요》, 국토통일원, 1979.

___《북한주민 의식구조 변화실태: 의식구조 이질화 및 개방가능성》, 국토통일원, 1983.

군중문화출판사 편,《공산주의 례의도덕 교양》, 학우서방, 1964.

권헌익·정병호,《극장국가 북한: 카리스마 권력은 어떻게 세습되는가》, 창비, 2013.

근로단체출판사 편,《백두산전설》, 근로단체출판사, 1981.
김광섭 편,《이대통령 훈화록》, 중앙문화협회, 1950.
김기수, 〈체육을 전 군중적으로 발전시키기 위하여〉,《근로자》 1964년 23호(261호), 근로자사, 1964년 12월.
김남식, 〈북한의 공산화 과정과 계급 노선〉, 양호민 외,《북한 공산화 과정 연구》, 고려대 아세아문제연구소, 1972.
김석형,《나는 조선노동당원이오!》, 선인, 2001
김일성, 〈사상사업에서 교조주의와 형식주의를 퇴치하고 주체를 확립할 데 대하여, 당 선전선동 일군들 앞에서 한 연설 1955년 12월 28일〉,《김일성 선집》 4권, 학우서방, 1963.
____〈쏘련을 선두로 하는 사회주의 진영의 위대한 통일과 국제공산주의 운동의 새로운 단계, 위대한 사회주의 10월 혁명 40주년 기념 경축 행사와 각국 공산당 및 로동당 대표들의 모쓰크바 회의에 참가하였던 당 및 정부 대표단의 사업에 관한 조선로동당 중앙위원회 확대 전원회의 보고 1957년 12월 5일〉,《김일성 선집》 5권, 학우서방, 1963.
____〈조선 인민군은 항일 무장투쟁의 계승자이다, 조선 인민군 324 군부대 관하 장병들 앞에서 한 연설 1958년 2월 8일〉,《김일성 선집》 5권, 학우서방, 1963.
____〈청년들에 대한 사상교양사업은 민청단체들의 기본 임무, 북조선 민주청년동맹 제3차 대회에서 한 연설 1948년 11월 13일〉,《김일성 선집》 2권, 학우서방, 1964.
____〈북조선의 남녀평등권에 대한 법령, 1946년 7월 30일〉,《김일성 저작집》 2권, 조선로동당출판사, 1979.
____〈김구와 한 담화, 1948년 5월 3일〉,《김일성 저작집》 4권, 조선로동당출판사, 1979.
____〈사회주의 진영의 위대한 통일과 국제공산주의 운동의 새로운 단계, 조선로동당 중앙위원회 확대 전원회의에서 한 보고 1957년 12월 5일〉,《김일성 저작집》 11권, 조선로동당출판사, 1981.
____〈량강도 당단체들의 과업, 량강도 당, 정권기관, 사회단체 일군들 앞에서 한 연설 1958년 5월 11일〉,《김일성 저작집》 12권, 조선로동당출판사, 1981.
____〈자녀교양에서 어머니들의 임무, 전국어머니대회에서 한 연설 1961년 11월 16일〉,《김일성 저작집》 15권. 조선로동당출판사, 1981.
____〈조선민주주의인민공화국에서의 사회주의 건설과 남조선혁명에 대하여, 인도네시아 알리 아르함 사회과학원에서 한 강의 1965년 4월 14일〉,《김일성 저작집》 19권, 조선로동당출판사, 1982.
____〈녀맹 조직들 앞에 나서는 몇 가지 과업에 대하여, 조선민주녀성동맹 제3차 대회에서 한 연설 1965년 9월 2일〉,《김일성 저작집》 19권, 조선로동당출판사, 1982.
____〈혁명가 유자녀들은 아버지, 어머니들의 뜻을 이어 혁명의 꽃을 계속 피워야 한

다, 창립 스무돐을 맞는 만경대혁명학원 교직원, 학생 및 졸업생들 앞에서 한 연설 1967년 10월 11일〉, 《김일성 저작집》 21권, 조선로동당출판사, 1983.
___〈민족문화 유산 계승에서 나서는 몇 가지 문제에 대하여, 과학교육 및 문학예술부문일군협의회에서 한 연설 1970년 2월 17일〉, 《김일성 저작집》 25권, 조선로동당출판사, 1983.
___〈녀성들을 혁명화, 로동계급화할 데 대하여, 조선민주녀성동맹 제4차 대회에서 한 연설 1971년 10월 7일〉, 《김일성 저작집》 26권, 조선로동당출판사, 1984.
___〈사회주의 농촌 건설에서 이룩한 위대한 성과를 더욱 공고 발전시키자, 전국농업대회에서 한 연설 1974년 1월 10일〉, 《김일성 저작집》 29권, 조선로동당출판사, 1985.
___〈사회주의 교육에 관한 테제, 조선로동당 중앙위원회 제5기 제14차 전원회의에서 발표 1977년 9월 5일〉, 《김일성 저작집》 32권, 조선로동당출판사, 1986.
___《세기와 더불어》 3권, 조선로동당출판사, 1992.
___《세기와 더불어》 4권, 조선로동당출판사, 1993.
___《세기와 더불어》 7권, 조선로동당출판사, 1996.
___〈우리 민족의 대단결을 이룩하자, 조국평화통일위원회 책임일군들, 조국통일범민족련합 북측본부 성원들과 한 담화 1991년 8월 1일〉, 《김일성 저작집》 43권, 조선로동당출판사, 1996.
김재한, 《어린이보육교양 경험》, 사회과학출판사, 1986.
김정일, 〈주체사상에 대하여, 위대한 수령 김일성 동지 탄생 70돐 기념 전국 주체사상 토론회에 보낸 론문 1982년 3월 31일〉, 《친애하는 지도자 김정일 동지 문헌집》, 조선로동당출판사, 1992.
___〈주체사상 교양에서 제기되는 몇 가지 문제에 대하여, 조선로동당 중앙위원회 책임일군들과 한 담화 1986년 7월 15일〉, 《친애하는 지도자 김정일 동지 문헌집》, 조선로동당출판사, 1992.
___〈주체의 혁명관을 튼튼히 세울 데 대하여, 조선로동당 중앙위원회 책임일군들과 한 담화 1987년 10월 10일〉, 《친애하는 지도자 김정일동지 문헌집》, 조선로동당출판사, 1992.
___〈조선민족제일주의 정신을 높이 발양시키자, 조선로동당 중앙위원회 책임일군들 앞에서 한 연설 1989년 12월 28일〉, 《친애하는 지도자 김정일 동지 문헌집》, 조선로동당출판사, 1992.
___〈청년들은 당과 수령에게 끝없이 충실한 청년전위가 되자, 첫 청년절을 맞는 전국의 청년들과 사로청 일군들에게 보낸 서한 1991년 8월 26일〉, 《친애하는 지도자 김정일 동지 문헌집》, 조선로동당출판사, 1992.
___〈위대한 수령님을 영원히 높이 모시고 수령님의 위업을 끝까지 완성하자, 조선로동당 중앙위원회 책임일군들과 한 담화 1994년 10월 16일〉, 《김정일 선집》 13

권, 조선로동당출판사, 1998.

___〈일군들은 '고난의 행군' 정신으로 살며 일해야 한다, 조선로동당 중앙위원회 책임일군들과 한 담화 1996년 10월 14일〉, 《김정일 선집》 14권, 조선로동당출판사, 2000.

김정훈, 《남북한 지배담론의 민족주의 비교 연구: 역사적 전개와 동질이형성》, 연세대학교 박사학위논문, 1999.

김준년·장내훈, 《셈세기 유치원용》, 교육도서출판사, 2002.

김진균·정근식 편, 《근대주체와 식민지 규율 권력》, 문화과학사, 1997.

김진균·정근식·강이수, 〈일제하 보통학교와 규율〉, 김진균·정근식 편, 《근대주체와 식민지 규율 권력》, 문화과학사, 1997.

김창순, 《조지 오웰 〈1984년〉의 실체 북한》, 신기원사, 1984.

김철우, 《김일성 장군의 선군정치》, 평양출판사, 2000.

김하광, 〈사회주의 경제 관리 운영에서 통계의 역할〉, 《근로자》 1965년 23호(285호), 근로자사, 1965년 12월.

김형일, 〈긍정적 모범에 의한 감화는 공산주의 교양의 가장 힘 있는 방법〉, 《근로자》 1961년 6호(187호), 근로자사, 1961년 6월.

로버트 영, 《포스트식민주의 또는 트리컨티넨탈리즘》, 김택현 옮김, 박종철출판사, 2005.

리일경, 〈경제사업에서의 유일관리제와 당적 통제의 강화를 위하여〉, 《근로자》 1955년 9호(118호), 근로자사, 1955년 9월.

리정숙, 《먼 해구에서》, 조선문학예술총동맹출판사, 1965.

리택진, 《용해공들》, 문예출판사, 1982.

문교부, 《전시생활 1-1 비행기》(국민학교 1·2학년용), 국정교과서, 1951.

___《승공 4》, 국정교과서, 1965.

___《민주생활 I》, 국정교과서, 1966.

문예출판사 편, 《조선단편집》 2권, 문예출판사, 1978.

문학예술종합출판사 편, 《백두산 전설집 1: 김일성 전설집》, 백수사, 1996.

문학예술출판사 편, 《조선노래 대전집》, 문학예술출판사, 2002.

박명림, 《한국 1950 전쟁과 평화》, 나남출판, 2002.

박수미 외, 《차별에 대한 국민의식 및 수용성 연구》, 한국여성개발원, 2004.

백남룡, 《벗》, 살림터, 1992.

백봉, 《민족의 태양 김일성 장군》 4권, 인문과학사, 1987.

북한연구소, 《북한총감》, 북한연구소, 1983.

사회과학원 언어학연구소, 《현대조선말사전》 2판, 과학, 백과사전출판사, 1981.

사회과학원 철학연구소, 《철학사전》, 사회과학출판사, 1985.

사회과학출판사 편, 《정치사전》, 사회과학출판사, 1973.

성혜랑,《등나무집》, 지식나라, 2001.
스즈키 마사유키,《김정일과 수령제 사회주의》, 유영구 옮김, 중앙일보사, 1994.
안인해, 〈김정일 체제의 경제와 여성〉,《한국정치학회보》 35권 2호, 한국정치학회, 2001.
여성한국사회연구소 편,《북한 여성들의 삶과 꿈》, 여성한국사회연구소, 2001.
오영진,《소군정하의 북한: 하나의 증언》, 중앙문화사, 1952.
와다 하루키,《북조선: 유격대국가에서 정규군국가로》, 서동만·남기정 옮김, 돌베개, 2002.
윌 킴리카,《다문화주의 시민권》, 장동진 외 옮김, 동명사, 2010.
이문웅, 〈북한의 가족과 친족제도: 연속과 변용〉,《경북대 평화연구》 14호, 경북대 평화문제연구소, 1989.
이미경·구수미, 〈경제 위기 이후 북한 여성의 삶과 의식: 청진, 신의주, 혜산 지역을 중심으로〉,《북한연구학회보》 8권 2호, 북한연구학회, 2004.
이수혁, 〈북한 핵 문제 북한 주민들은 어떻게 보고 있는가?〉,《북한》 379호, 북한연구소, 2003년 7월.
이태섭,《김일성 리더십 연구》, 들녘, 2001.
이혜경, 〈한국 이민정책의 수렴 현상: 확대와 포섭의 방향으로〉,《한국사회학》 42집 2호, 한국사회학회, 2008년 4월.
이희영, 〈새로운 시민의 참여와 인정투쟁: 북한이탈주민의 정체성 구성에 대한 구술사례연구〉,《한국사회학》 44집 1호, 한국사회학회, 2010년 2월.
임순희,《식량난과 북한 여성의 역할 및 의식 변화》, 통일연구원, 2004.
장익모·리성근, 〈대안 체제와 새 인간의 형성〉,《근로자》 1963년 1호(215호), 근로자사, 1963년 1월.
전영선, 〈북한 '아리랑'의 현대적 변용 양상과 의미〉,《현대북한연구》 14권 1호, 북한대학원대학교, 2011년 4월.
조선녀성사,《전국어머니대회 문헌집》, 조선녀성사, 1962.
조선로동당 중앙위원회 당력사연구소,《조선로동당 력사 교재》, 조선로동당출판사, 1964.
___《항일 빨찌산 참가자들의 회상기》 2권, 조선로동당출판사, 1967.
___《조선로동당 력사》, 조선로동당출판사, 1991.
조은희, 〈북한의 답사행군을 통해 본 혁명 전통의 의례 만들기〉,《현대북한연구》 10권 2호, 북한대학원대학교, 2007년 8월.
조정아, 〈북한 중등학교 규율과 학생문화〉, 북한연구학회 편,《북한의 교육과 과학기술》, 경인문화사, 2006.
조정아 외,《북한 주민의 의식과 정체성: 자아의 독립, 국가의 그늘, 욕망의 부상》, 통일연구원, 2010.

조창호, 《돌아온 사자》, 지호, 1995.
좋은벗들, 《북한 사람들이 말하는 북한 이야기》, 정토출판, 2000.
중앙일보사 특별취재반, 《한반도 절반의 상속인 김정일》, 중앙일보사, 1994.
지면식, 〈위생문화사업의 혁신을 위하여〉, 《근로자》 1959년 11호(168호), 근로자사, 1959년 11월.
____〈인민보건사업 발전의 새로운 단계〉, 《근로자》 1960년 3호(172호), 근로자사, 1960년 3월.
천현식, 〈'피바다식 혁명가극'과 감정훈련: '집단주의'와 '지도와 대중'을 중심으로〉, 《현대북한연구》 13권 3호, 북한대학원대학교, 2010년 12월.
한홍구, 《대한민국사》 2권, 한겨레신문사, 2003.
홍순원, 《조선보건사》, 과학, 백과사전출판사, 1981.
황석영, 《손님》, 창비, 2007.

2. 국외 자료

Althusser, Louis, *Lenin and Philosophy and Other Essays*, Monthly Review Press, 1971.
Anderson, Benedict, *Imagined Communities: Reflections on the Origin and Spread of Nationalism*, revised edition, Verso, 1991.
Arendt, Hannah, *The Origins of Totalitarianism*, Harcourt, Brace, and World, 1951.
Armstrong, Charles, "Centering the Periphery: Manchurian Exile(s) and the North Korean State", *Korean Studies* Vol.19, January 1995.
____*The North Korean Revolution, 1945-1950*, Cornell University Press, 2003.
Bourdieu, Pierre "Rethinking the State: Genesis and Structure of the Bureaucratic Field", ed. George Steinmetz, *State/Culture: State-Formation after the Cultural Turn*, Cornell University Press, 1999.
____"Understanding", Pierre Bourdieu et al., *The Weight of the World: Social Suffering in Contemporary Society*, Stanford University Press, 2000.
Brubaker, Rogers, *Citizenship and Nationhood in France and Germany*, Harvard University Press, 1992.
Calhoun, Craig, *Nationalism*, University of Minnesota Press, 1997.
Chatterjee, Partha, *Nationalist Thought and the Colonial World: A Derivative Discourse*, University of Minnesota Press, 1986.
Choe, Hyun, "National Identity and Citizenship in the People's Republic of China and the Republic of Korea", *Journal of Historical Sociology* Vol.19, No.1, 2006.
Choo, Hae Yeon, "Gendered Modernity and Ethnicized Citizenship: North Korean

Settlers in Contemporary South Korea", *Gender and Society* Vol.20, No.5, 2006.
Commission of International Association of Democratic Lawyers, *Report on U.S. Crimes in Korea*, Commission of International Association of Democratic Lawyers, 1952.
Cumings, Bruce, *The Origin of the Korean War: Liberation and the Emergence of Separate Regimes 1945-1947*, Princeton University Press, 1981.
____"The Corporate State in North Korea", ed. Ha-gen Koo, *State and Society in Contemporary Korea*, Cornell University Press, 1993.
____*Korea's Place in the Sun: A Modern History*, W. W. Norton & Company, Inc., 1997.
____*North Korea: Another Country*, The New Press, 2004.
Deleuze, Gilles and Félix Guattari, *A Thousand Plateaus: Capitalism and Schizophrenia*, University of Minnesota Press, 1987.
Emerson, Robert M., *Contemporary Filed Research: Perspectives and Formulations*, 2nd edition, Waveland Press, Inc., 2001.
Endicott, Stephen and Edwar Hagermann, *The United States and Biological Warfare: Secrets from the Early Cold War and Korea*, Indiana University Press, 1999.
Foucault, Michel, *Discipline and Punish: The Birth of the Prison*, Vintage, 1977.
____*Power/Knowledge: Selected Interviews and Other Writings 1972-1977*, The Harvester Press, 1980.
____"Preface", eds. Gilles Deleuze and Félix Guattari, *Anti-Oedipus: Capitalism and Schizophrenia*, Viking, 1983.
____*Society Must Be Defended: Lectures at the College de France, 1975-1976*, Picador, 2003.
____*Security, Territory, Population: Lectures at the College de France, 1977-1978*, Palgrave Macmillan, 2007.
Friedrich, Carl J. and Zbigniew Brzezinski, *Totalitarian Dictatorship and Autocracy*, Harvard University Press, 1956.
Geertz, Clifford, *The Interpretation of Cultures*, Basic Books, Inc., 1973.
____*Negara: The Theatre State in Nineteenth-Century Bali*, Princeton University Press, 1980.
____*Local Knowledge: Further Essays in Interpretive Anthropology*, Basic Books, 1983.
Giddens, Anthony, *The Nation-State and Violence*, University of California Press, 1985.
Gramsci, Antonio, *Selections from Prison Notebooks*, International Publishers, 1971.
Grinker, Roy R., *Korea and its Future: Unification and the Unfinished War*, St. Martin's Press, 1998.
Guattari, Félix, *Molecular Revolution: Psychiatry and Politics*, Penguin, 1984.
Haggard, Stephan and Marcus Noland eds., *The North Korean Refugee Crisis: Human

Rights and International Response, U.S. Committee for Human Rights in North Korea, 2006.

Halliday, Jon, "The North Korean Enigma", *New Left Review* No.I/127, May-June 1981.

____"Women in North Korea: An Interview with the Korean Democratic Women's Union", *Bulletin of Concerned Asian Scholars* Vol.17, No.3, July-September 1985.

Han, Hongkoo, "Wounded Nationalism: The Minsaengdan Incident and Kim Il Sung in Eastern Manchuria", Ph.D. Dissertation, University of Washington, 1999.

Hansen, Thomas Blom and Finn Stepputat eds., *States of Imagination: Ethnographic Explorations of the Postcolonial State*, Duke University Press, 2001.

Hassig, Ralph C. and Kongdan Oh, *The Hidden People of North Korea: Everyday Life in the Hermit Kingdom*, Rowman and Littlefield Publishers, Inc., 2009.

Hirschman, Albert O, *Exit, Voice, and Loyalty: Responses to Decline in Firms, Organizations, and States*, Harvard University Press, 1970.

Hobsbawm, Eric and Terence Ranger eds., *The Invention of Tradition*, Cambridge University Press, 1983.

Jessop, Bob, *State Theory: Putting the Capitalist State in Its Place*, Polity Press, 1990.

Kang, Chol-hwan and Pierre Rigoulot, *The Aquariums of Pyongyang: Ten Years in a North Korean Gulag*, Basic Books, 2001.

Kang, Jin Woong, "North Korea's Militant Nationalism and People's Everyday Lives: Past and Present", *Journal of Historical Sociology* Vol.25, No.1, Spring 2012.

____"Human Rights and Refugee Status of the North Korean Diaspora", *North Korean Review* Vol.9, No.2, Fall 2013.

Kim, Suk-Young, "Dressed to Kill: Women's Fashion and Body Politics in North Korean Visual Media (1960s-1970s)", *Positions: East Asia Cultures Critique* Vol.19, No.1, 2011.

Kim, Sung Chull, *North Korea under Kim Jong Il: From Consolidation to Systemic Dissonance*, State University of New York Press, Albany, 2006.

Kim, Suzy, "Revolutionary Mothers: Women in the North Korean Revolution, 1945-1950", *Comparative Studies in Society and History* Vol.52, No.4, 2010.

Kim, Sylvia, and Yong Joon Park, *Invisible Children: The Stateless Children of North Korean Refugees*, European Alliance for Human Rights in North Korea, 2015.

Koh, Kelly and Glenn Baek, "North Korean Defectors: A Window into a Reunified Korea", eds. Kongdan Oh and Ralph C. Hassig, *Korea Briefing 2000-2001: First Steps Toward Reconciliation and Reunification*, An East Gate Book, 2002.

Kotkin, Stephen, *Magnetic Mountain: Stalinism as a Civilization*, University of California Press, 1995.

Kwon, Heonik, "North Korea's Politics of Longing", *Critical Asian Studies* Vol.42, No.1, March 2010.

Lankov, Andrei, "Kim Takes Control: The 'Great Purge' in North Korea, 1956-1960", *Korean Studies* Vol.26, No.1, January 2002.

____*The Real North Korea: Life and Politics in the Failed Stalinist Utopia*, Oxford University Press, 2013.

Lankov, Andrei and Seok-hyang Kim, "North Korean Market Vendors: The Rise of Grassroots Capitalist in a Post-Stalinist Society", *Pacific Affairs* Vol.81, No.1, 2008.

Lee, Mun-Woong, "Rural North Korea under Communism: A Study of Sociocultural Change", Ph.D. Dissertation, Rice University Press, 1975.

Manzo, Kathryn A., *Creating Boundaries: The Politics of Race and Nation*, Lynne Rienner Publishers, 1996.

Marshall, Thomas H., *Citizenship and Social Class*, Cambridge University Press, 1950.

Martin, Bradley K., *Under the Loving Care of the Fatherly Leader: North Korea and the Kim Dynasty*, Thomas Dunne Books, 2004.

Maynes, Mary Jo, Jennifer L. Pierce and Barbara Laslett, *Telling Stories: The Use of Personal Narratives in the Social Sciences and History*, Cornell University Press, 2008.

McCormack, Gavan, "Kim Country: Hard Times in North Korea", *New Left Review* No.I/198, March-April 1993.

____"North Korea in the Vice", *New Left Review* No.18, November-December 2002.

Medlicott, Carol, "Symbol and Sovereignty in North Korea", *SAIS Review* Vol.25, No.2, 2005.

Nairn, Tom, "The Modern Janus", *New Left Review* No.I/94, November-December 1975.

Oberdorfer, Don, *The Two Koreas: A Comparative History*, Basic Books, 2001.

Oh, Kongdan and Ralph C. Hassig, *North Korea Through the Looking Glass*, Brooking Institution Press, 2000.

Ong, Aihwa, "Cultural Citizenship as Subject-Making: Immigrants Negotiate Racial and Cultural Boundaries in the United States", *Current Anthropology* Vol.37, No.5, 1996.

Paik, Hak Soon, "North Korean State Formation, 1945-1950", Ph.D. Dissertation, University of Pennsylvania, 1993.

Park, Han Sik, *North Korea: The Politics of Unconventional Wisdom*, Lynne Rienner Publishers, 2002.

Park, Kyung Ae, "Women and Revolution in North Korea", *Pacific Affairs* Vol.65, No.4, Winter 1992/93.

Paxton, Robert O., *The Anatomy of Fascism*, Alfred A. Knopf, 2004.

Plamper, Jan, "Foucault's Gulag", *Kritika: Explorations in Russian and Eurasian History* Vol.3, No.2, 2002.

Polanyi, Karl, *The Great Transformation: The Political and Economic Origins of Our Time*, Beacon Press, 2001.

Ree, Erik Van, *Socialism in One Zone: Stalin's Policy in Korea, 1945-1947*, Berg Publishers Ltd., 1989.

Riley, John W. and Wilbur Schramm, *The Reds Take a City: The Communist Occupation of Seoul*, Rutgers University Press, 1951.

Rosaldo, Renato, "Cultural Citizenship, Inequality, and Multiculturalism", eds. William V. Flores and Rina Benmayor, *Latino Cultural Citizenship: Claiming Identity, Space, and Rights*, Beacon Press, 1997.

Rose, Nikolas, *Powers of Freedom: Reframing Political Thought*, Cambridge University Press, 1999.

Ryang, Sonia, "Gender in Oblivion: Women in the Democratic People's Republic of Korea (North Korea)", *Journal of African and Asian Studies* Vol.35, No.3, 2000.

Scalapino, Robert A. and Chong-Sik Lee, *Communism in Korea* Part I, II, University of California Press, 1972.

Schramm, Wilbur and John W. Riley, "Communication in the Sovietized State, as Demonstrated in Korea", *American Sociological Review* Vol.16, No.6, 1951.

Shin, Gi-Wook, *Ethnic Nationalism in Korea: Genealogy, Politics, and Legacy*, Stanford University Press, 2006.

Shin, Gi-Wook, James Freda, and Gihong Yi, "The Politics of Ethnic Nationalism in Divided Korea", *Nations and Nationalism* Vol.5, No.4, 1999.

Steinmetz, George ed., *State/Culture: State-Formation after the Cultural Turn*, Cornell University Press, 1999.

Strong, Anna Louise, *Inside North Korea*, Montrose, 1949.

Suh, Dae-Sook, *Kim Il Sung: The North Korean Leader*, Columbia University Press, 1988.

Turner, Bryan S., "The Erosion of Citizenship", *British Journal of Sociology* Vol.52, No.2, 2001.

United States Senate, *Life Inside North Korea*, United States Senate, 2003.

Whyte, Martin King, *Small Groups and Political Rituals in China*, University of California Press, 1974.

Yang, Mayfair Mei-hui, "The Modernity of Power in the Chinese Socialist Order", *Cultural Anthropology* Vol.3, No.4, November 1988.

| 찾아보기 |

ㄴ

ㅂ

주체의 나라 북한

초판 1쇄 펴낸날 2018년 3월 9일
초판 2쇄 펴낸날 2021년 9월 15일
지은이 강진웅
펴낸이 박재영
편집 이정신·임세현·한의영
디자인 조하늘
제작 제이오
펴낸곳 도서출판 오월의봄
주소 경기도 파주시 회동길 363-15 201호
등록 제406-2010-000111호
전화 070-7704-5018
팩스 0505-300-0518
이메일 maybook05@naver.com
트위터 @oohbom
블로그 blog.naver.com/maybook05
페이스북 facebook.com/maybook05
인스타그램 instagram.com/maybooks_05

ISBN 979-11-87373-32-2 93300

만든 사람들
책임편집 박재영
디자인 조하늘